발전 청소년학 시리즈 4

청소년지도방법론

김상범 · 박선희 · 박주현 · 천정웅

Guidance in Youth Work Practice

양 성 원

머리말

청소년지도방법론은 다른 여러 가지 청소년 관련 교과목 가운데서도 청소년 업무의 이론과 실제에서 가장 긴요하고 핵심적인 성격과 영역에 관련된 내용을 담는 중요한 과목으로 볼 수 있을 것이다. 청소년지도란 청소년들의 생활세계에서 직면하는 여러 가지 문제를 해결할 수 있도록 적극적으로 개입하고 지원하거나, 청소년들이 자기주도적 능력을 갖도록 환경을 조성하고 안내하고 지원하는 전문지도자의 활동이나 행위를 의미하기 때문이다. 따라서 교과목의 내용은 대체로 청소년의 발달을 위해 필요한 전문적인 조력활동의 원리와 노하우(know-how)를 소개하는 것을 주요 내용으로 하고 있으며, 청소년이 온전한 상태로 성장할 수 있도록 지원하는 조직적인 일련의 과정을 포함한다. 실제로 청소년지도라는 용어는 청소년의 학업지도와 진로지도가 중요하게 논의되고 있으며, 청소년 현장에서도 활동지도, 놀이지도, 프로그램 운영지도 등과 같은 의미로 널리 사용되고 있다.

그러나, 청소년학의 여러 과목 중에서 청소년지도방법론은 그 중요성에도 불구하고 용어 자체가 주는 성인중심적인 의미로 인해 가장 신중하게 접근해야 할 필요성이 제기되는 측면이 있다. 지도는 영어의 guidance로 볼 수 있지만, 우리말의 지도는 행정지도, 생활지도 등에서 보는 바와 같이 훈육, 지시와 같은 어감과 함께 권위적이고 다소 진부한 느낌을 갖는 것도 사실이기 때문이다. 더구나 방법이란 용어가 덧붙여져서 자칫 청소년을 단속하여 지도하는 방법을 담고 있는 것으로 비칠 수도 있어 더욱 유의하게 된다. 청소년과 관련한 전문영역이 정책과 실천 그리고 학문적인 노력으로 오랜 기간 전개되어 온 점에서 보면, 시대적 흐름에 맞는 새로운 과목명을 검토할 필요도 있을 것이다. 사실 그동안 발간된 청소년지도방법론을 보면 청소년업무와 관련한 이론과 실천 기법부터 프로그램 진행방법과 운영 등에 이르는 다양한 주제를 찾아볼 수 있다.

이런 점에서 이 책은 청소년지도의 개념을 보다 포괄적으로 이해하고 기존의 지도방법론에서 많이 포함하고 있는 주요 내용들을 수록하면서도 다소 소홀하게 취급되어온 개인과 집단을 중심으로 청소년지도자들이 가져야 하는 실질적인 역량과 기법들을 함께 다루고자 시도하였다. 청소년 역량개발과 청소년지도자의 역할과 안전지도 등을 강조하고 인성교육과 자원봉사활동 등의 집단지도에 관한 구체적인 내용을 포함한 것이 그러한 의미를 가질 것이다. 이에 따라 전체 11개의 장으로 편집하였으며, 4명의 공동 저자들이 각자의 전공분야와 관심영역을 고려하여 주제를 맡고 집필하였다.

청소년지도방법의 원리(4장), 이론(5장), 청소년지도의 단계(6장) 및 대상별 청소년지도(7장) 등의 장은 김상범 교수가 집필하였으며, 청소년지도의 기본적 이해를 위해 개관하는 장(1장)을 비롯하여, 청소년자원봉사 지도방법(9장), 청소년인성교육 지도방법(10장) 등은 박선희 교수가 집필하였다. 청소년지도자의 역할과 역량(3장)에 관한 장과 지도자의 안전의식과 안전지도(11장)에 관한 주제는 박주현 교수가 맡아했으며, 청소년지도의 관점과 역량개발(2장), 회의와 토의의 집단지도(8장)에 관한 내용은 천정웅 교수가 담당하였다. 필자들이 기본적인 체제와 분량을 맞추려고 노력했지만, 각 장별 주제의 특성이 다르기 때문에 전체가 일관성을 갖도록 하는 것은 쉽지 않았다.

이 책은 발전청소년학 총서의 네 번째 책으로 발간한 것이다. 발전청소년학은 청소년학 분야의 이론과 실천, 그리고 정책과 서비스 등과 관련한 다양한 영역에서 새로운 관점과 접근을 요구하는 시대적 기대에 부응하면서 청소년연구와 관련한 다양한 이론과 발전적 실천들을 담고자 하는 학술공동체를 지향하고 있다. 이 책의 발간은 그러한 발전청소년학 연구의 인식론적 공동체(WAYS Academy)의 뜻을 전하는 의미를 가진다. 총서 개발에 참여하고 있는 국내 · 외의 교수들과 연구자들에게 청소년지도방법론 발간의 기쁨을 전하면서, 흔쾌히 출판을 맡아주신 도서출판 양성원의 강철원 대표님과 직원 여러분께 깊은 감사를 드린다.

2023년 2월

저자 일동

차 례

PART 2 청소년지도의 실제

PART 1

청소년지도의 이론

Chapter 01

청소년지도의 개관

1. 청소년지도

1) 청소년지도의 개념

청소년지도는 청소년을 대상으로 하는 전문 지도자가 청소년들의 건강한 발달을 지원하기 위해 적극적으로 개입하기 위한 조직적이고 구체적인 행위활동이다(천정웅 외, 2011). 또한 청소년지도란 청소년들이 그들의 생활 세계에서 직면한 여러 가지 문제(교육적 · 가정적 · 사회적 · 직업적 · 신체적 · 정서적 문제)를 해결할 수 있도록 적극적으로 개입하고 지원하며, 청소년들의 잠재력(인지적 · 사회적 · 정서적 · 신체적 영역)이 바람직하고 건전하며 온전한 상태로 성장할 수 있도록 조력하고 지원하는 조직적인 일련의 과정이다(김진화, 2004). 청소년이 덕 · 체 · 지를 겸비한 도덕적이고 전인적인 인간으로 성장할 수 있도록 청소년지도사, 청소년상담사와 같은 청소년지도 전문가에 의해서 청소년시설, 청소년단체 등에서 청소년 활동 프로그램을 중심으로 이루어지는 지속적이고 체계적인 안내 · 지원활동이라 할 수 있다(김영인 · 김민, 2008). 즉 전문성을 인준받은 청소년지도자가 신체적 · 인지적 · 도덕적 · 심리적 · 정서적 · 사회적 · 영적 문제에 직면한 청소년들에게 청소년지도의 원리와 실제를 활용하여 청소년들이 의미 있는 변화와 성숙에 이르며 전인적 인간으로 성장할 수 있도록 체계적인 프로그램을 통해 돕는 것이다.

청소년지도의 개념을 보다 광의적인 의미에서 보면 청소년의 긍정적인 성장과 발전을 위한 다양한 조력활동으로 정의하는가 하면(이미리 외, 2014), 청소년 스스로에게 자기 결정의 장을 제공하며, 자기 성취감을 느끼게 만들고, 청소년에게 다른 사람과의 유대감을 갖게 만들기 위해 청소년지도방법에서 요구되는 청소년지도에 관계된 지식, 태도, 그리고 기술 등을 의미한다(한준상, 1999). 광의적인 청소년지도의 내용은 교수-학습활동, 진로지도, 생활지도와 상담활동, 교정활동, 조언과 대화 · 만남 등을 포함할뿐만 아니라 협의적 차원의 청소년지도의 내용과 영역을 모두 포함한다. 반면 협의적 의미에서의 청소년지도는 보다 전문적인 청소년지도 인력에 의해 이루어지는 활동(이미리 외, 2014), 또는 학교 교육에서 교사가 학생을 대상으로 교과를 전수하는 교수행위와 비교하여 전문 지도사가 청소년을 지도하는 행위 또는 과정이다(한상철 외, 2003). 여기에는 심성 계발, 리더십 계발, 사회성 계발, 자연체험활동 지도, 문화예술활동 지도, 교류활동 지도, 봉사활동 지도, 자치활동 지도, 여가활동 지도, 사이버공간활동 지도 등이 포함된다.

청소년지도에 대한 학자들의 정의를 종합해 보면 공통적인 몇 가지의 의미를 발견할 수 있다. 첫째, 청소년지도는 일정한 가치와 목적을 지향한다. 청소년지도는 청소년을 독립된 인격체이자 무한한 잠재성을 지닌 인격적 존재로 인식하고, 이들의 전인적인 성장과 본성 실현 그리고 잠재력을 최대한 개발할 수 있도록 조력하는 일련의 활동이라 할 수 있다. 바람직하고 건전하며 온전한 상태로의 성장과 발달 그리고 주체적이고 자율적인 인격체로서의 역량강화를 지원하는 목표지향적인 활동이다.

둘째, 청소년지도의 실제적 활동 내용은 청소년 활동을 지원하고 조력하는 것이다. 청소년지도는 어떤 이념이나 가치, 내용을 처방적으로 지시하거나 주입하는 것이 아니다. 청소년 문제행동에 대한 개입과 청소년 보호를 위해 의무적이고 규제적인 속성을 띨 수 있으나 궁극적으로는 청소년 개인과 개인이 속한 공동체에 보다 잘 적응하며 성장할 수 있도록 지원하고 조력하기 위한 과정이라 할 수 있다.

셋째, 청소년지도는 전문성을 인증받는 청소년지도자에 의해 이루어지는 동태적, 지속적, 체계적인 개입활동이자 조력활동이다. 이는 청소년지도를 위한 절차와 방법에 관한 것으로 청소년지도자는 청소년의 욕구 분석, 목표 설정, 프로그램 설계 및 개발, 실행, 종결 및 평가를 통해 수련활동을 지도할 수 있어야 한다. 청소년을 지원하고 조력하는 이들 청소년지도사, 청소년상담사, 사회복지사로 대표되는 청소년지도 전문가들은 국가검정자격제도에 의해 인준을 받고 그에 상응하는 전문적 역량과 경험을 갖추어야 한다. 이 과정에서 청소년은 단순히 수동적이며 일방적인 서비스 수혜자가 아닌 자기 의사결정의 주체이자 청소년지도자와 수평적이고 유기적인 상호작용 관계를 맺고 변화를 일으키는 동력으로서 의미를 지닌다.

넷째, 청소년지도의 장소적 속성에 관한 것이다. 청소년지도는 「청소년기본법」에 명시된 청소년시설과 청소년단체의 활동을 통해 이루어진다. 청소년활동은 청소년들 스스로 학교, 가정 그리고 사회의 실생활권에서 요구되는 여러 가지 활동에 자발적으로 참여함으로써 다양하게 이루어지는 체험중심 활동으로 참여에 있어서 청소년의 자발성이 무엇보다 중요하다. 이런 점에서 형식적 교육시설에서 이루어지는 교과과정은 청소년활동이라 할 수 없으며, 학교 외 교육 장면의 활동으로 제한된다. 그러나 최근의 경향을 보면 창의적 체험활동, Wee클래스, 방과후 특기적성 활동 등 학교 내에서 지역의 다양한 기관과의 연계 협력을 통해 청소년지도사나 청소년상담사의 지도가 이루어지고 있는 것을 볼 수 있다. 장소를 굳이 학교를 제외한 그 밖의 사회교육기관이나 청소년시설 · 단체 등으로 한정짓지 않고 청소년 집단을 대상으로 이루어지는 모든 지원활동으로 보는 입장이 확대되고 있다.

2) 청소년지도와 관련된 유사개념

청소년지도 개념과 관련해 유사한 용어로 청소년교육, 청소년육성, 청소년개발이 있다. '지도'는 자연스러운 안내, '육성'은 자연스러운 인간 성장으로, '개발'은 청소년의 잠재성 개발과 함께 궁극적으로 건강한 성인으로서의 편입을 전제하는 의미로 이해할 수 있다. 언어적으로 볼 때 '교육'이 가장 포괄성을 가지며, '지도'와 '육성'은 '교육'과 관련을 갖는 부분적인 기능이며, '개발'은 이런 행위의 궁극적 목표이자 수단적 개념이라고 할 수 있다(천정웅 외, 2013).

(1) 청소년교육

전통적으로 청소년을 대상으로 하는 교육의 형태로 가정교육, 학교교육, 사회교육이 있으며, 이 세 가지의 유형을 통해 청소년교육이 이루어지고 있다고 볼 수 있다. 청소년교육은 평생교육 체제 속의 통합적 부분으로서 학교 외의 사회 과정으로 9세에서 24세의 청소년들을 대상으로 행하여지는 조직적인 교육활동을 의미하며, 이런 관점에서 청소년교육은 공교육제도에 의해 규제되는 학교교육의 틀을 벗어난 사회교육의 모습을 띤다(천정웅 외, 2016).

청소년교육과 청소년지도는 청소년의 전인적인 성장을 돕기 위한 활동으로 유사한 개념으로 볼 수 있으나 구체적인 목표, 내용, 방법에 있어서 별개의 독립된 개념으로 이해할 필요가 있다. 청소년교육의 개념을 청소년지도와 동일시할 경우 청소년교육의 외연이 너무 넓어져 형식교육의 범주에 속하는 학교교육은 물론이고, 청소년을 대상으로 하는 비형식교육 범주의 모든 사회교육이 청소년교육에 포함되게 된다. 청소년지도는 청소년교육 전반을 의미하는 개념이라기보다는 청소년을 위한 실제 지도행위로 한정하고 주로 목적을 위한 구체적인 방법과 행위를 강조하는 개념이라 할 수 있다(오윤선 · 황인숙, 2021).

(2) 청소년개발

청소년개발은 모든 청소년이 개인적이며 사회적 요구에 맞도록 안정하며, 보살핌을 받으며, 가치적이며, 유용하며, 정신적으로 충만하며, 청소년의 일상적 생활에 기여하고 기능하도록 만드는 능력과 기술을 배우는 시도에 참여하는 지속적인 성장의 과정이다(Pittman, 1993). 청소년의 잠재능력을 보다 바람직한 방향으로 성장시키고 개발하는 일련의 적극적인 과정으로서 청소년개발은 지적 · 정신적 · 정서적 차원에서의 사람이나 장소의 개입을 통하여 지원된다. 청소년개발은 가정, 지역사회와 국가로부터 분리되어 일어나지 않으며, 청소년의 성장과정은 부모, 교사, 또래관계 등 주요한 인간관계와 환경으로부터 영향을 받는다. 또한 청소년개발의 접근은 모든 청소년을 위한 기회, 지원, 서비스를 포함하며, 학습된 의사결정과 이용가능한 선택의 이해를 따라 청소년이 자신의 미래를 책임지는 것에서부터 시작된다(이채식, 2008). 청소년개발은 과거 청소년에 대해 문제중심적 접근(problem-based approach)을 취했다면 오늘날에는 청소년의 잠재력과 가능성을 강조하는 강점중심적 접근(strength-focuses approach)으로 변화하고 있다.

청소년개발은 이론체계가 확립되면서 광범위한 사회적 맥락에서 공통적으로 적용가능한 청소년개발의 목표 영역들이 제시되고 있다(Huebner, 2003; Pittman & Irby, 1996). 즉 신체적 건강(현재와 미래의 신체적 건강을 유지하고 개선하는 방식으로 행동하는 것), 정서적 건강(우호적이거나 적대적 상황에 대해 긍정적으로 반응하고 대처하며, 자신의 감정상태와 주변상황에 대해 숙고하고, 레저와 놀이활동에 참여할 수 있는 능력), 지적 역량(형식 및 비형식 교육기관에서 학습하고, 학교졸업에 필요한 기초지식을 습득하며, 비판적 사고기술 · 창의력 · 문제해결기술 · 자기표현기술 등을 활용하고, 자기주도적으로 학습할 수 있는 능력), 사회적 역량(친구 및 다른 사람들과 우호적인 관계를 유지할 수 있는 능력), 시민적 역량(민주시민으로서 사회적 선(lager good)을 위하여 타인과 협력적으로 일하고, 우호적인 관계를 유지할 수 있는 능력), 문화적 역량(집단 간 또는 개인 간에 존재하는 사회적 · 경제적 · 문화적 배경과 관심 및 흥미의 차이를 존중하고, 우호적으로 반응할 수 있는 능력), 직업적 역량(고용에 필요한 기능적 · 구조적 기술을 획득할 수 있는 능력) 등이다.

(3) 청소년육성

청소년육성 개념은 1980년대부터 한국의 청소년정책이 본격 수립되면서 청소년교육이라는 분야와 대응하는 새로운 정책 영역으로서의 청소년정책의 성격을 규정하는 의미로 등장하여 지금까지 사용되고 있는 용어이다. 청소년육성이란 청소년활동을 지원하고 청소년의 복지를 증진하며 근로 청소년을 보호하는 한편, 사회 여건과 환경을 청소년에게 유익하도록 개선하고 청소년을 보호하여 청소년에 대한 교육을 보완함으로써 청소년의 균형 있는 성장을 돕는 것을 말한다(「청소년기본법」 제3조 제2항). 즉 청소년육성은 청소년의 균형있는 성장을 목적으로 청소년활동(수련활동, 문화활동, 교류활동 등), 청소년복지, 청소년 보호, 사회환경 개선을 아우르는 종합적인 청소년 지원활동으로서 학교교육과는 대칭되는 것이다.

청소년육성은 이타심 등 도덕적 능력을 함양하는 것을 목적으로 하며, 사회성 등의 발달에 필요한 기량과 덕목을 단련하고 내면화함으로써 자율적인 삶과 더불어 사는 삶을 위한 실천적 능력을 포괄하는 개념이다. 이는 청소년수련활동을 비롯한 학교교육

이외의 장면에서 주로 이루어지는 청소년활동을 통해 체득 또는 체화되는 체계적 · 전문적 활동이며, 청소년 스스로 도덕적 능력을 체득할 수 있도록 직 · 간접적으로 지원하는 교육적 영역이라 할 수 있다(전세일, 2003). 청소년지도는 청소년육성에 포괄되는 하위요소로서 청소년의 전인적인 성장을 위한 교육적이며 방법적인 것으로 청소년육성의 핵심적 영역이다. 청소년육성이 추구하는 덕 · 체 · 지를 조화롭게 갖춘 청소년의 균형있는 성장은 청소년지도의 적극적인 형성작용에 의해 달성될 수 있다(김영인 · 김민, 2018).

3) 청소년지도의 특성

청소년지도의 특성을 살펴보면 다음과 같다(이혜경 외, 2020; 한상철, 2007).

첫째, 청소년지도는 청소년 개개인의 다양한 욕구와 사회적 요구를 반영한다. 이는 개인의 욕구충족과 사회 및 기관의 목적 달성을 동시에 고려하는 것으로 이를 기초로 지도 목표를 설정하게 된다.

둘째, 청소년지도는 지도 목표를 갖는 의도적인 활동이다. 따라서 무의식이거나 반의도적인 교육과는 구별된다.

셋째, 청소년지도는 지도 목표, 내용 선정 및 조직, 실행 계획, 평가의 전 과정을 체계적으로 설계한 결과물인 프로그램에 근거하여 이루어지는 계획적인 활동이다. 청소년지도는 프로그램 중심의 경험학습이다. 즉 학교교육이 교과 중심의 지적 학습에 중심을 둔다면 청소년지도는 전문적인 교수 설계에 의해 개발된 프로그램에 기초한 경험학습이라고 할 수 있다. 청소년지도는 개발되는 프로그램의 성격과 종류에 따라 다양한 유형으로 구분되는데, 청소년활동 영역에 포함되는 청소년 자아계발 지도, 문화활동 지도, 놀이 및 여가지도, 자연체험활동 지도, 봉사활동 지도 등으로 나눌 수 있다.

넷째, 청소년지도는 청소년의 자발적인 참여를 전제로 한다. 학교나 가정 또는 사회기관 등에 의해 강제적 또는 반강제적으로 동원된 청소년을 대상으로 하는 훈육 및 행사 활동은 엄격한 의미에서 청소년지도라고 보기 어렵다. 자발적인 참여에 의한 지도야말로 지도의 효과성 · 효율성을 극대화할 수 있으며, 진정한 의미의 청소년지도가 가능하다고 할 수 있다. 이를 위해서는 청소년기관의 적극적인 홍보 전략과 다양한 프로그램을 개발하려는 노력이 있어야 하며, 청소년정책의 개선과 행정적 · 제도적 대책이 보완되어야 할 것이다.

다섯째, 청소년지도는 청소년지도 전문가에 의한 활동이다. 청소년은 욕구가 매우 다양할 뿐만 아니라 다변적 · 역동적이며, 사회문화적 역할과 지위 또한 고정되어 있지 않다. 이와 같은 속성과 더불어 청소년은 그들 나름의 세상을 창조하고 무한한 잠재력을 실현하기 위해 투쟁 중에 있는 존재이다. 그들은 이러한 경험을 통해 보다 완전하고 가치있는 한 성인으로 성장해 나갈 것이다. 따라서 청소년지도 과정에는 청소년의 특성을 보다 과학적으로 이해하고 그들의 잠재력과 욕구 충족 그리고 사회적응을 보다 합리적으로 조력하기 위한 청소년지도 전문가, 즉 청소년에 대한 폭넓은 이해와 충분한 지식을 지닌 지도자를 필요로 한다.

여섯째, 청소년지도는 지속적인 활동이다. 청소년지도는 행사중심의 일회성 활동이 아닌 지속적인 활동이며, 피드백을 통해 계속적인 개선과 발전을 지향해 나가는 활동이다.

일곱째, 청소년지도는 청소년활동의 조력과정이다. 여기서 과정이 의미하는 것은 청소년지도가 의도한 목표의 성취 정도에 초점을 두는 것이 아니라 지도행위 자체에 초점을 두며, 평가를 통한 피드백과 계속적인 수정 및 개선을 전제로 하고 있음을 뜻한다. 그리고 평가는 효과성과 효율성, 매력성을 준거로 한다. 또한 조력이란 올바른 방향으로 나아가도록, 합리적인 선택을 하도록 '지원한다', '촉진한다' 등의 의미를 지닌 말로서 지시 · 통제 · 감시 · 훈련 등의 개념과 대치된다.

4) 청소년지도의 내용

청소년지도방법에서 요구되는 청소년지도와 관련된 지식, 기술, 태도는 대체로 사회성 지도, 도덕성 지도, 진로 지도, 보건과 여가 지도, 지역사회 봉사, 국제교류에 관한 것이다. 그 내용은 다음과 같다(성열준 외, 2016; 최윤진, 1990; 한국청소년개발원, 1995).

(1) 사회성 지도

사회성 지도는 민주시민에 관계된 여러 가지 영역, 즉 정신건강의 증진을 위한 조력, 자립정신과 사회참여, 사회봉사 정신의 육성뿐만 아니라 사회참여활동, 말씨, 듣는 방법, 발표능력 등까지도 포함한다. 사회성 지도는 인격형성에 따르는 지도에 관련된 것이며, 궁극적으로는 개인의 책임, 자립과 협조, 공동도덕과 사회참여 등에 관련된 태도를 청소년이 함양하도록 돕는 것이다.

(2) 도덕성 지도

도덕성 지도의 목표는 크게 3가지로 먼저 일상생활의 영역에 있어서 사회의 건전한 향상이나 발전을 위하여 인간으로서 바람직한 생활태도와 행동양식을 학생들에게 고양시키는 것이다. 학생들이 일상생활의 기본적인 행동양식을 보다 잘 이해하고 관습화함과 더불어 시간과 장소에 알맞게 적절한 행동을 할 수 있도록 한다. 인격의 존엄, 인간애 등에 기반이 되는 인간존중 정신을 기르고 개인의 자성, 개인과 개인, 개인과 집단, 집단과 집단 간의 인간관계를 중심으로 인간존중 정신을 바르게 행할 수 있는 판단력, 심정, 태도 및 실천력을 기른다. 도덕적인 판단력과 심성을 키워 대인관계 속에서 풍부한 개성과 창조적인 생활태도를 육성하는 것이다.

(3) 진로지도

진로지도는 학생이 걷게 되는 인생에서 늘 현재보다 나은 생활을 목표로 하여 진행시키는 것이지만, 일반적으로 말할 때, 학교에서 행해지는 진로지도는 어느 고등학교에 진학할 것인가, 어느 대학으로 입학할 것인가 등의 진로선택으로 제한되어 실시되고 있다. 진로지도가 학생의 미래를 전망하는 생활지도로 이루어지고, 장기간에 걸쳐 이루어지기에 청소년지도론에서는 이에 대한 전문적 지식이 요구된다.

(4) 보건지도

보건지도는 건강에 대한 지도, 안전에 대한 지도, 그리고 성에 대한 지도 등으로 구성된다. 건강유지는 질병과 상해로부터 일어나는 것뿐만 아니라 신체적 · 정신적으로 자신이 지닌 능력을 최대한으로 발휘하는 것까지를 포함한다. 그러므로 건강지도는 신체적 건강과 정신건강 문제를 포함하며 나아가 건강의 유지와 증진을 목표로 하는 적극적인 단련도 포함된다. 안전에 대한 지도에서는 교통안전에 대한 지도 등이 중시된다. 교통규칙 학습의 문제, 스스로 자신의 안전을 지키는 자립적 태도의 문제, 피해자만이 아니라 가해자가 되지 않도록 하기 위한 지도 등이 포함된다. 성에 대한 지도 역시 인격의 완전성과 풍요로운 인간 형성을 목표로 하는 관점이 요구된다. 동시에 인간의 성에 관한 인식을 깊게 하고 성에 관한 건전한 태도와 행동을 익히게 함으로써 가정과 사회의 일원으로서 필요한 성에 관한 기초적인 사항을 습득하도록 도와주는 것이 청소년지도론에서는 중요한 과제 중의 하나이다.

(5) 여가지도

여가지도는 학생들에게 여가의 중요성을 깨닫게 하고, 다양한 여가활동 가운데 자신에게 가장 적합한 것을 선택하여 여가를 그 자신이 이용하도록 만드는 데 있다. 여가는 단순히 오락시간과 기분전환의 시간이 아니라 인간성을 풍요롭게 하기 위한 귀중한 시간이다. 내일을 위해 활력을 축적하고, 스스로를 한층 높여 충실한 역할을 할 수 있도록 하는 일이다.

(6) 지역사회봉사지도

지역사회봉사지도는 청소년으로 하여금 이웃과 사회, 국가와 민족에 대해 청소년들이 무엇을 할 수 있는지에 관한 의무와 권리 등을 인지하게 도와주는 것이다.

(7) 국제교류지도

청소년들에게 국제화 시대에 필요한 지구촌의 의미, 지구환경 보존의 의미 등을 일깨워 주기 위해 필요한 활동과 그에 관련된 방법, 기술을 가르치는 일이다.

2. 청소년지도방법

1) 청소년지도방법의 개념과 특성

청소년지도방법은 청소년지도라는 핵심 요소를 전략적으로 구체화하기 위해 청소년지도사가 전문적으로 수행하는 행위이다. 청소년 참여자의 조직화, 다양한 청소년 수련 및 활동 촉진에 필요한 기법, 매체 운용 능력, 프로그램 기획 및 운영 능력 등 일체의 개입 전략을 의미한다. 청소년 참여자의 조직화란 청소년지도활동을 수행하기 위해 청소년 및 참여자를 어떠한 형태로 혹은 어느 정도의 규모로 조직화할 것인가를 의미한다. 수련 및 활동촉진기법은 청소년지도활동을 촉진하기 위하여 전개되는 수단 혹은 기법으로 토의법, 강의법, 포럼, 역할연기, 연시법, 전시법, 실습 등의 다양한 기법이 있다. 매체 운용능력이란 수련 및 활동내용을 청소년 참여자들에게 보다 효율적으로 전달하기 위해 사용하는 기구를 다루는 능력을 의미한다. 수련 및 활동매체로는 모형이나 모델의 실물매체를 비롯하여 인쇄매체, 시청각 매체, 악기, 운동기구 등 다양한 기구가 있다. 프로그램의 개발과 운영기법은 핵심적인 지도방법으로 청소년지도사는 필수적으로 청소년을 대상으로 각각의 활동을 조직적으로 운영하고 즐겁고 실효성 있는 지도활동을 위해 프로그램을 기획, 설계, 실행, 평가할 수 있는 역량을 갖추어야 한다(오윤선 · 황인숙, 2021).

청소년지도방법은 다음의 다섯 가지 특징을 지니고 있다(오윤선 · 황인숙, 2021).

첫째, 청소년지도방법은 청소년지도의 이념과 목표를 실현하기 위한 도구적 성격을 지닌다. 청소년지도방법은 청소년지도가 추구하는 청소년들의 전인적인 성장, 총체적 성숙, 잠재력 개발, 시민적인 역량 강화 등을 실현하기 위한 구체적인 기술로서의 성격을 지닌다. 이런 면에서 청소년지도방법은 그 자체가 목적성을 지닌 것이 아니라 도구적이고 수단적인 성격을 지닌다고 할 수 있다.

둘째, 청소년지도방법은 목표를 달성하기 위한 계획적이고 체계적인 활동이다. 아무리 효율적이고 좋은 지도 방법이 존재한다 할지라도 프로그램의 목적과 내용 그리고 지도대상의 특성과 부합되지 않는 지도방법은 효과성을 기대하기 힘들다. 이런 면에서 청소년지도방법은 목적, 내용, 대상, 공간에 최적화된 프로그램에 근거하여 이루어지는 계획적이고, 의도적인 활동이라고 할 수 있다.

셋째, 청소년지도방법은 전문 청소년지도사와 청소년 사이 상호작용을 통하여 이루어진다. 청소년지도가 효율적으로 이루어지기 위해서는 우선적으로 청소년의 특성과 그들이 주체가 되어 이루어가는 문화에 대한 이해와 통찰이 요구된다. 나아가 청소년지도사는 청소년들과 충분한 공감대를 형성하고 이들의 근본적 욕구를 파악할 수 있어야 한다. 그리고 청소년 개인의 욕구 분석뿐만 아니라 기관 및 사회의 목적을 동시에 고려하여 수련활동의 목표를 설정하고 프로그램을 개발 및 실행할 수 있는 역량을 갖추어야 한다. 이런 면에서 청소년지도방법은 국가검정자격제도에 의해 인준받은 청소년지도사에 의해 실시되는 전략적 개입활동이라 할 수 있다.

넷째, 청소년지도방법은 주로 학교 밖의 장에서 실행된다. 최근 학교교육의 일부에서 청소년 전문 인력의 활동 기회가 확대되면서 장소적 속성에 따른 경계가 다소 확대되고 있는 추세이다. 하지만 여전히 청소년지도방법이 실행되는 주요 현장은 청소년수련원, 청소년수련관, 청소년문화의집, 청소년이용시설 등과 같은 청소년활동시설이라 할 수 있다.

다섯째, 청소년지도방법은 청소년의 적극적이고 실질적인 참여를 극대화하는 것을 전제한다. 청소년지도는 학교교육체제에서와 같이 어떤 이념이나 가치 그리고 내용을 일방적으로 지시하거나 주입하는 것이 아니다. 즉, 청소년들은 강압적인 활동에 따르는 수동적 존재가 아니라 스스로가 주체가 되어 활동하는 자기주도적이고 능동적인 존재이다. 따라서 청소년지도방법은 가능한 한 구성원들 모두가 함께 참여할 수 있도록 동기 및 참여 유발 요인의 강화를 통해 청소년을 안내하고 조력하는 활동이라 할 수 있다.

2) 청소년지도방법의 기본원리

청소년지도방법의 기본원리들은 사회교육방법의 기본원리에 기초한 것으로서 관점에 따라 또는 프로그램의 성격에 따라 조금씩 다르게 제시될 수 있다. 그럼에도 청소년지도 시 일반적으로 적용가능한 비교적 광의적인 차원에서의 청소년지도방법의 원리들을 살펴보면 다음과 같이 정리할 수 있다(성열준 외, 2016; 한국청소년개발원, 1995).

첫째, 지도자가 아닌 지도대상으로서의 청소년이 주체가 되는 청소년 중심의 자기주도적 학습을 촉진시킬 수 있는 지도방법이 강구되어야 한다. 청소년 스스로의 자발적 의지에 따라 참여동기가 내부적으로 형성되어 청소년이 좋아하는 방식대로, 필요로 하는 내용을 중심으로 지도가 이루어져야 한다. 지도의 목표에서부터 내용선정 및 방법의 선정에 있어서 가능한 한 지도자와 청소년이 하나가 되고 청소년들의 의견과 요구가 최대로 반영되고 수렴될 수 있도록 해야 한다. 청소년이 외부적인 압력에 의해 참여했을 경우에라도 학습활동을 계속하는 동안에 스스로 참여하고 자기주도적으로 학습할 수 있도록 지도해야만 한다. 청소년지도자는 조력자, 안내자, 상담자, 학습의 방향을 알려주고 학습 조정자로서의 입장을 견지하며 지도해야 한다.

둘째, 청소년지도에 있어 다양성과 융통성의 원리가 강조될 필요가 있다. 하나의 지도활동이나 지도내용과 지도과정에는 하나의 지도방법만이 아니라 다양한 지도방법이 조화롭게 동시에 활용될 수 있을 것이다. 지도방법이 다양화되고 융통성이 있어야 하는 것은 기본적으로 청소년들의 교육적 요구의 다양성에 기초한다. 청소년지도방법은 전통적인 강의식 교육방법을 넘어서 매우 다양한 형태로 개발 · 활용되고 있으며, 새로이 개발되어야 할 지도방법의 영역은 무한하다. 상황에 따라서는 여전히 고전적 강의방식이 다른 방식에 비해 효과적일 경우도 있을 수 있다. 그러나 어느 한 방식이 어느 특정한 경우에 효과적이라 할지라도 학습자 특성의 다양성을 고려하여 한 가지 이상의 방식을 효과적으로 조합하여 사용하는 것이 학습효과를 높일 수 있다.

셋째, 청소년학습자들 상호 간에 그리고 청소년과 청소년지도자 상호 간에 상호학습의 원리가 적용되어야 한다. 청소년학습자들은 서로가 서로를 보완해 주고 격려해 주는 상호작용을 통해 심리적 후원의 관계를 형성하는 것이 중요하다. 동료 학습자들과의 상호작용을 통하여 새롭게 배우고 수용하게 된 제반 아이디어나 생활방식, 태도, 가치관 등에 대해 타인의 지지 및 인정을 받게 되므로 새로운 학습과 관련된 동료와의 상호작용은 큰 의미를 가지게 된다. 앞서의 자발적 학습 및 자기주도 학습에 대한 지도방법은 개인적 접근의 성격이 강하다. 개인적 접근을 통하여 형성된 학습자 각각의 학습욕구는 비슷한 학습욕구를 가진 타인과의 적절한 조화와 경험의 나눔 속에서 보다 극대화될 수 있다.

넷째, 청소년지도방법에 있어서의 경험중심성과 활동지향성의 원리이다. 암기와 반복적인 학교 교육과정과 달리 청소년지도방법에 있어서는 청소년 스스로가 실제 행함으로써 배울 수 있는 실제적 경험학습이나 실습, 견학, 방문, 실제 훈련활동 등과 같이 참여를 통해 배울 수 있는 지도방법들이 보다 강조된다. 강의보다는 실제적 체험을 통해 학습시키는 활동중심, 경험중심의 지도기법이 청소년지도의 특성상 보다 효과적이기 때문이다.

다섯째, 지도의 효율성 제고를 위해 지도방법의 합목적성과 합내용성, 합대상성, 합상황성의 원리가 강조될 필요가 있다. 아무리 효과적이고 좋은 지도방법이라 하더라도 지도 프로그램의 목적과 내용, 지도대상의 특성과 학습준비도에 부합되지 않는 부적절한 지도방법은 효과를 거두기 어렵다. 또한 지도여건 및 지도방법의 적용에 필요한 인적 · 물적 자원이 구비되어 있지 못하면 소기의 성과를 거두기 어려울 것이다. 지도방법의 효과성은 지도 목적 · 내용 · 대상과의 상호 관련성 속에서 결정되는 것이다.

여섯째, 청소년지도방법은 청소년과 참가자의 참여를 촉진시키는 데에 초점을 맞추어야 할 것이다. 청소년지도방법은 개별 단위로 개인중심 학습의 형태로 이루어지는 경우도 있지만 대부분 집단지도의 형태를 취하게 된다. 보다 많은 구성원이 실질적이고 적극적으로 참여할 수 있는 지도방법이 적용될 때 집단 전체의 지도 효과가 제고될 수 있다. 계획단계에서 실천단계 및 평가에 이르기까지 참가자인 청소년들이 일부 또는 전 과정에 걸쳐 참여하도록 해야 한다. 지도 프로그램에의 참여도는 어떠한 지도기법이 채택되는가에 의해 크게 영향을 받게 되므로 지도방법의 비중은 더욱 커지게 된다고 할 수 있다.

일곱째, 청소년지도방법은 유희·오락적 기능을 발휘할 수 있는 지도방법이 활용되어야 한다. 학습자의 자발적인 참여동기와 내적 동기에 기초한 '즐거운 학습'의 요소가 강조되어야 한다. 즐거운 학습의 원리는 단지 놀고 즐긴다는 가벼운 의미가 아니라 새로운 것을 배운다는 무거운 심리적 압박을 주는 대신에 알게 모르게 배움을 즐기면서 긴장을 풀고 몰입하게 된다는 것이다. 재미있고 지루하지 않은 방법으로 얼마든지 어려운 내용을 학습할 수 있다는 자신감을 불어넣어 주어야 한다. 또한 즐거움의 요소와 함께 의미 있는 학습성과를 유도하기 위한 메시지가 계속적으로 전달될 수 있도록 세심한 주의를 기울일 필요가 있다.

3) 바람직한 청소년지도방법

바람직한 청소년지도방법을 탐색하기 위해서는 고려되어야 할 기본전제들이 있다(한국청소년개발원, 1995).

첫째, 청소년을 지도하기 위한 효율적이고 바람직한 지도방법이 탐색·고안되기 위해 먼저 '청소년'에 대한 충분한 이해가 전제되어야 한다. 청소년지도방법의 적절성과 효과성은 지도대상으로서의 청소년집단의 특성과 삶의 세계 그리고 청소년들의 교육적 요구와 그에 기초한 청소년지도 프로그램의 목적 및 내용과 결코 분리될 수 없다. 지도대상인 청소년 세대에 대한 이러한 이해와 진단이 전제되지 않으면 그 어떤 기술적 측면에서의 효과적인 지도기법도 충분한 성과를 거두기 어렵기 때문이다. 청소년지도자들은 아동기에서 성인기로 이행해가는 중간적 과정에 있는 과도기적 발달단계로 청소년을 바라보는 피상적 수준을 넘어 다면적인 청소년들의 특성, 즉 연령별 신체 성숙과 성적 변화 양상, 성의식의 발달과 그 변화 추이, 발달과업, 사회적 성숙도, 제반 의식구조상의 특성, 이상적 사회관, 심리적 특성, 소외의식, 기성세대와의 갈등 및 세대차 인식, 욕구불만과 상대적 박탈감, 원망 격차 의식, 자아정체감, 문제해결 능력 및 당면 고민, 이성문제 등 청소년을 심도 있게 이해하는 데에 필요한 세부 내용들을 알아야 한다.

둘째, 급변하는 현대사회 속의 청소년 하위문화에 대한 깊이 있는 이해와 통찰 그리고 앞으로 그 문화가 어떻게 변화되어 갈 것인가에 대한 미래 전망 예측 능력을 청소년지도자들이 갖추고 있어야 한다. 청소년은 기존의 성인문화에 대한 모방적 아류문화가 아닌 그들 나름대로의 독특하고 고유한 하위문화를 가지고 있다. 과거와 현재, 도시와 농촌, 소년과 소녀, 학생청소년과 근로청소년, 무직청소년, 요보호청소년집단의 문화는 또한 크게 다른 양상을 가질 것이다. 이들의 각기 다른 문화는 언어문화, 춤문화, 의상문화, 일과 여가문화, 학업문화, 아르바이트 문화, 이성교제의 문화 속에서 각기 다른 모습들을 보여줄 것이다. 청소년지도자들은 다양한 청소년의 삶 속에 투영되고 있는 청소년의 문화를 알고 이해하며 공감해 줄 수 있어야 하고, 효과적이고 바람직한 조력자로서 청소년지도에 임할 수 있어야 한다.

셋째, 청소년지도가 효율적으로 이루어지기 위해서는 청소년의 특성 및 독특한 문화세계에 대한 이해와 함께 청소년집단의 주류를 이루고 있는 학교청소년과 근로청소년의 삶, 학교생활과 근로작업생활, 그 속에서 형성되고 있는 교육적 욕구를 들여다 볼 필요가 있다. 청소년들의 일상적 삶과 풍토, 그 속에서의 인간관계 유형에 있어서도 도시와 농촌, 연령별, 성별, 청소년집단 특성별로 차이가 있을 것이다. 청소년지도자가 청소년들의 일상과 내면세계에 대한 이해와 통찰을 갖추어 청소년지도에 임할 필요가 있다.

넷째, 청소년지도자와 청소년들 간에 충분한 공감대가 형성되어 있어야 한다. 본격적인 지도 프로그램에 임하기 전에 사전 단계 지도로서 충분한 대화와 상대방에 대한 친밀감을 형성하고 정보획득을 위한 작업이 있어야 한다. 본격적 지도활동 이전에 각종 레크리에이션이나 라포 형성을 위한 게임 또는 도입 단계에서의 심성계발 프로그램 등을 통해 지도자와 청소년들 사이에 충분한 공감대가 형성되어 있어야 한다.

3. 청소년지도 대상별 유형

1) 개인지도방법

개인중심의 청소년지도는 청소년지도자와 청소년 개인의 대면을 통해 이루어지는 지도 형태이다. 개인중심 지도방법의 목표는 학습자 스스로 현실을 지각하고 개인의 인지과정을 통해 자신의 행동에 반응하며 자신의 태도를 형성함으로써 궁극적인 자기 변화를 유도하는 것이다. 개인중심 청소년지도방법에서 전제되는 조건은 첫째, 개인의 성숙에 필수적 요소인 자기 주도성과 자발성을 가지기 위한 능력과 욕구 안에서 학습자가 성장하도록 해야 한다. 둘째, 학습자의 경험이 이를 지도하는 지도자의 전문성과 결합되어 지속적으로 풍부한 학습자원이 될 수 있도록 개발되어야 한다. 셋째, 개인이 일상생활을 수행하고 또 그들의 삶의 문제를 보다 적응적으로 해결하기 위한 목적으로 제시되어야 한다. 넷째, 학습자의 내적 자극, 즉 호기심, 자아실현을 위한 욕구, 성장에 대한 갈망, 높은 도덕적 가치 등에 의해 동기화되어야 한다(오윤숙 · 황인숙, 2021).

개인중심 지도방법의 결과로서 나타나는 청소년의 개인적 특성의 변화를 살펴보면 다음과 같다(이채식 외, 2013). 첫째, 청소년 자신에 대한 이해이다. 청소년기의 지적 성장은 자신에 대해 세련되고 분화된 방식으로 생각할 수 있도록 하며, 추상적이며 심리적인 특성을 갖는 존재로서의 자신을 기술할 수 있도록 하는 것이다. 자신에 대한 이해는 모든 지적·행동적 특성의 기본이며, 자신에 대한 이해를 통해 여타 다른 교육 프로그램의 선택과 참여도 가능하다. 또한 실제적 자기(actual self)와 미래 희망하는 이상적 가치(ideal self) 간의 차이를 구분하고 현재의 자기와 미래의 자기를 연결시키는 다양한 교육과 활동에 대한 인식도 가능해진다. 둘째, 자아존중감과 관계 능력의 개발이다. 상담이나 개별교습을 통해 자아존중감이 향상되며, 자신이 존재로운 사람이라고 느낄 때 청소년들은 타인과 융통성 있고 적응적인 관계를 형성할 수 있다. 셋째, 청소년의 자율성이 확립된다. 자율적인 청소년은 자신의 문제에 대해 스스로 결정하고 따르는 능력을 가지고 옳고 그름의 원리에 있어 자신이 결정한 대로 삶을 유지한다. 자율성은 전 생애의 생활과 의사결정, 행동에 기준점이 될 수 있다. 넷째, 친교성의 확립이다. 청소년들은 또래집단을 비롯하여 부모, 교사 등 다양한 인간관계를 통해 사회적 기술을 익히고 친밀한 관계를 형성하게 된다. 타인과의 관계를 통해 긍정적인 효과들을 수용하는 기술을 갖게 된다.

2) 집단지도방법

집단지도를 청소년활동에 적용하고자 할 때, 집단지도의 성격은 다음과 같다. 첫째, 집단지도는 집단구성원들의 공통된 목적달성과 함께 개개인의 필요와 욕구를 충족시키기 위한 수단으로서의 활동이다. 둘째, 집단지도는 집단역동이론을 바탕으로 한 집단의 사고과정을 방법상의 중핵으로 하는 활동이다. 셋째, 집단지도는 집단 속에서 집단 내 구성원들 사이에 끊임없이 진행되고 있는 심리적 역동관계를 활용한다. 넷째, 집단지도는 집단성원의 공통적인 요구에서 출발한 집단 목표 또는 과제를 집단구성원들이 스스로 합리적이고 과학적인 방법으로 해결하게 한다. 다섯째, 집단지도는 하나의 과정(process)이다. 여기서 과정이란 계속해서 변화하는 현상을 의미하며, 어떤 한 사건만을 다루는 것이 아니라 목표를 향해서 움직이는 일련의 활동이나 단계를 말한다. 여섯째, 집단지도는 전문가의 지도하에 이루어진다. 전문가란 개인과 집단 그리고 이를 둘러싼 환경에 대한 전문적이고 과학적인 지식과 실무경험을 바탕으로 집단을 지도할 수 있는 지도자를 말한다. 일곱째, 집단지도의 세 가지 초점영역인 집단구성원, 전체로서의 집단 및 집단환경 중 어떤 영역에 더 많은 강조점을 두느냐에 따라 집단지도의 속성이 달라질 수 있다. 그러나, 이 세 영역 중 어느 한 영역에 더 많은 강조점을 두더라도 나머지 두 가지 영역을 무시해서는 안 된다(한국청소년개발원, 1994).

또한, 효과적인 집단지도를 실시하기 위한 원칙을 다음과 같이 제시할 수 있다(Knopka, 1963). 첫째, 각 개인의 고유한 상이성에 대한 인정과 그에 따른 행동을 하도록 하는 집단 내에서의 개별화이다. 둘째, 집단은 구성원 간의 상호작용, 하위집단, 응집력, 지도력에 따라 다양한 형태를 나타내므로, 다양한 모든 집단을 하나의 집단으로 인정하는 집단의 개별화가 필요하다. 셋째, 집단에 속한 개인의 고유한 장점과 단점을 인정한다. 넷째, 전문가, 즉 사회사업가와 집단구성원 간의 의도적 도움의 관계를 설립한다. 다섯째, 집단구성원 간의 상호부조적 · 협조적 관계를 수립하도록 격려한다. 여섯째, 집단의 과정을 관찰하여, 적절하게 수정하도록 한다. 일곱째, 각 구성원이 자기 능력에 따라 참여하도록 장려하고, 문제해결과정에 구성원들이 참여하도록 돕는다. 여덟째, 구성원들로 하여금 점차적으로 만족스러운 갈등해소 방법의 경험을 하도록 돕고, 대인관계와 성취의 새롭고 다양한 경험을 하는 기회를 제공하도록 한다. 아홉째, 전문가는 개인과 집단발달에 대한 계속적인 평가를 하고, 원만하고 인간적이며 절도 있는 자신을 사용해야 한다.

〈표 1-1〉 지도대상의 조직방식에 따른 지도방법

지도방법의 유형화	하위 유형 기법
개인중심의 지도방법	• 도제식 학습기법 • 컴퓨터 보조학습(CAI)기법 • 원격교육기법 • 카운슬링기법 • 직접적 개별학습 지도기법 • 현장 경험 프로젝트기법 • 인턴쉽기법 • 다매체 보조개별 학습기법 • 계약학습기법(약정학습기법)
소집단 지도방법	• 강의기법 • 토론기법 – 심포지움, 세미나, 배심토론, 학습대표집단 참여제 토론, 대담토론(콜로키), 공개 토론(포럼), 소집단 원탁토론, 소집단 분과토론 • 브레인스토밍기법(집단지혜 추출 기법) • 역할연기법 • 감수성훈련기법 – 만남훈련, 마라톤훈련, 잠재력훈련, 심성계발 • 인간관계훈련기법 • 문제해결기법 • 프로젝트기법 • 현장견학기법 • 레크리에이션기법 • 참여훈련기법
대집단 지도방법	• 대집단을 소집단으로 분과 후 소집단토론기법 적용 • 워크샵, 심포지움, 세미나, 포럼 등의 대집단토론기법 • 대규모 강연회 및 연설기법 • 영화 및 슬라이드 감상과 소집단 분과토론병용기법

출처: 한국청소년개발원(1995). 청소년지도론. 서울: 서원, p.179.

4. 청소년지도방법의 실제

1) 청소년 진로지도

진로지도는 학생들이 그들의 삶에 대하여 적절한 결정을 내리고 그들의 역할을 수행할 수 있는 능력을 배양하도록 돕기 위한 체계적이고 통합적인 과정이며, 정의적 성숙과 진로발달 과정을 도와 가장 적절한 진로결정을 할 수 있도록 자신과 환경의 이해를 종합하고 응용하도록 돕는 것이다(이옥, 1993). 진로지도란 학생들의 자아를 발견하고 자기의 소질과 능력을 이해하여 앞으로 자기 자신에게 전개될 미지의 세계에 대해 좀 더 폭넓은 식견을 가지고 진로를 선택 · 계획하며, 졸업 후 안정된 생활을 할 수 있도록 지속적이고 조직적으로 지도 · 조언하는 과정을 말한다(최완열, 2005). 청소년 진로지도의 목표는 첫째, 자신에 관한 보다 정확한 이해를 증진하는 것이며, 둘째, 직업세계에 대해 이해하는 것이며, 셋째, 합리적인 의사결정 능력을 증진하는 것이며, 넷째, 정보탐색 및 활용능력을 함양하는 것이며, 다섯째, 일과 직업에 대한 올바른 가치관 및 태도를 형성하는 것이다(김봉환 · 박예진, 2010).

진로지도의 주안점은 각 학교급별로 차이가 있다(김봉환 · 박예진, 2010). 초등학교에서의 진로지도는 직업선택에 필요한 초보적인 지식 및 기능의 습득, 일에 대한 기본적인 태도와 가치관의 형성을 주요 목적으로 하며, 구체적인 목표는 자신을 이해하고 다양한 직업역할의 유형에 대한 인식 및 자기가 한 일에 대한 책임의식 고취, 협동적인 사회행동의 필요성에 대한 인식과 자세를 함양하는 것 등이다. 저학년에서는 형식적인 조작이 불가능하므로 구체적인 방법, 예를 들어 견학, 시뮬레이션, 시범, 필름, 슬라이드, 비디오 상영 등 가능한 한 직접 보고, 만지고, 행동으로 표현해 볼 수 있는 지도방법이 효과적이다. 고학년으로 올라감에 따라 점차 추상적 개념을 도입하는 것이 바람직하다.

중학교 시기는 직업에 대한 지식과 진로결정 기술을 확립하도록 지도하는 진로탐색의 시기이다. 초등학교에서 강조되던 일에 대한 인내를 계속해 나가는 동시에 긍정적인 자아개념의 발달과 의사결정능력의 증진을 기하고, 직업정보 및 탐색적인 경험을 제공해 주며, 청소년들이 자신의 진로계획을 세워보도록 도와준다. 초등학교 때 보다 좀 더 추상적인 방법을 사용할 수도 있으며, 특히 자신의 감정과 태도를 자연스럽게 표현하고 탐색할 수 있는 기회를 제공해 주는 것이 좋다. 개인별 지도뿐만 아니라 집단토의, 집단상담을 이용하여 더 좋은 효과를 거둘 수 있다. 또한 모든 교사가 담당 교과와 관련하여 학교에서 의도하는 진로지도의 목적과 관계되는 내용을 수업시간에 학습내용과 관련지으면서 지도할 때 보다 실제적인 진로지도가 될 수 있다.

고등학교 시기 청소년은 자신의 욕구, 흥미, 능력, 가치관 등을 고려하여 잠정적인 진로를 선택하게 되고, 이러한 선택이 환상, 논의, 교과, 일 등을 통해서 시도된다. 이러한 선택은 현실적인 요인들이 고려되지 않기 때문에 진로계획은 잠정적이지만 졸업 후 직면하게 될 현실을 고려하여 자신의 능력, 적성, 흥미, 경제적 여건, 직업 포부, 중요한 타인들의 의견 등을 고려해서 진로를 선택하고 그 진로를 개척해 나갈 수 있는 탐색과 준비를 해야 한다. 이 시기에 진학지도와 취업지도가 중요한 과제가 된다. 고등학교에서의 진로지도방법은 중학교에서 실시하던 방법 이외에 진학을 위한 상급학교와의 유기적인 협동하에서 연계 강화, 취업에 대비한 현장실습이 가능한 산학협동 방안을 실현함으로써 그 효과를 증대시킬 수 있다.

〈표 1-2〉 진로지도 기법

구분	기법
자기이해 증진	• 개인면담, 생애진로탐색(LCA)기법, 진로가계도, 직업카드분류방법, 표준화된 검사(지능검사, 적성검사, 흥미검사, 성격검사, 가치관검사)
직업세계에 대한 이해 증진	• 인쇄물(한국직업사전, 한국직업전망), 다양한 매체(게시판, 전시회, 상업용·교육용 CCTV, 비디오, 슬라이드, 영화, 마이크로필름), 면담, 시뮬레이션, 견학, 실습, 컴퓨터활용(CareerNet, Work-Net)
합리적 의사결정 능력 증진	• 의사결정유형검사, 의사결정 일기쓰기, 주관적 기대효용 모델 활용, 대차대조표 접근법, 합리적인 의사결정 방법 활용
정보탐색 및 활용능력 함양	• 내담자의 정보 평가 지침(최신정보인가, 지역적 특성을 반영하였는가, 정보 제공 주체는 신뢰할만한가, 정보의 목적은 무엇인가, 정보를 어떻게 수집하고 제시했는가)
일과 직업의 올바른 가치관·태도 형성	• 내담자의 직업가치관 탐색, 일과 직업 의미탐색 프로그램 활용, 건전한 직업생활 사례 소개

출처: 김봉환·박예진(2010). 청소년 진로지도 목표별 지도방법 탐색. 상담과 지도, 45, pp.75-80 재구성.

2) 청소년 봉사활동 지도

청소년자원봉사활동은 자원봉사의 한 분야로서 상위 개념인 자원봉사활동의 기본적인 정신이나 철학, 이념 등을 바탕으로 하면서도 활동자인 청소년의 특성이 충분히 반영되어야 한다(전보향, 2010). 청소년자원봉사활동은 청소년들이 사회문제의 예방 및 해결 또는 국가의 공익사업을 수행하고 있는 공식조직에 자발적으로 참여하여, 영리적인 보상을 받지 않고서도 인간존중의 정신과 민주주의 원칙에 근거하여 낯선 타인을 상대로 필요한 서비스 구현을 통해 자아실현을 성취하고자 하는 지속적이고 계획적인 활동이다(여성가족부, 2019). 또한 체험을 통해서 개인적인 만족감을 증진 시킬 뿐만 아니라 사회 참여의 기회와 사회적 책임을 실현할 기회가 되고, 학교에서 배우는 교과학습을 통하여 얻는 지식과 기술을 지역사회에 실천함으로써 그 지식과 기술을 보다 실제적인 것으로 만들 수 있는 활동이다(한국여성개발원, 2006).

청소년 자원봉사는 개인, 가족, 동아리 · 단체 등의 유형으로 활동에 참여하며, 일손 돕기 · 환경미화 · 취약계층 활동 보조 등의 노력 봉사, 학습지도 · 멘토링 · 공부방 운영 지원 등의 교육 봉사, 지역행사 운영 · 보조, 캠페인 활동 등의 문화 봉사, 청소년들의 다양한 재능을 활용한 재능봉사 활동 등 다양한 활동이 이루어지고 있다.

청소년들이 자원봉사활동의 경험을 통해 얻을 수 있는 기대효과를 개인적 성장과 발달, 지적 성장과 발달, 사회적 성장과 발달의 영역으로 구분하여 제시하면 다음과 같다(Conrad & Hedin, 1989). 개인적 성장과 발달은 자아 존중감, 개인적 유능감, 자아와 도덕성 발달, 새로운 역할과 관심의 탐색, 새로운 도전의 수용과 위험의 감수, 가치와 신념의 수정과 강화, 책임감의 향상, 자기 행동의 결과에 대한 수용을 포함하고 있다.

지적 성장과 발달에는 기본적인 학업기술인 생각의 표현, 읽기, 계산하기, 높은 수준의 사고 기술인 편견 없는 태도, 문제해결, 비판적 사고 등 봉사경험과 직접적으로 관련된 내용과 기술, 경험으로부터 습득한 기술인 관찰, 질문, 지식의 적용, 지식의 습득과 보유에 대한 동기, 책이나 강의를 통해서 설명할 수 없지만 꼭 알아야 할 통찰력, 판단 및 이해가 포함된다.

사회적 성장과 발달에는 다른 사람의 복지에 관한 관심과 사회적 책임성, 정치적 유능성, 민주시민의 참여 정신 함양, 자원봉사와 관련된 직업에 대한 지식과 탐색, 다양한 배경과 삶의 상황에 부닥쳐 있는 사람들에 대한 폭넓은 이해와 평가가 포함된다. 또한, 청소년들의 자원봉사활동은 봉사활동과 동시에 학교에서 경험하기 어려운 다양한 삶의 모습들을 봉사활동을 통해서 체험하여 자신의 자아 형성에 보탬이 되게 하고, 하나의 성숙한 인간으로서 성장할 수 있게 한다.

청소년 자원봉사자를 위한 교육이 효과를 거두기 위해서는 준비(preparation), 실행

(action), 반성(reflection), 발전(Development)의 네 단계 활동이 적절히 이루어져야 한다. 자원봉사활동의 각 단계별 수행해야 할 주요 과제를 제시하면 다음과 같다(성열준 외, 2010; MSSA, 1992).

(1) 준비 단계

준비 단계에서 수행해야 할 일은 문제의 확인 및 분석, 프로젝트의 선택, 봉사활동에 필요한 기술습득, 봉사활동의 계획 등이다.

첫째, 문제의 확인 및 분석을 위해서 새로운 프로그램에 관한 탐색이나 지역사회 여건에 관한 관찰, 토론활동 등이 수행된다. 청소년 봉사자들이 현장학습, 전문가 면담, 사회복지사, 경찰, 의료전문가 등의 역할을 경험할 수 있는 일일 실습활동 등을 통해서 봉사가 필요한 주제와 문제를 검토, 확인, 분석할 기회를 갖도록 하는 것이 바람직하다.

둘째, 실제 어디서 어떤 유형의 봉사를 할 것인가에 관한 프로젝트를 선택하고 개발해야 한다. 예를 들어, 현재 인근에 있는 사회복지관이나 지원센터 등에서 봉사할 것인지, 아니면 도서관이나 학교 내에서 할 수 있는 새로운 활동 프로젝트를 개발해야 할 것인지 결정해야 할 것이다. 또한 봉사활동의 유형을 수혜자에게 직접적인 신체적 도움을 주는 등의 직접 봉사와 간접적으로 모금이나 경제적 지원 등을 통해 도움을 주는 간접 봉사로 구분할 때 어떤 유형의 봉사활동을 선택할 것인가에 관한 것도 선택해야 할 사항들이다.

셋째, 선택한 봉사활동을 수행하기 위해 필요한 기초적 기술을 습득해야 한다. 예를 들어 의사소통 기술, 문제해결 기술, 상대방 의견을 주의 깊게 청취할 수 있는 능력, 딱딱한 분위기를 부드럽게 한다든지 공격적이 아닌 수용적 태도를 갖추는 것 등이 기본능력 및 기술들이라고 볼 수 있다. 이러한 기술들을 습득하기 위해서 봉사활동을 수행할 기관에서 오리엔테이션의 기회를 얻거나, 각 분야 전문가를 초빙해 강의를 듣거나, 감수성 훈련, 심성계발훈련 등을 받을 수 있는 기회들을 청소년에게 제공하는 것이 필요하다.

넷째, 준비 단계에서 끝으로 할 일은 봉사활동을 어떻게 수행할 것인가에 관한 구체적이고도 체계적인 활동계획을 수립하고, 세부적인 활동설계안을 작성하는 일이다. 학급에서 봉사활동 나가기 전에 수립할 수도 있고 봉사 대상기관에서 활동 시작 전에 수립할 수도 있다.

(2) 실행 단계

이 단계에서는 준비 단계에서 선택한 프로젝트와 수립된 구체적인 활동계획서에 따라서 봉사활동을 수행하게 된다. 청소년자원봉사지도자는 봉사활동의 필요한 세부지침을 마련하거나 활동에 청소년자원봉사자, 청소년자원봉사지도자, 보조지도자의 역할을 정확하게 해서 업무분담하고, 청소년자원봉사자에 대해서는 준비 단계를 통해 학습된 지식과 기능을 봉사적 측면으로 적극 활용하여 성실한 자세로 임할 수 있도록 지도한다. 새로운 정보가 입수된다든지 새로운 상황이 전개되면 본래의 계획을 융통성 있게 조정할 수도 있다.

(3) 반성 단계

수행했던 봉사활동에 대한 반성은 청소년들로 하여금 자신의 봉사활동을 통해서 다양한 사실을 배울 수 있게 한다. 가능한 한 봉사활동이 끝난 직후 다양한 방법을 통해 반성과 평가의 시간을 갖는 것이 교육적 효과가 크다고 볼 수 있다. 반성의 방법으로 청소년 봉사자, 교사, 기관 실무자 등이 같이 모여서 평가를 갖거나, 청소년들로 하여금 자신의 경험들을 발표하거나 쓰도록하고 활동기록 자료들을 스크랩하게 하여 활동 결과를 분석하게 하는 방법도 있을 수 있다. 이때 활동 관련 문서나 사진, 동영상 등

시청각 자료들을 활용하여 봉사활동 전반을 다시 차분하게 돌아볼 수 있는 기회를 청소년들이 갖도록 하는 것이 바람직하다. 봉사활동을 통해 얻은 생각과 마음을 구체적으로 이끌어낼 수 있는 소감문 작성, 봉사활동 후기, 봉사신문 만들기, 토론 및 토의 모두 가능하다.

(4) 발전 단계

청소년자원봉사지도자는 청소년자원봉사자들이 봉사활동에 지속적으로 참여할 수 있도록 지도해야 하며, 습득된 기능의 구체적인 활용방법이나 방안을 제시해야 한다. 또한 청소년이 스스로 발전된 봉사계획을 수립하도록 진행해야 한다.

3) 청소년 자치활동 지도

청소년 자치활동이란 청소년들의 자발적 참여를 기반으로 외부의 간섭이나 압력 없이 구성원 자신의 합의와 의사결정에 의해 이루어지는 모든 청소년활동(Youth Activities)이며, 동시에 자신의 발달과 지역사회, 사회발전에 적극적으로 기여하는 제반 청소년 활동을 의미한다(김민, 2005).

청소년 자치활동은 학교에서 학생들이 주체가 되어 운영되는 집단 활동과 청소년단체와 수련 시설, 국가적 정책을 중심으로 활동하는 청소년 자치활동으로 분류하여 학교와 학교 외 지역으로 구분할 수 있다(최윤진 외, 2010). 청소년 자치활동은 동아리활동, 자원봉사활동, 학생회 활동, 학급회의, 청소년위원회, 클럽활동 등의 청소년 자치기구와 중 · 고등학생 복지회, 청소년 사이버 의회, 청소년 인권동아리 등 다양한 분야에서 이루어지고 있으며, 활동 영역과 범위가 점점 확장되고 있다(조수빈, 2020).

〈표 1-3〉 청소년 자치활동의 영역

구분	영역 분류	활동 예
지역사회 (학교 밖)	청소년단체 · 수련시설 조직	• 청소년동아리, 청소년위원회, 미래유권자연대 등
	공적참여조직	• 청소년참여위원회(특별회의)
	청소년 자체 자생조직	• 중고등학생연합, 청소년포럼, 젊은 모임 등
학교	협의활동 중심 조직	• 학급 회의와 학생회의 조직 및 운영

출처: 최윤진 외(2010).

청소년기의 자치활동 참여는 리더십 향상, 사회성 발달 등에 영향을 미치는 교육적 활동으로 인성 형성에 중요한 요인인 사회성과 사회적 역량, 특히 공동체의식 증대와 민주적 가치의 내면화를 실현할 수 있다. 스스로 활동을 계획하고, 타인의 이익을 배려하며, 자유와 평등, 인간존중을 내면화할 수 있으며, 청소년이 거주하는 지역사회에서 시민의식을 가진 능동적 참여를 통하여 민주주의 발전을 위해 지역에 봉사하고 기여할 수 있게 한다(김인숙, 2009; 이광호, 2005). 학교 교육과정에서 자치활동은 2015 창의적 체험활동 교육과정에 나타난 대로 건전하고 다양한 집단 활동에 자발적으로 참여하여 나눔과 배려를 실천함으로써 공동체의식을 함양하고 개인의 소질과 잠재력을 계발·신장하여 창의적인 삶의 태도를 기르는 것을 목표로 국가와 지역 수준에서 다양한 활동을 지원한다. 교육과정의 편성과 운영 주체를 학교로 보고 그 하위 영역을 자율활동, 동아리 활동, 봉사활동, 진로활동의 4가지 영역으로 구분하고 있다.

Chapter 02

청소년지도의 관점과 역량개발

1. 청소년지도의 목적

청소년지도의 목적을 그 개념정의에 대한 이해를 바탕으로 보면, 청소년의 사회적 발달을 지지하고 청소년의 목소리가 공동체와 지역사회에 영향을 갖도록 함으로써 의존에서 상호작용적인 청소년의 성장을 지원하고 촉진하는 것으로 볼 수 있다(National Youth Agency, 1999; 이채식 외, 2013). 청소년지도는 다음의 질적 성격으로 구성된다(Daives, 1996). 첫째, 청소년지도는 참여를 선택할 수 있는 곳에서 적합한 서비스를 제공한다. 둘째, 청소년지도는 청소년이 자신의 경험과 청소년을 둘러싼 세상에 대해 비판적으로 행동하도록 이끌어준다. 셋째, 청소년지도는 공동체 안에서 청소년의 개인적 책임성에 대한 올바른 선택을 하도록 청소년을 돕는다. 넷째, 청소년지도는 청소년이 학업에 대한 성취와 잠재력을 발휘해 나갈 수 있도록 한다. 다섯째, 청소년지도는 다른 분야의 사람들과 함께 청소년의 요구를 사회가 반영하도록 만든다.

청소년지도의 목적을 이와 같이 폭넓게 정의하면, 사실, 우리 사회에서는 부모, 기성

세대 등과 같은 성인에 의한 넓은 의미의 청소년지도 행위는 일찍부터 존재해 왔음을 알 수 있다. 전통 사회의 가정, 마을과 같은 지역사회의 일상생활 속에서 자연스럽게 이루어지는 청소년에 대한 지도 행위는 관습과 문화상 지극히 당연한 것이었으며, 세대 간의 전통을 계승해가는 힘이었다고 할 수 있다. 그렇지만 전통 사회의 청소년지도 행위는 오늘날 같은 전문적인 청소년지도 행위라고 하기는 어렵다(김영인 · 김민, 2016).

오늘날과 같은 청소년지도는 일제강점기시대 청소년의 계몽과 지도를 위한 왜관소년회(1919), 천도교소년회(1921), 스카우트 정신을 바탕으로 한 조선소년군(1992), 색동회(1923), YMCA의 조선척후단, 흥사단의 청소년 계몽 활동 등과 같은 청소년운동 단체, 해방 이후 미국에서 태동한 4-H운동의 도입을 통한 농촌 4-H클럽, 1965년 한국청소년단체협의회 설립 등과 같은 청소년단체, 1961년 「미성년자보호법」 제정, 1964년 청소년의 달 지정과 청소년 보호대책 위원회 설치, 1977년 청소년 대책 위원회 등과 같은 국가적 관심에 의한 청소년 관련 제도 마련에서 그 단초를 찾을 수 있다. 그러나 이 당시에는 오늘날 같은 학문적 차원에서 청소년육성, 청소년지도와 같은 개념이 논의되거나 정립되지 않았고, 막연한 차원에서 청소년에 대한 지도, 청소년을 미래 세대로 키운다는 생각에서 청소년에 대한 육성이라는 용어를 사용하였다는 점에서 청소년지도가 본격적인 개념으로 등장하였다고 보기 어렵다.

청소년지도 개념은 청소년육성이란 용어의 사용과 더불어 학교시설 외의 '청소년의 심신 단련과 정서 계발을 목적으로 설치된 시설'로서 청소년시설을 규정한 1987년 「청소년 육성법」 제정, 1991년 「한국청소년기본계획」 수립, 1991년 「청소년 육성법」을 대체한 「청소년기본법」 제정 등을 통해서 본격적인 등장의 발판을 마련하였다. 당시 학계에서는 입시 교육을 위한 지육(知育)에만 치우쳐 청소년의 전인적인 성장을 저해하고 있는 학교 교육을 비판하고, 덕육(德育)을 중심으로 이를 보완할 수 있는 이론 및 실천 체제를 모색하였다. 이 결과 학교 교육에 대응한 청소년육성이라는 개념을 창출하였다. 그리고 '학교 교육－학교－교육 과정－교사－교수활동(敎授活動)'이라는 기존 학교 교육체제에 대응하여, '청소년육성－청소년시설－청소년 수련 활동 프로그램－청소년 지도사－청소년지도'라는 청소년육성체제를 고안하였다. 이런 논의의 결과 청소년육성을 위한 한국청소년기본계획이 1991년에 만들어졌다. 청소년육성이란 용어를 법의 명칭에 사용하고 있음에도 불구하고 청소년육성의 개념을 명확하게 하지 못하고 있던 「청소년 육성법」을 대체하여 같은 해 만들어진 「청소년기본법」에 청소년육성의 개념을 "청소년육성이라 함은 청소년의 복지를 증진하고, 청소년의 수련 활동을 지원하며, 청소년 교류를 진흥하고, 사회 여건과 환경을 청소년에게 유익하도록 개선하여 청소년에 대한 교육과 상호 보완함으로써 청소년의 균형 있는 성장을 돕는 것을 말한다."라고 규정하였다.

이런 청소년육성체제의 핵심은 청소년지도라고 할 수 있다. 청소년지도라는 전문적이고 능동적이며 지속적인 교육적 활동을 통해서 청소년의 균형 있는 성장이라는 청소년육성의 목표 달성이 가능하기 때문이다. 청소년시설을 중심으로 한 현장에서 청소년 지도를 전문적이고 효율적으로 수행하기 위해서 청소년지도사라는 청소년지도 전문가 국가 공인 자격 시스템을 마련하였다. 학문적으로도 청소년지도의 이론적 발전을 모색하기 위해서 1991년에 처음으로 4년제 대학교에 청소년지도학과가 설치되었고, 같은 해 한국청소년학회가 창립되었다. 이후 학계와 실천 현장 모두에서 청소년지도에 대한 이론적 · 실천적 현상은 지속적으로 발전하였다.

2. 청소년지도의 관점

1) 문제중심 접근과 강점중심 접근

청소년지도의 개념과 목적을 어떻게 이해하고, 설명하며 또 규정하는가 하는 것은 부분적으로 관점의 선택과 관련되며, 동시에 그러한 관점에 따른 결과적 산물이다. 더구나 청소년은 복합적으로 이해될 수 있기 때문에 이러한 관점의 선택은 우리의 일반적 생각과 전문적 가치에 영향을 끼치게 된다(천정웅 · 이용교, 2007). 이 점에서 서구사회에서 나타난 청소년지도에 대한 이론적 관점에 대해 살펴볼 필요가 있다.

먼저, 청소년지도에 관한 이론적 접근은 크게 문제중심 접근법(problem-based approach)과 강점중심 접근법(strength-focused approach)으로 나눌 수 있다. 문제중심 접근법은 청소년지도에 대한 전통적인 이론적 관점이자 체계라고 할 수 있다. 청소년을 대상으로 보아 위험 요인으로부터 보호하고 격리함으로써 청소년 문제와 비행 발생을 억제하는 데 청소년지도의 주안점을 둔다. 이에 비해, 강점중심 접근법은 문제중심 접근법이 청소년을 부정적이고 수동적으로만 보고 소극적인 입장에서 지도하는 것을 비판함과 동시에 청소년의 문제와 비행에 초점을 맞춘 청소년지도에 의해 청소년 문제와 비행의 발생률이 감소하지 않은 것에 대한 반성에서 최근에 등장한 새로운 청소년지도의 이론체계이다(천정웅 외, 2013).

강점중심 접근법은 적극적 청소년개발(positive youth development)과 일맥상통한다(Small & Memmo, 2004). 적극적 청소년개발은 청소년을 문제나 비행의 원천이 아니라 잠재성, 자산, 자원을 가진 존재로 여기고 문제 예방만으로는 청소년의 성장을 위해 충분하지 않다고 보기 때문이다. 적극적 청소년개발에서는 청소년의 건강과 삶의 질에 기여하는 조건과 적극적인 개발의 증진을 강조한다. 또한 청소년이 자신의 잠재력을 완전히 펼쳐내도록 하는 것이 문제나 비행에 빠지지 않도록 하는 가장 좋은 방법이고 성공의 경험을 가지도록 지원하는 것이 필요하다고 한다.

강점중심 접근법은 청소년을 긍정적이고 능동적인 점에서 사회적 자원 또는 변화의 주체로 보고 적극적인 입장에서 지도한다. 이 입장에서는 청소년의 잠재력을 개발하기 위해서 청소년의 적극적인 사회참여와 주도적인 활동을 장려한다. 양자의 입장을 간단히 정리하면 〈표 2-1〉과 같다. 이런 서구 사회의 이론적 관점에 입각해서 보면 우리 사회의 청소년지도의 흐름은 문제중심 접근법에서 강점중심 접근법으로 서서히 변화되고 있다고 할 수 있다.

〈표 2-1〉 문제중심 접근법과 강점중심 접근법의 비교

문제중심 접근법	강점중심 접근법
• 청소년의 문제, 일탈, 결점 등 부정적인 것들에 초점을 둠	• 청소년의 잠재력, 아이디어, 장점 등 긍정적인 것들에 초점을 둠
• 청소년을 객체, 대상으로 봄	• 청소년을 주체, 행위자로 봄
• 보호와 격리, 지적과 처방, 문제에 대한 수동적인 반응, 단기적인 개입을 중시함	• 지역사회 현안에 대한 참여와 역할 부여, 격려와 칭찬, 미래지향적인 전향성, 장기적인 지원을 중시함
• 청소년을 성인, 가족, 이웃, 학교, 지역사회 등의 사회적 맥락과 분리하여 고려함	• 성인, 가족, 이웃, 학교, 지역사회 등의 사회적 맥락과 청소년의 유기적 연관성을 고려함
• 청소년시설, 단체 등의 활동이 고립 또는 경쟁적인 것이 되게 함	• 청소년시설, 단체 등의 활동이 협동적인 것이 되게 함
• 청소년지도의 성공을 청소년 문제의 감소로 측정함	• 청소년 · 기능의 증가로 측정함
• 전문가의 전문성과 지도에 주로 의존함	• 전문가, 지역사회 인사 등 사회구성원에게 적절한 지도 역할을 부여함

출처: 천정웅 외(2013). p.184.

청소년지도와 관련한 서구의 이론적 관점에 대한 이해는 청소년을 위한 학교교육이나 사회복지와 관련한 청소년복지 영역 등 여타의 다른 정책이나 실천현장과 구별되는 '청소년업무(youth affair)'와 관련된다. 즉, 청소년지도와 관련한 강점중심의 적극적 관점은 청소년실천 현장을 포함한 정책적 영역으로서의 청소년업무 전반의 특성과 정체성을 규정할 수 있는 이론적 접근이란 의미를 갖는다.

2) 적극적 관점과 긍정적 청소년개발

(1) 적극적 관점

적극적 관점이란 소극적 관점이나 부정적 관점 등에 대한 대응개념이기도 하지만 기본적으로 아동과 청소년에 대한 긍정적 · 진취적 관점과 그 실천적 노력을 한데 묶어 용어화한 것이다. 적극적 접근법에서는 청소년을 문제와 희생의 대상으로 보지 않고 청소년을 잠재성(potential), 자산(assets) 및 자원(resource)을 가진 존재로 본다. 적극적 관점은 아동과 청소년을 연령 구분에 입각한 발달적 시기로만 볼 것이 아닌, 사회적 지위와 역할, 세대로서 보아야 한다는 관점, 아동과 청소년을 해결해야 할 문제의 대상으로 보다는 가능성과 기회탐색의 사회적 구성원으로 보아야 한다는 관점, 아동과 청소년들이 안고 있는 많은 어려움을 지적하는 관점 등을 포괄한다(천정웅 · 이용교, 2007). 청소년지도와 관련한 강점중심의 적극적 관점은 청소년업무 전반의 특성과 정체성을 규정할 수 있는 이론적 접근이라는 의미를 갖는다(천정웅, 2009).

적극적 관점의 청소년개발을 촉진하기 위한 주요원리와 추진전략을 다음과 같이 제시할 수 있다(Pittman et al., 2003).

- **예방과 학업중심을 극복한 산물의 확장:** 청소년의 삶의 질은 학업성적과 문제회피만을 강조해 왔다. 이와 달리 청소년이 해야 할 것에 대한 기대와 평가의 의도성이 필요하다. 청소년의 문제행동의 감소와 성인역할 및 책임성에 대한 충분한 준비 등이 목적이 되어야 한다.
- **제공된 서비스중심을 극복한 투입의 확장:** 문제행동과 관련하여 청소년에 대한 복지, 교통, 주택 등은 중요한 사회적 지원과 기회이지만 청소년에게는 함께 귀기울이며, 안내할 성인이 필요하다. 청소년에게 경제활동의 기회, 학습, 탐색, 기여의 기회 등이 필요하다. 건강, 경제에 대한 기본적 서비스와 전체적 범위에서 사회적 지원과 기회의 지속적인 투입이 이루어져야 한다.
- **단기 교정중심을 극복한 시간적 프레임의 확장:** 문제행동이 교정을 목적으로 한 단기프로그램과 교육과정으로 예방이 처치되는 반면, 청소년개발을 위해서는 지속적인 관계와 지원이 요청된다. 결핍-치료, 위기대응, 문제예방과 청소년개발을 위한 장기적 관심에 집중할 필요가 있다.
- **학교중심을 극복한 장(setting)의 확대:** 학교는 청소년의 주된 생활환경이지만 청소년이 살아가고 배우며 일하고 기여하는 데에 있어 유용한지를 검토해야 한다. 청소년의 모든 생활세계는 청소년개발, 참여와 탈선의 기회가 된다. 청소년을 위해 학교, 가족은 물론 지역사회센터, 청소년조직, 도서관, 공원, 쇼핑몰, 종교단체와 사업체 등 지역사회의 모든 장이 주어져야 한다.
- **학교시간을 극복한 시간의 확대:** 청소년이 깨어있는 모든 시간 동안 서비스, 지원 및 기회가 주어져야 한다. 학교 일과시간, 공휴일, 주말, 여름방학을 포함하는 방과 전과 방과 후의 모든 24시간과 일주일이 주어져야 한다.
- **전문가중심을 극복한 행위자의 확대:** 청소년과 함께하는 자원봉사자들과 참여할 수 있는 사람이 많이 있다. 청소년의 가족도 자원이며, 청소년 스스로가 자원이기도 하다. 선생님, 청소년지도자, 가족, 지역사회회원, 자원봉사자, 청소

년 및 타 분야 전문가들이 행위자로서 주어져야 한다.

- **수용자중심을 극복한 청소년역할의 확대:** 청소년은 단순한 서비스의 수용자가 아니며, 기획자와 실천가로서 역할을 할 수 있으며, 다양한 역할은 청소년이 문제대응과 기술(skill)을 기르도록 동기화한다. 청소년개발, 지역공동체 및 사회개발을 위해 수용자이자 주체로서 청소년의 역할이 주어져야 한다.
- **분류(labeling)중심을 극복한 대상(target)의 확대:** 지역사회 안에서 고위험 청소년은 고위험서비스에 집중되어 있으며 저위험 청소년에게는 저위험 수준의 지원과 기회가 제공된다. 모든 청소년에게 전체 범위의 발달과 참여가 제공되어야 한다. 청소년문제행동의 고위험지역에서 거주나 특정문제에 대한 제한을 두지않는 모든 청소년을 위한 노력이 주어져야 한다.
- **시범중심을 극복한 서비스대상의 확대:** 우리가 청소년에게 제공하는 기회들을 평가해야 한다. 어떠한 조직이나 제도도 청소년을 위한 지원을 충분하게 제공할 수 없다. 조직, 개인적 · 제도적 및 기타 영역들 간의 구체적인 연계노력이 요청된다.

(2) 긍정적 청소년개발

긍정적 청소년 개발(positive youth development)은 긍정심리학의 개념 및 방법론을 바탕으로 청소년의 긍정적이고 밝은 측면을 부각하려는 노력에서 제시된 개념이다. 이 개념은 음주, 비행, 폭력, 소외 등 청소년의 문제에 주목하여 이러한 문제점을 줄이거나 예방하기 위한 '결핍감축'에 초점을 두는 것이 아니라 모든 청소년이 지닌 긍정적 가치와 가능성을 최대한 끌어내고 발달시키는 '강점강화'의 시각을 가진다. 청소년기에 대한 문제중심 접근, 예방적 접근이 지배적인 관점은 청소년의 문제행동을 강조하며, 청소년들의 부정적인 측면에 집중하는 경향으로 인해 청소년기가 가지는 사회적인 활력을 방치하게 되는 경향이 있다. 반면, 긍정적 청소년개발은 청소년의 강점과 역량을 키워 개인의 생애에 걸쳐 긍정적인 영향을 주는 데 효과적인 접근이다(이성미, 2016).

긍정적인 관점에서의 청소년개발이란 청소년기를 문제중심이나 예방적 관점에서 바라보는 것이 아니라 무한한 발전가능성을 가진 시기로 보고, 청소년들에게 다양한 체험이나 활동 등을 할 수 있는 기회를 제공함으로써 성인으로 성장하는 데 필요한 신체적, 정서적, 인지적, 사회적, 시민적, 직업적 측면에서의 역량들을 발달시켜 나가는 것이다(천정웅 · 이용교, 2007). 연구자들마다 다양하게 제시되고 있는 긍정적 청소년개발의 하위개념들을 종합해 보면, 공통적으로 3가지 측면의 요소로 정리할 수 있다. 첫째, 전인적 성장(holistic development)으로 학업, 사회적 · 신체적 · 지적 · 직업적 영역에서의 역량이며, 둘째, 정체성 함양(identity formation & development)으로 자신감, 확신, 책임감, 자기인지 등이며, 셋째, 관계형성(relationship)으로 가족, 지역사회, 동료와의 관계, 이타주의, 소속감, 안전과 구성 등으로 제시하였다. 청소년들이 학업을 통해서 개발할 수 있는 특성은 이러한 하위개념 중의 극히 일부에 지나지 않는다. 그 외의 특성들은 다양한 환경이나 활동을 통해 관계나 역할 안에서 형성되는 것들이다.

긍정적 청소년개발의 목표를 달성하기 위해서는 다양한 요소와 작동체계가 요구된다. 청소년과 청소년을 둘러싼 외부의 지원체제가 밀접하게 연계되어 작동되는 메커니즘 안에서 청소년을 둘러싸고 있는 외부의 사회 · 문화적 맥락 요인인 가족 및 가정, 지역사회, 또래 및 동료, 그리고 국가, 사회가 있으며, 지향하는 다양한 요소의 변화를 위한 적절한 개입이 필요하다(김진호, 2006).

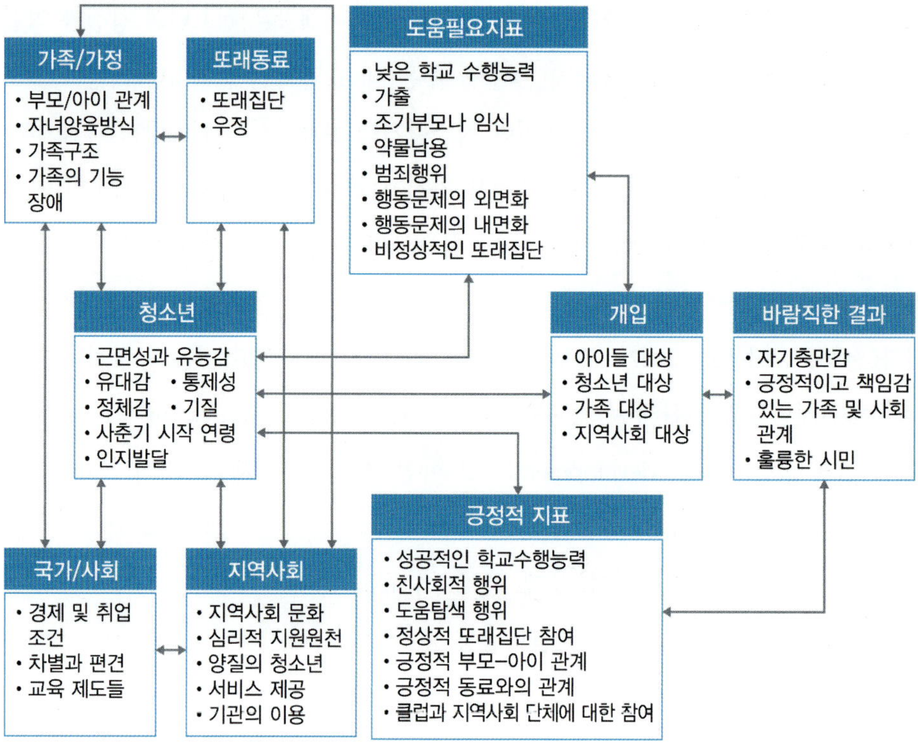

[그림 2-1] 긍정적 청소년개발의 개념적 모델

출처: U.S. Department of Helath and Human Services, 1997, p.3. 김진호(2006) p.80 재인용.

3. 청소년업무와 청소년활동

청소년업무는 청소년에 대한 직접적인 서비스의 제공, 발달적 역할, 사회 변화적 역할 등의 3가지 측면에서 중요한 역할을 수행한다. 첫째, 직접적 서비스 역할(direct service role)은 주로 청소년개인의 욕구를 충족시켜 당면한 문제를 직접 해결해주는 역할로서 기본적인 생활여건을 마련해 주고, 건강, 보건문제, 빈곤문제 등을 해결해 주는 일, 카운슬링 등을 통해 고민을 해결해 주는 일 등을 말하는 것으로 볼 수 있다. 둘째, 발달적 역할(developmental role)은 청소년을 정서적 · 경제적 · 사회적으로 자립할 수 있도록 도와줌으로써 미래의 바람직한 성인으로 발달시키며 준비시키는 일이다. 교육 기회와 직업훈련 기회를 제공하고, 단체활동을 통한 사회적응력을 함양시키는 일 등이 여기에 속한다. 셋째, 사회 변화적 역할(social change role)은 청소년을 둘러싼 환경여건을 개선하고 사회적 변화를 유도하는 일로써 유해환경을 제거하거나 실업문제를 해결하는 일, 입시위주의 교육풍토를 개선하는 일 등을 예로 들 수 있다(Youth Sector Training Council, 1990).

청소년업무는 또한 그 특성에 따라 유기적 활동, 전문화된 활동, 운동중심활동 등 세 영역으로 분류하고, 청소년활동을 다시 사교 및 여가, 개인 및 사회적 발달, 복지, 인격형성, 정치화, 구제 등 여러 분야로 구분한다.

첫째, 사교와 여가 분야는 유기적 청소년활동(organic youth work) 영역으로 분류된다. 청소년들의 동아리클럽 활동장이나 오락이나 사교장 등에서 이루어지는 자유스러운 사교활동들과 비교적 조직적인 시설과 프로그램에 따라 이루어지는 개인의 흥미 충족을 위한 스포츠 및 취미활동이 포함된다.

둘째, 개인 및 사회적 발달 분야와 복지분야는 전문화된 청소년활동(professional youth work) 영역으로 분류된다. 개인 및 사회적 발달 분야에는 청소년들의 사회적응 능력 함양과 자아실현을 촉진시키기 위한 제반 활동과 아울러 지역사회의 발전과 관련 제도 및 구조개선을 통한 청소년권리의 신장을 도모하는 다양한 활동들이 포함되며, 복지분야는 문제에 처한 청소년들이나 청소년집단을 대상으로 행해지는 지원적 성격의 활동들과 관련된 사회사업, 개인 및 가족치료 중심의 케이스워크(case work), 카운슬링 등의 활동이 포함된다.

셋째, 인격형성, 정치화, 구제 등의 사회적 변동이나 이데올로기 등과 밀접히 관련된 활동은 운동중심 청소년활동(movement-based youth work)에 포함된다. 인격형성(character building) 분야는 훈련을 통해 청소년에게 사회규범에 부합하는 품성, 가치관 형성을 위한 리더십 훈련이나 집단활동 등 제반 정신교육과 훈련들을 의미하며, 정치화(politicizing)는 청소년에게 정치적 이해와 행위능력을 향상시키며, 세계정세와 사회 변화의 안목을 키우는 활동들을 일컫는다. 구제(rescuing)은 주로 종교적 차원에서 이루어지는 활동들로서 개인의 내면적 성향과 정서를 중심으로 사상적 개조나 도덕적 무장을 강조하는 활동을 포함한다(Smith, 1988).

한편, 청소년업무와 관련한 이러한 다양한 이해는 최근 청소년이슈에 대한 이론적 관점의 중요성과 함께 청소년 역량개발에 대한 관심이 선진외국은 물론, 우리나라에서도 높아지고 있고, 청소년지도와 관련한 정책개발과 실천현장에서 주요한 주제로서 논의되고 있다는 점을 주목할 필요가 있다(Cheon, 2009).

특히, 청소년업무 중에서 청소년활동(youth activity)은 바로 이러한 청소년역량개발의 가장 중요한 기반과 수단이 되는 정책영역으로 자리매김하고 있는 것으로 향후 보다 더 강화되고 확장될 필요가 있을 것이다. 여기서 청소년활동이란 청소년들이 주어진 환경 속에서 개인적 또는 사회적 가치나 목표를 실현하기 위해 행하는 모든 정신적 · 신체적 행위일반을 지칭하는 것으로 볼 수 있다. 선진 외국의 경우, 청소년활동을 청소년서비스(youth service)라는 영역으로 관장하고 있으며, 청소년활동을 수행하는 관련기관, 협회, 조직, 관련 사업 및 청소년지도자를 총칭하여 청소년부문(youth sector)으로 지칭하고 있음을 알 수 있다. 이렇게 보면 청소년활동은 청소년업무의 대표적 영역 전반을 지칭하는 것으로 이해된다(천정웅 외, 2013).

청소년활동은 우리나라 청소년 분야의 형성과 발전의 역사를 통해서 그 성격을 특징짓는 가장 핵심적인 것으로 자리매김해 왔으며, 이른바 “진흥”되고 있다. 청소년 분야의 정체성을 확인하기 위해서는 “청소년 분야가 왜 생겨났는가?”라는 물음과 함께, 학교를 중심으로 한 교육과는 다른 청소년 분야의 성격을 이해해야 하는데, “청소년활동”

의 정책영역화는 그 중심내용으로 논의되어 왔다. 그래서 청소년활동에 대한 가장 일반적인 이해는 그것의 개념정의에서부터 접근할 필요가 있다.

우선, 청소년활동은 청소년을 대상으로 하는 활동으로서 활동의 목표나 과제는 인간의 발달단계에 따른 과업과 관련되어야 한다는 발상에 기초한 개념이다. 청소년과 관련한 "활동"을 광의적으로 보면 청소년들의 삶 자체로 볼 수도 있고, 협의적으로 보면 야외에서 이루어지는 신체중심의 프로그램 참가활동으로 생각할 수 있다. 그러나, 청소년 분야의 정책화와 관련하여 청소년활동을 이해하면 광의적이기보다는 협의적으로 이해되고 있음을 알 수 있다.

둘째, 우리나라에서의 청소년활동에 대한 이해는 법적 개념과 분류를 통해 규정된다. 여기에는 두 가지 정의가 있는데, 먼저 1991년 「청소년기본법」에서는 청소년활동을 "고유활동, 임의활동, 수련활동"으로 구분하고, 특히 수련활동을 중심으로 청소년정책 영역을 규정한 바 있다. 여기서 수련활동 영역이란 일반사회의 생활권이나 자연권에서 배움을 실천하는 체험활동영역으로 심신단련, 자질향상, 취미개발, 정서함양, 사회봉사 등의 활동을 의미한다. 다음으로는 2004년 청소년 관련 법 정비를 통해서, 청소년활동은 "청소년의 균형 있는 성장을 위하여 필요한 활동과 이러한 활동을 소재로 하는 수련활동, 문화활동, 교류활동 등 다양한 형태의 활동"으로 정의하였다. 이러한 정의는 청소년활동을 수련활동으로 보는 것에서 확장하는 의미를 가지는 것으로 보이지만, 실제로는 방과후 활동, 국제교류사업, 청소년수련활동인증제 등의 용어에서 알 수 있는 바와같이, 단순히 활동 종류를 구분한 것에 지나지 않으며, 수련활동과 유사한 개념으로 정의하는 것과 크게 차이는 없어 보인다.

셋째, 청소년활동에 대한 이해는 우리나라 청소년정책의 흐름과 변화과정을 통해서 이루어질 수 있다. 우리나라 청소년정책은 당초 요보호청소년을 위한 "복리적 서비스"와 비행을 범한 청소년에 대한 "선도와 교화" 중심으로 시작되었음은 논란의 여지가 없다. 그러나 "일부 청소년"에서 "모든 청소년"을 위한 청소년정책의 필요성이 대두되었고, 그 핵심에는 “청소년활동”이 있었음을 지적할 필요가 있다. 학교의 “교육”, 복지사업 등과 구분되는 고유의 정책영역으로서 청소년활동을 중심으로 한 청소년정책이 자리잡게 되었던 것이다. 특히, 1990년대 후반부터는 “참여와 권리”가 청소년정책의 중요한 이념으로 부각되었는데, 2000년대 중반 이후 그 방향은 “청소년의 역량개발”을 중요한 내용으로 전개하게 되었다. 이는 청소년이 출생이후 가정과 사회적 지원을 바탕으로 성장하되 점차 자기 자신의 잠재능력을 스스로 개발시키도록 도와주면서 심리적 · 사회적 · 경제적으로 “자립”할 수 있는 사회적 존재가 될 수 있도록 지원해야 한다는 관점으로 변화하고 있음을 말해준다.

오늘날의 청소년업무를 정책적 측면에서 보면, 「청소년활동진흥법」에 따른 청소년수련활동, 청소년문화활동, 교류활동을 중심으로 참여활동, 진로개발활동 등 다양한 측면에서의 청소년역량개발을 위한 정책기반을 조성하고 이를 위한 사업을 활동정책의 주요 과제로 추진하고 있음을 알 수 있다. 우선, 청소년활동의 진흥과 기반에 관한 기본업무를 중심으로 한국청소년진흥원에 의한 청소년활동의 지역전달체계업무, 방과후 활동에 관한 업무, 수련활동 관련 업무(프로그램 보급, 평가 및 수련활동인증제), 여가 및 문화예술 체험, 축제와 동아리, 활동정보 제공, 청소년지도자 및 지도사, 청소년수련지구 및 수련시설 등에 관한 업무 등으로 볼 수 있다. 청소년의 권리증진을 위한 정책과 지원기능을 중심으로 하면서 청소년특별회의, 청소년의 정책참여와 같은 참여활동, 자원봉사활동 및 사회진출을 위한 진로개발활동을 주로 담당하고 있다. 또한 청소년국제교류활동, 교포청소년 및 남북청소년 교류, 국제 청소년축제 등 국제행사 및 취업관광 등 제반의 교류정책과 업무가 수행되고 있다. 이렇게 보면, 우리나라에서는 청소년정책과 관련하여 “청소년활동”에 대한 개념은 학문적 접근보다 법적으로 정의된 개념이 수용되어 왔던 것이 일반적인 상황이었으며, 정책영역 또는 업무실제에서는 수련활동과 문화활동, 교류활동, 참여활동, 진로개발활동 등과 관련한 과제들이 실질적인 활동정책으로 추진되고 있음을 알 수 있다.

4. 청소년역량개발과 청소년지도

우선 "역량(competence)"에 대한 개념정의는 다양하게 이루어지고 있지만, 청소년역량개발(youth development)의 관점에서 보면, 다음과 같은 7가지가 특히 중요하게 논의된다(Pittman & Irby, 1996). 첫째, 시민적 역량(civic competence)으로 청소년이 민주시민으로서 사회적 선을 위하여 타인과 협력하고, 공동체 구성원으로서 역할과 책임을 다하는 역량이다. 둘째, 사회적 역량(social competence)으로 주변사람들과 우호적 관계를 유지할 수 있는 능력으로 의사결정기술, 대화기술, 책임성, 헌신적 참여, 갈등해결능력 등을 의미한다. 셋째, 문화적 역량(cultural competence)으로 집단 간 또는 개인 간에 존재하는 사회적 · 문화적 · 경제적 배경과 흥미의 차이를 인정하고 수용할 뿐 아니라, 다른 문화를 이해하고 존중하는 것이다. 넷째, 신체적 건강(physical health)으로 영양섭취, 다이어트, 운동, 피임, 위험행동 등에 대한 합리적 의사결정을 통해 신체적 건강을 유지하는 것이다. 다섯째, 정서적 건강(emotional health)으로 자신의 감정상태를 조절하고, 주변의 다양한 상황에 긍정적으로 반응할 뿐만 아니라 다양한 여가활동에 참여함으로써 스트레스를 관리하는 역량이다. 여섯째, 지적 역량(intellectual competence)이다. 학교교육, 그 밖의 교육기관으로부터 학습을 통해 기초지식, 비판적 사고, 창의력, 문제해결력 등을 습득하고, 자기주도적으로 학습할 수 있는 역량을 말한다. 일곱째, 취업능력(employability)로서 자신이 원하는 진로목표를 달성하는 데 필요한 지식, 기술, 태도를 갖춘 역량을 말한다.

청소년역량개발의 핵심요소에 대한 논의도 다양하다. 예컨대 청소년활동 프로그램과 관련하여 리틀(Little, 1993)은 생활기술(life skill) 역량의 개발, 성인지도자와의 연결(멘토링, 튜토링, 지역사회봉사, 지도력 개발), 인격함양(의사결정, 가치, 정직성, 고결성) 및 자신감 개발(희망과 자존감, 목표설정과 부합) 등의 네 가지를 강조했다. 델가도

(Delgado, 2002)는 역량개발의 다양한 논의를 종합하면서, 건강(health), 정서(emotional), 사회적(social) 역량, 인식적(cognitive) 역량, 도덕적(moral) 역량 및 영적(spiritual) 역량의 6가지로 요약한 바 있다.

블룸(Bloom, 2000)은 미국 주류사회의 경우 사회적으로 역량을 갖추었다는 것은 다음과 같은 것을 포함한다고 말한다: ① 긍정적 자존감, ② 타인과 상호작용하며 새로운 업무와 도전에 응하는 것, ③ 윤리적으로 행동하며 타인에 대해 책임 있는 행동을 하는 것, ④ 다인종 사회의 혜택에 대해 감사하며, 타인의 가치를 존중하는 것, ⑤ 대인 간의 접촉 및 상호작용을 할 수 있으며, 타인과 잘 지내며, 장기간의 인간관계를 진전시키는 것, ⑥ 건전한 작업습관, 동기 및 가치를 개발하는 것, ⑦ 건강을 증진하며 유지하기 위한 행동을 하는 것, ⑧ 또래 가족 학교 지역사회에서 긍정적이며, 기여하는 구성원으로서의 역할을 수행함으로써 향후 바람직한 시민이 되도록 하는 것, ⑨ 학대, 원치 않는 임신, 에이즈, 사회적 고립, 신체적 상해, 학업중단, 우울, 자살, 실업, 범죄 등 부정적 결과를 초래하는 행위에 가담하지 않는 것 등이다.

또한, 델가도(Delgado, 2002)는 청소년역량개발을 위한 새로운 장(new frontier settings)과 관련하여, 박물관, 도서관, 동물원, 수족관 등 일 년에 한번 정도 방문하는 곳이거나 머물기보다 그저 지나치는 곳이었던 지역사회 공간들을 활용할 필요성을 강조하고 있다. 이러한 장소들을 방문하여 공부나 일에 활용하는 것이다. 여기에서는 교사나 상담가, 사회복지사 등 통상적으로 만나는 사람들이 아닌 새로운 분야의 전문가들을 만나게 되고, 청소년들은 새로운 도전을 하거나 보상을 얻게 된다고 본다. 따라서, 청소년들이 이러한 장소에 접근할 수 있도록 지리적 · 심리적 · 문화적 · 제도적 접근성을 보장하는 노력이 필요함을 지적하고 있다.

이와 같이 청소년활동을 청소년들의 역량개발을 강화하는 방향으로 운영하는 것은 기존의 접근과 다른 특징을 갖는 것으로 볼 수 있다. 보다 구체적으로 보면, 청소년활동 또는 청소년지도에서 청소년의 역량개발을 위한 논의들이 있어 왔는데, 청소년 분야에서 청소년역량은 청소년기에 갖추어야 할 보편적인 능력으로 본다. 학업수행능력, 생활에 도움이 되는 자질과 도덕적 기준과 가치관, 태도 등 청소년의 성장과 발달과정에서 부족한 점을 반드시 충족해야 하는 생애역량의 개념과 맥을 같이 한다.

청소년활동의 역량군은 자아역량, 갈등조절역량, 문제해결역량, 성취동기역량, 대인관계역량, 리더십역량, 신체역량, 시민성 역량 등 8개 역량군으로 나뉜다(권일남 · 최창욱, 2011).

① **자아역량군**: 인간의 내면적 잠재성을 구성하는 요소로 자아 정체감, 자아존중감, 가치관, 행복추구, 자기통제 및 조절 등이 해당한다.

② **갈등조절역량군**: 청소년기의 신체적이며 정신적 변화 속에서 관계형성과 유지에 영향을 미치는 갈등을 효과적으로 다루어 친구를 사귀고 친구관계를 유지하게 하거나 자신과 관련된 사람과의 긍정적 관계를 형성하고 계발해 나가도록 하는 능력으로 가족이해, 학업스트레스 등이다.

③ **문제해결역량군**: 자신에게 주어진 상황이나 현상을 적극적으로 해결해 내는 힘으로서 단순한 문제를 파악하는 것에서부터 인지적이고 심리적 연속선상에서 주어진 문제의 연결을 할 수 있는 힘을 보완해 내는 능력으로 문제해결력, 원인분석력, 창조적 사고, 설득, 종합적 사고력 등이다.

④ **성취동기역량군**: 훌륭한 과업을 달성하는 과정에서 만족을 느끼고 지속적으로 성취 목표를 달성하기 위하여 노력하는 내적 의욕 또는 내적 성향으로 동기유발, 성취지향성, 학습실행력 등이 해당한다.

⑤ **대인관계역량군**: 서로의 관계를 원활하고 긍정적인 관계로 형성하도록 유지하며, 타인과의 간극을 좁히기 위한 개인의 적응력으로 관계형성, 대인의사소통, 대인이해 등이다.

⑥ **리더십역량군**: 구성원으로서의 자신의 역할과 책임을 충분히 인식하고 최선을 다

해야 할 일을 수행하며 책임회피와 전가를 하지 않고 끝까지 목표를 완수하는 능력으로 책임성, 언어표현, 의사결정, 자신감 등이 해당한다.

⑦ **신체역량군:** 건강한 신체와 그 관리능력을 포함한다.

⑧ **시민성 역량군:** 민주시민으로서의 자질과 능력을 바탕으로 청소년으로서의 권리의식과 사회참여를 위해 노력하며, 이타성과 봉사적 감각을 수반하고 지역사회에 건전한 사회인으로 성장할 수 있는 능력으로 사회성, 지역사회 기여, 참여의식능력 등이 해당한다.

이상에서 살펴본 청소년역량개발과 관련한 청소년활동지도에 대한 논의는 청소년의 역량개발을 위해서는 보다 확장된 이해가 필요하다는 점을 시사하고 있다. 정책업무에서는 물론, 청소년활동의 실천현장과 지도의 실제에 있어서도 역량개발의 적극적 관점에 입각할 경우, 그 범위와 종류가 다양하고 광범위하게 이해할 수 있음을 알 수 있다. 호만(Homan, 2007)은 이를 ① 자산과 역량중심, ② 지속적 전개, ③ 힘 관계의 균형유지, ④ 역량과 주도성의 증진, ⑤ 동반자 관계에 의존, ⑥ 가능성에 대한 상호적 소유성, ⑦ 상호이해관계가 같은 사람들의 연결, ⑧ 재능과 자극을 능력으로 수용함, ⑨ 부족한 것이 무엇인지 알기보다는 가능한 것이 무엇인가에 초점을 두는 것, ⑩ 무엇인가를 만들어 가는 것, ⑪ "이것이 우리가 할 수 있는 최선"으로 묻기보다는 "우리가 무엇이 될 수 있는가"를 묻는 것, ⑫ 현재의 조건을 변화시키고, ⑬ 새로운 기술을 획득하는 것 등으로 요약하고 있다. 청소년활동을 이러한 특징들에 입각하여 접근하는 것이 청소년역량개발에 보다 유용한 의미를 갖는다고 보았다. 이 점에서 청소년역량개발을 위한 적극적 접근이 기존의 접근과 다른 특징은 다음과 같이 요약할 수 있다.

예를 들면, 청소년역량개발을 위한 활동은 기존의 접근이 현재의 조건들을 변화시키는 것이 쉽지 않았다고 하면, 역량개발 접근은 무엇인가 새로운 것을 창출하는 강점을 증대시킴으로써 그 조건을 개선한다. 기존의 접근이 전문지도자가 힘 있는 전문가이고 청소년들은 그들에 좌우되는 존재라는 "힘의 차이"가 있었다고 한다면, 역량개발 접근은 지도자와 청소년 간에 동반자적 관계에 입각한 "힘의 균형"을 갖는 특징이 있다는 것이다.

〈표 2-2〉 기존의 청소년활동지도와 '역량개발의 청소년활동지도'의 특성 비교

기존의 청소년활동	역량개발의 청소년활동지도
문제중심	자산과 역량중심
일시적 제공	지속적 전개
힘의 불균형을 재강화	힘 관계의 균형유지
소극성의 증진	역량과 주도성의 증진
전문지도자에 의존	동반자 관계에 의존
청소년은 문제를 가짐	가능성에 대한 상호적 소유성
청소년은 의존적	성호이해관계가 같은 사람들의 연결
욕구에 부응하기 위해 재능을 사용	재능과 자극을 능력으로 수용함
없는 것이 무엇인가에 촛점	가능한 것이 무엇인가에 초점
주기를 원함	구축하기를 원함
"이것이 우리가 할수 있는 최선"으로 믿음	"우리가 무엇이 될 수 있는가?"를 물음
현재의 조건의 유지	현재의 조건을 변화
서비스를 받음	새로운 기술을 획득함

출처: Homan, M. S.(2007). p.67에서 재구성

역량개발을 위한 청소년활동을 위해서는 다음의 몇 가지 과제를 생각할 수 있다. 첫째, 청소년활동을 한 번이라도 경험할 수 있는 기회를 제도적으로 확립해야 할 것이다. 이러한 활동은 학교에서 강제적으로 이루어지는 것이 아니라 학교 밖의 다양한 청소년활동과 연계되어 이루어져야 할 것이다. 청소년활동의 만족도와 지속성을 유지시키기 위해 청소년활동의 본래 가치와 효과성을 살릴 수 있는 학교 밖 청소년활동에

대한 경험의 기회가 보다 더 확대되고, 이를 정책적으로 제도화해야 할 것이다. 또한 청소년활동을 전개하는 외부 청소년 관련 기관, 단체 및 시설들과 네트워크를 형성하고 이를 전문인력이 담당할 수 있도록 하여 교사의 부담을 최소화시키는 현실적인 방향으로 운영되어야 할 것이다.

둘째, 청소년활동에 대한 다양한 콘텐츠 및 운영방안 개발이 이루어져야 할 것이다. 청소년들은 다양한 활동 경험을 통하여 자신의 미래를 주도적으로 개척하고 설계할 수 있다. 예를 들면, 청소년수련활동은 전통문화활동이나 예절수양활동에서 낮은 경험율과 낮은 참여율이 나타났다. 따라서 이를 활성화시킬 수 있는 다양한 프로그램 개발 및 홍보 전략을 마련하고, 현대적 청소년들의 취향이나 욕구, 감각에 걸맞게 개선 · 보완할 필요가 있다. 또한 보다 다양한 자원봉사활동거리들을 개발하고, 진로탐색이라든지, 학업성취, 부모-자녀 의사소통 훈련 프로그램이라든지, 교사 및 또래관계를 향상시킬 수 있는 대인관계 프로그램들을 많이 개발하여 자아정체성을 확립할 기회를 제공하는 청소년활동을 더욱 촉진해야 할 것이다.

셋째, 청소년활동의 진흥을 위해서는 청소년활동 전반이 가족과 청소년 자신들로부터 관심과 요구가 발현될 수 있도록 사회적 공감대를 형성하기 위한 노력을 지속하는 것이다. 이를 위해서는 실증적인 청소년활동의 효과를 일반 사람들에게 알리고 청소년들의 적극적인 활동 참여를 도모할 수 있는 홍보전략 및 인식개선활동이 필요하다. 청소년활동에 대해 학업성취에 부정적인 영향을 주는 것으로 보는 견해도 있으나, 실증적으로 청소년활동은 자아존중감, 직업성숙도, 학업성취도, 삶의 생활만족도 등에 긍정적인 영향을 미치고 스트레스 및 비행에는 부정적인 영향을 주거나 통계적으로 유의미하지 않은 영향을 미치는 것으로 나타났다(김윤나 외, 2008).

청소년업무의 발전, 특히 청소년지도방법에 관한 이해가 청소년문제 또는 문제청소년 이슈와 무관하지 않지만, 오늘의 청소년들은 그들이 가진 잠재성과 역량에도 불구하고 기존의 선입견, 편견 및 고정관념 등으로부터 자유롭지 않다는 점을 기억할 필요가 있다. 더욱이 청소년활동지도는 청소년업무의 정체성을 부여하고 독립적인 정책으로 자리매김하는 핵심적인 영역으로써 그에 대한 개념적 이해나 정책적 접근, 실천적 노력은 청소년 분야의 발전 수준을 가늠해주는 것으로 볼 수 있다. 이 점에서 우리나라 청소년 분야의 발전은 "일부 특정 청소년"에서 "모든 청소년"으로, 청소년문제에 대한 "사후처방"에서 "예방적 접근"으로 전환되어 왔으며, 청소년의 권리와 자율적인 참여의 기반확충과 함께 자기자신의 "잠재역량 개발"을 강조하는 것으로 진전되어 왔음을 기억할 필요가 있다.

청소년지도와 관련한 개념적 의미도 청소년에게 자기결정의 장을 주며, 청소년에게 자기 성취감을 느끼게 만들며, 청소년에게 다른 사람과의 유대감을 갖게 만들기 위해 중요한 것으로 이해된다. 또한, 청소년지도방법의 실제에서 요구되는 청소년지도에 관계된 지식, 태도, 그리고 기술에 대해서도 대체로 사회성은 물론, 도덕성, 진로지도, 보건, 여가지도, 지역사회 봉사, 국제교류에 관한 것 등 다양하게 논의되고 있다. 특히, 청소년활동은 그 법적 정의에도 불구하고 청소년의 역량개발을 위한 정책적 · 실천적 노력을 포함하는 것으로 새롭게 이해될 필요가 있다. 청소년의 역량개발적 접근은 청소년지도에 대한 이론적이며 실천적인 이해의 기반을 제공할 것이다.

Chapter 03

청소년지도자의 역할과 역량

1. 청소년지도자의 개념

1) 청소년지도자의 개념과 현황

'청소년지도자'란 「청소년기본법」 제3조에 의거, 청소년지도사, 청소년상담사와 청소년시설, 청소년단체 및 청소년 관련 기관에서 청소년육성에 필요한 업무에 종사하는 사람이라고 규정하고 있다. 한국청소년정책연구원(2014)은 청소년지도자를 청소년을 지도하는 사람으로서 전문적인 지식과 태도 및 기술을 갖추고 청소년의 건강한 성장과 사회적응 및 그들의 삶을 지원하고 조력하여, 촉진시켜주는 사람으로 정의하였다. 김윤나 등(2015)은 청소년지도자를 청소년과 수평적 관계를 맺으며, 기관·단체의 목적을 효과적으로 달성하고 청소년 개개인의 욕구와 관심을 중심으로 변화를 꾀하면서 청소년들에게 역할모델이 되는 사람으로서 국가자격이 있는 자와 없는 자로 구분된다고 하였다.

즉, '청소년지도자'는 청소년지도사와 청소년상담사 등을 포함하는 보다 광범위한 개념으로 청소년활동, 상담, 보호, 복지, 육성 분야에서 전문적인 지식과 경험을 바탕으로 청소년 업무에 종사하는 자라고 정의할 수 있다. 청소년지도사와 청소년상담사는 「청소년기본법」 제21조, 제22조를 근거로 각각의 청소년지도사와 청소년상담사 자격검정에 합격하고 연수기관에서 실시하는 연수과정을 마친 사람에게 부여하는 국가공인 자격이며, 국가전문자격인 청소년지도사 자격증 소지자는 2019년까지 총 53,775명이 배출되었으며, 청소년상담사 자격증 소지자도 22,901명을 넘어서고 있다(여성가족부, 2019).

청소년지도사 관련 제도는 4번의 변화를 거치면서 현재의 청소년지도사를 배출하고 있다. 1993년 시행에 따른 관련 제도는 사전연수제도, 양성기관 지정 등이 특성을 갖고 있으며, 1999년 개정에 따른 관련 제도는 1993년에 있었던 사전연구제도의 폐지로 이어졌으며, 2급과 3급에서 13개 전문선택 영역을 추가하여 전문성을 강화하고자 노력하였다. 2005년 개정 이후 관련 제도는 다시 2급, 3급 전문선택 영역을 폐지하고 대학에서 시험과목 이수자에 대한 필수과목 면제, 시험과목 조정, 응시자격 강화 등이 이루어졌으며, 2010년 개정에서는 자격제도에 대한 위탁기관 변경과 여성가족부, 한국산업인력공단, 한국청소년활동진흥원 3개 기관의 업무 분담 등의 내용으로 관련 제도가 변화되어 왔다(최창욱 외, 2019).

청소년상담사는 상담분야의 최초 국가자격으로 2003년부터 매년 시행되고 있으며, 2011년부터 필기시험 업무가 한국청소년상담원에서 한국산업인력공단으로 이관되고, 이후 2014년부터는 응시자격 서류심사 및 면접업무도 한국산업인력공단으로 이관되었으며, 한국청소년상담복지개발원은 자격연수 및 보수교육을 운영한다. 또한 청소년상담사 보수교육이 2007년 시범운영을 시작으로 2008년부터 본격 운영되기 시작하였으며, 무료였던 보수교육비는 2009년부터 유료로 전환되었고, 2013년부터 의무교육화되었다.

청소년지도사는 양성계획에 따라 1993년부터 2019년까지 1급 청소년지도사 1,865명, 2급 청소년지도사 38,391명, 3급 청소년지도사 13,519명 등 총 53,775명의 국가공인 청소년지도사를 배출하였고, 청소년상담사는 2019년까지 총 17회의 청소년상담사 자격검정이 있었으며, 청소년상담사 1급 706명, 2급 7,558명, 3급 14,637명으로 총 22,901명의 청소년상담사를 양성하였다. 연도별 청소년지도사 및 청소년상담사 양성 현황은 〈표 3-1〉과 같다.

〈표 3-1〉 청소년지도사 검정제도의 변화

구분	1993년 시행	1999년 개정	2005년 개정	2010년 개정
시행 연도	1993~2002년	1999~2005년	2006년 이후	2011년 이후
등급	1 · 2 · 3급			
검정 기관	한국청소년개발원			한국산업인력공단
자격제도 특성	• 사전연수제도 • 양성기관 지정(대학 및 청소년단체) • 인원제한 ※ 사전연수 후 자격검정	• 사전연수제도 폐지 • 2 · 3급에 13개 전문선택 영역 추가(전문성 강화) • 응시자격 개방체제 • 인원제한 없음 ※ 자격검정 후 합격자 연수	• 2 · 3급 전문선택 영역 폐지 • 대학에서 시험과목 이수자 필수과목 면제(2008년) • 시험과목 조정(1급:5과목, 2급:8과목, 3급:7과목) • 응시자격 강화(종사경력 1년씩 추가) • 인원제한 없음 ※ 자격검정 후 합격자 연수	• 위탁기관 변경 • 3개 기관 업무분담(여성가족부, 한국산업인력공단, 한국청소년활동진흥원) • 인원제한 없음 ※ 자격검정 후 합격자 연수

출처: 최창욱 외(2019). pp.18-19.

〈표 3-2〉 청소년상담사 자격제도 관련 연혁

연도	내용
1999년	• 청소년상담사 양성 및 자격검정 공청회 개최 • "한국청소년상담원" 출범
2000년	• 청소년상담사 자격제도 시행에 관한 공청회 개최
2001년	• 청소년기본법 기본법 개정: 12월 31일
2002년	• 청소년기본법 시행규칙 개정: 8월 24일 • 청소년기본법 시행령 개정: 7월 24일
2003년	• 한국청소년상담원 수행 • 제1회 청소년상담사 국가자격검정실시: 4월 27일(필기), 5월 25일(면접) • 제1회 청소년상담사 국가자격연수실시: 7월~10월
2007년	• 청소년상담사 보수교육 시범운영
2008년	• 청소년상담사 보수교육 운영
2009년	• 청소년상담사 보수교육 교육비 유료화 시작
2011년	• 필기시험 업무 한국산업인력공단으로 이관
2013년	• 청소년상담사 보수교육 의무화 시행
2014년	• 응시자격 서류심사 및 면접 업무 한국산업인력공단으로 이관
2016년	• 제14회 청소년상담사 국가자격검정실시(3~6월) • 제15회 청소년상담사 국가자격검정실시(10~12월)
2022년	• 21회 청소년상담사 자격검정 실시

출처: 한국청소년상담복지개발원, https://www.youthcounselor.or.kr(2022.10.01)

〈표 3-3〉 청소년지도사 및 청소년상담사 양성현황

	청소년지도사				청소년상담사			
연도별	1급	2급	3급	합계	1급	2급	3급	합계
1993	0	485	228	713	–	–	–	–
1994	96	375	237	708	–	–	–	–
1995	101	361	253	715	–	–	–	–
1996	47	193	101	341	–	–	–	–

	청소년지도사				청소년상담사			
연도별	1급	2급	3급	합계	1급	2급	3급	합계
1997	131	314	190	635	–	–	–	–
1998	120	280	193	593	–	–	–	–
1999	128	530	210	868	–	–	–	–
2000	113	585	290	988	–	–	–	–
2001	97	990	496	1,583	–	–	–	–
2002	117	837	475	1,429	–	–	–	–
2003	90	700	580	1,370	107	293	284	684
2004	74	663	580	1,317	21	90	103	214
2005	31	456	905	1,392	21	171	151	343
2006	90	792	366	1,248	30	171	206	407
2007	31	695	183	909	1	177	296	474
2008	27	2,086	631	2,744	47	194	450	691
2009	34	2,165	732	2,931	15	239	517	771
2010	53	2,374	868	3,295	14	140	332	486
2011	82	2,262	707	3,051	19	298	418	735
2012	8	2,502	752	3,262	29	335	928	1,292
2013	41	3,041	755	3,837	12	225	990	1,227
2014	0	62	44	106	15	409	1,558	1,982
2015	28	3,275	759	4,062	52	564	1,531	2,147
2016	76	3,346	674	4,096	39	830	2,141	3,010
2017	51	3,032	698	3,781	88	1,042	1,594	2,724
2018	64	3,024	784	3,872	109	787	1,515	2,411
2019	135	2,966	828	3,929	87	1,593	1,623	3,303
2020	107	3,294	844	4,245	179	1,824	1,460	3,463
2021	179	3,404	734	4,317	84	1,558	2,307	3,949
합계	2,151	45,089	15,097	62,337	969	10,940	18,404	30,313

출처: 여성가족부(2022). 재구성.

2. 청소년지도자의 역할과 직무

「청소년기본법」에서 명시하는 청소년지도자가 다루어야 할 청소년육성과 지도는 청소년의 복지증진과 수련활동 지원, 교류 진흥, 사회여건과 환경을 청소년에게 유익하게 조성함으로써 청소년의 균형 있는 성장을 돕는 것이다. 청소년지도자는 청소년의 건강한 성장과 발달을 지원할 뿐만 아니라 청소년이 사회구성원으로 영향력을 행사할 수 있도록 도와주는 역할을 수행한다.

이러한 측면에서 최윤진 등(1992)은 청소년지도자의 역할을 청소년지도의 기본 원리에 근거하여 전문가의 역할, 촉진자의 역할, 비판적 분석가의 역할, 예술가의 역할을 제시하였으며, 함병수(1996)는 조직자의 역할, 정향자의 역할, 교사의 역할, 활동모델의 역할, 동반자의 역할, 정신적 지주자의 역할, 환경 조성자의 역할, 가정, 학교 사회와의 교량자 역할 등으로 제시하였다. 맹영임 등(2010)은 청소년지도의 목적을 달성하기 위한 청소년지도자의 역할을 첫째, 청소년이 가지고 있는 시급한 욕구를 충족해 주고 현재 직면한 문제를 해결해주는 역할, 둘째, 청소년이 미래의 건강한 성인으로 성장할 수 있도록 준비하거나 자립할 수 있도록 도와주는 역할, 셋째, 청소년을 둘러싼 환경 여건을 개선하여 청소년을 건강하게 성장시킬 수 있도록 사회적 변화를 유도하는 역할이라고 제시하였으며, 최창욱 등(2019)은 청소년지도자의 역할을 청소년복지증진 및 도모, 청소년 수련활동 지원, 청소년 교류 촉진, 청소년을 위한 환경 조성, 청소년개발 및 교육 등으로 분류하였다.

〈표 3-4〉 청소년지도자의 역할

연구자	청소년지도자의 역할
최윤진 외 (1992)	① 전문가의 역할, ② 촉진자의 역할, ③ 비판적 분석가의 역할, ④ 예술가의 역할
함병수 (1996)	① 조직자의 역할, ② 정향자의 역할, ③ 교사의 역할, ④ 활동모델의 역할, ⑤ 동반자의 역할, ⑥ 정신적 지주자의 역할, ⑦ 환경 조성자의 역할, ⑧ 가정, 학교 사회와의 교량자 역할
맹영임 외 (2010)	① 청소년이 가지고 있는 시급한 욕구를 충족해 주고 현재 직면한 문제를 해결해 주는 역할 ② 청소년이 미래의 건강한 성인으로 성장할 수 있도록 준비하거나 자립할 수 있도록 도와주는 역할 ③ 청소년을 둘러싼 환경 여건을 개선하여 청소년을 건강하게 성장시킬 수 있도록 사회적 변화를 유도하는 역할
최창욱 외 (2019)	① 청소년복지증진 및 도모, ② 청소년 수련활동 지원, ③ 청소년 교류 촉진, ④ 청소년을 위한 환경 조성, ⑤ 청소년개발 및 교육

버터스와 뉴웰(Butters & Newell, 1978)은 청소년사업의 목적이 시기에 따라 변화해 왔으며, 이러한 변화 속에서 청소년사업에 참여하는 청소년과 청소년지도자의 역할 또한 함께 바뀌어 왔음을 제시하였다. 과거 1870~1919년에는 청소년 사업의 목적으로 인격형성을 강조하고 청소년을 "따르는 자"로 국한하여 누군가를 따라가는 대상임을 강조하던 시기로 청소년지도자도 청소년을 이끄는 "지도자" 역할에 치중하게 되는 시기였다. 1919년 이후에는 세계적으로 사회적 교육의 시작이라는 중요한 변화를 겪게 되는데, 1920~1950년 시기의 청소년지도자의 역할은 "교사", 1950~1975년 시기에는 "촉진자"로서의 역할이 요구되어져 왔으며, 청소년은 "역할 적응", "자아실현"을 해야 하는 존재로서 역할이 강조되었다. 1975년 이후에는 청소년을 바라보는 관점이 "사회적 교육으로부터의 탈피"라고 변화를 가지고 오면서 청소년을 교육의 대상으로서가 아닌 사회 변화의 주체로서 바라보는 시각이 나타났다. 이에 따라 청소년지도자에게도 역할에서 변화를 가져오면서 "사회비평가"로서 창소년사업에서 임파워먼트를 강조하였고,

"활동가"로서의 역할을 강조하는 청소년사업에서 해방을 강조하기 위한 두 가지 큰 흐름으로 나타나게 되었다(남화성, 2017).

〈표 3-5〉 청소년사업의 목적과 청소년지도자 및 청소년의 역할 변화

시기	청소년 사업의 목적	역할	
		청소년지도자	청소년
1870~1919	인격형성 (character building)	지도자 (leader)	따르는 자 (follower)
중요한 변화	사회적 교육(social education)의 시작		
1920~1950	문화적 적응 (cultural adjustment)	교사 (teacher)	역할 맞춤 (role fitting)
1950~1975	개인적 개발 (personal development)	촉진자 (facilitator)	자기 실현 (self-realisation)
중요한 변화	사회적 교육으로부터의 탈피		
1975~	임파워먼트 (empowerment) 해방 (emancipation)	사회비평가 (social critic) 활동가 (activist)	사회 변화의 주체 (change agent)

출처: Butters & Newell(1978); 남화성(2017); 최창욱 외(2019).

서희정 등(2016)은 선행연구를 분석하여 프로그램 기획자, 프로그램 운영자, 교육자, 활동 촉진자, 관리행정가, 변화촉진자, 네트워크 구축자, 네트워크 운영자로 청소년지도자의 세부화된 역할을 부여하고 역할에 따른 직무를 〈표 3-6〉와 같이 분류하였다.

〈표 3-6〉 청소년지도자의 역할과 직무

구분	역할	직무
청소년활동 운영	• 프로그램 기획자 • 프로그램 운영자	• 요구분석 • 프로그램 설계 및 개발
참가자와의 관계	• 교육자 • 활동촉진자	• 프로그램 운영 • 프로그램 평가
행정업무 수행	• 관리행정가 • 변화촉진자	• 청소년교육 • 청소년상담, 청소년 촉진, 참가자 조직
네트워크 실행	• 네트워크 구축자 • 네트워크 운영자	• 인적 네트워크 구축, 조직 간 협력체제 구축 • 동아리 조직과 운영

출처: 서희정 외(2016). p.48 재구성.

청소년지도자의 직무는 청소년지도 현장에서 실질적으로 맡아 수행하는 일이라고 정의할 수 있으며, 직무와 역할을 효과적으로 수행하기 위해서는 관련 지식, 태도 기술 그리고 도구가 필요하다. 정부에서는 산업현장에서 직무를 수행하기 위해 요구되는 지식 · 기술 · 태도 등을 국가가 체계화하기 위한 국가직무능력표준(National Copetency Standards, NCS)를 규정하면서 청소년 분야를 대분류로 사회복지 · 종교, 중분류는 상담, 소분류는 청소년지도로 분류되며, 세분류에서 청소년활동, 청소년상담복지로 규정하고 있다. 이에 따라 청소년지도자의 직무를 능력단위로 세부적으로 규정하고 있다.

〈표 3-7〉 NCS 청소년지도–청소년활동 · 청소년상담복지 능력단위 분류

직무명	청소년활동	
직무 정의	청소년활동	청소년활동이란 청소년사업을 기획하고 홍보하며, 청소년프로그램을 개발하고 적용하며 평가하는 일련의 과정을 말하며, 자원관리, 인증관리, 행정관리, 협업체계관리, 정보관리 등을 통하여 이를 효율적으로 지원하는 일이다.
	청소년상담복지	청소년상담복지는 청소년의 행복과 균형 있는 성장을 위하여 청소년과 그 주변인을 대상으로 전문적 상담서비스, 보호 및 위기개입, 지역사회 연계망 운영, 교육과 예방활동을 통합적으로 수행하는 일이다.

직무명	청소년활동		
NCS 능력 단위	청소년활동	1. 청소년사업 기획 2. 청소년기관 행정지원 3. 협업체게 구축 · 운영 4. 청소년활동정보관리 5. 지도자 교육훈련 6. 청소년권익증진활동 지원 7. 청소년현장실습지도 8. 청소년조사연구	1. 청소년프로그램 기획 및 설계 2. 청소년프로그램 실행 3. 청소년프로그램 평가 4. 자원봉사활동 운영 5. 청소년자치활동 운영 6. 청소년생활지도 7. 청소년활동 안전 · 위생관리
	청소년상담 복지	1. 심리평가 2. 집단상담 3. 청소년부모상담 4. 상담자문 5. 상담수퍼비전 6. 청소년상담연구개발 7. 내담자 응대 8. 접수면접 9. 상담준비 10. 개인상담 11. 전화상담 12. 게시판.메일 상담	1. 채팅상담 2. 위기상황 확인 3. 위기지원 4. 진로상담 5. 진학 및 취업지원 6. 생활기술교육 7. 청소년 사례 통합관리 준비 8. 청소년 사례통합관리 운영 9. 청소년 교육훈련 준비 10. 청소년 교육운영 및 평가 11. 지역자원 발굴 및 관리 12. 지역자원 연계 협력

출처: 국가직무능력표준 홈페이지(https;//www.ncs.go.kr/)(2022.10.01)

각 연구를 통해 청소년지도자의 역할과 직무에 대해 규정하고 다양한 역할을 요구하고 있다. 많은 연구자가 요구한 청소년지도자의 역할은 일방적인 가르침이나 지도만을 의미하는 것이 아니라 청소년들로 하여금 자신에게 주어진 문제를 해결하는 데 필요한 참여 동기를 부여하고, 청소년이 생활하는 환경을 조성하는 역할까지 포함하고 있다. 청소년지도자의 역할은 그들이 속한 기관이나 생활하고 있는 사회 속에서 담당해야 할 책무이며, 청소년지도자들은 자신에게 부여된 역할을 담당할 수 있도록 역량을 키우기 위해 노력해야 한다(이영수, 2016).

3. 청소년지도자의 역량

1) 역량의 개념

역량의 개념은 접근관점 혹은 연구자에 따라 그 뜻을 달리하고 있다. 1973년 미국의 심리학자 맥클랜드(McClelland)에 의해 처음 소개된 역량은 "직업세계의 직무 수행과 관련하여 평균적인 수행자들과 구분되는 우수한 업무 수행자들의 개인적 특성이나 자질"을 지칭하였다. 클렘프(Klemp, 1980)는 역량을 "업무에서 탁월한 성과를 내는 사람이 지니고 있는 기본적 특성"이라고 정의하였고, 탁월한 수행자의 기본적 특성에는 개인의 동기, 성격, 지식, 기술, 능력, 태도, 자기 이미지나 사회적 역할 등이 여기에 포함될 수 있다고 보았다. 보야치스(Boyatzis, 1982)는 우수성과자(Super Performers)가 평균적인 성과자와 구별되는 특성을 규명하는 데 역점을 두면서 "효과적 혹은 우수한 성과와 결정적으로 관련되어 있는 동기, 특성, 기술, 자기 이미지, 사회적 역할, 지식체계 등 특정 개인에게 내재된 특성"으로 역량을 정의하였다. 가바린(Garbarin, 1985)은 보다 포괄적인 범주로서 역량의 개념을 "자신이 소속된 사회적 환경에서 직면하는 다양한 상황에 능숙하게 대처하고 자신의 안녕감을 극대화하여 미래발전을 기하기 위해 요구되는 기술 태도, 동기, 능력의 복합"이라 정의하였으며, 스펜서와 스펜서(Spencer & Spencer, 1993)는 역량을 "특정한 상황이나 직무에서 구체적인 준거나 기준과 인과적으로 관련되어 우수한 성과를 가능하게 하는 동기, 특질, 자기개념, 지식, 기술 등의 개인의 내적 특성"으로 정의하고 있다. 패리(Parry, 1996)도 역량이란 "개인이 수행하는 업무로 주요한 부분들에 영향을 주고 업무성과와 관련성이 높고, 조직에서 널리 받아들여지는 성과기준에 대비하여 측정될 수 있으며, 교육훈련과 개발을 통하여 개선될 수 있는 지식, 기술, 태도의 집합체"로 정의하였다. 그는 역량을 직무에 있어 중요하고 업무와 관련된 부분인 역할이나 책임 등에 영향을 주는 지식, 기술, 태도와 관련된 일종의 군으로, 기준에 의해 측정 가능하고 훈련이나 개발을 통해 개선될 수 있는 것으로 보았다. 스트레블러와 비반스(Strebler & Bevans, 1996)는 역량을 "업무영역에서 새로운 상황에 지식과 기술을 전이하는 능력을 포함하는 광범위한 개념"으로 정의하였으고, 미라블(Mirabile, 1997)은 "평균 성과자와 우수 성과자를 구분하는 지식, 능력, 기술, 기타 특성"으로 역량을 정의하였으며, 민병모 등(2003)은 "특정한 상황이나 직무에서 준거에 따른 효과적이고 우수한 수행의 원인되는 개인의 내적인 특성"으로, 장미(2011)는 "자신이 소속된 환경 속에서 직무 혹은 업무와 관련하여 성공적인 결과를 이뤄내기 위해 개인의 동기, 특질, 지식, 기술, 태도 등이 비교적 장기간 지속적으로 나타나는 능력이며 우수성과자와 평균성과자를 구별해 주는 차이"로 정의하였다.

역량의 개념이 구체적인 직무나 특정 과제에서 뛰어난 수행을 가능하게 하는 능력 또는 내적 특성이라고 정의되어 오던 것이 OECD(2001)의 DeSeCo 프로젝트를 시작으로 삶의 질을 설명하는 중요한 변인 중 하나로 인식되기 시작하였다. OECD에서는 역량이 "특정 맥락의 복잡한 요구를 태도, 감정, 가치, 동기 등과 같은 사회적 · 행동적 요소뿐만 아니라 인지적 · 실천적 기술까지 가동하여 성공적으로 충족시켜 나가는 능력"이라고 정의하면서, 역량이 직업세계뿐만 아니라 모든 상황에서 필요한 특성임을 제안하였고, 김안나(2003)는 역량을 "일상적인 삶 속에서 성공적으로 수행하기 위해 필요한 능력이며, 전 생애에 걸쳐 요구되는 최소한의 기본능력"이라 개념화하였다(서희정, 2018).

〈표 3-8〉 역량의 정의

연구자	정의
McClelland (1973)	직업세계의 직무 수행과 관련하여 평균적인 수행자들과 구분되는 우수한 업무 수행자들의 개인적 특성이나 자질
Kemp(1980)	업무에서 탁월한 성과를 내는 사람이 지니고 있는 기본적 특성
Boyatzis(1982)	효과적 혹은 우수한 성과와 결정적으로 관련되어 있는 동기, 특성, 기술, 자기 이미지, 사회적 역할, 지식체계 등 특정 개인에게 내재된 특성
Spencer & Spencer(1993)	특정한 상황이나 직무에서 구체적인 준거나 기준과 인과적으로 관련되어 우수한 성과를 가능하게 하는 동기, 특질, 자기개념, 지식, 기술 등의 개인의 내적 특성
Parry(1996)	개인이 수행하는 업무의 중요한 부분들에 영향을 주고, 업무성과와 관련성이 높고, 조직에서 널리 받아들여지는 성과기준에 대비하여 측정될 수 있으며, 교육훈련과 개발을 통하여 개선될 수 있는 지식과 기술, 태도의 집합체
Strebler & Bevans(1996)	업무영역에서 새로운 상황에 지식과 기술을 전이하는 능력을 포함하는 광범위한 개념
Mirabile(1997)	평균 성과자와 우수 성과자를 구분하는 지식, 능력, 기술, 기타 특성
OECD(Rychen & Salganik, 2003)	특정 맥락의 복잡한 요구를 태도, 감정, 가치, 동기화 같은 사회적 · 행동적 요소뿐만 아니라 인지적 · 실천적 기술을 가동시킴으로써 성공적으로 충족시키는 역량
민병모 외(2003)	특정한 상황이나 직무에서 준거에 따른 효과적이고 우수한 수행의 원인이 되는 개인의 내적인 특성
김안나(2003)	일상적인 삶 속에서 성공적으로 소행하기 위해 필요한 능력이며, 전 생애에 걸쳐 요구되는 최소한의 기본 능력
장미(2011)	자신이 소속된 환경 속에서 직무 혹은 업무와 관련하여 성공적인 결과를 이뤄내기 위해 개인의 동기, 특질, 지식, 기술, 태도 등이 비교적 장기간 지속적으로 나타나는 능력이며 우수성과자와 평균성과자를 구별해주는 차이

출처: 장미(2011), 서희정(2018) 재구성.

이와 같이 역량은 적용되는 상황이나 학자에 따라 다르게 정의되고 있지만, 평균적 수준을 상회하여 우수한 성과를 발휘하는 조직이나 개인이 보여주는 중요한 특질 또는 능력이라는 점을 기본적으로 내포하고 있으며, 역량에 대한 정의 속에서 클렘프

(Klemp, 1980), 스펜서와 스펜서(Spencer & Spencer, 1993), 패리(Parry, 1996), 장미(2011) 등의 학자들이 공통적으로 지식, 기술, 태도를 구성요소로 제안하고 있다.

첫째, 지식은 개인이 특정 분야에 대해 가지고 있는 정보를 의미한다. 인지적 능력이 개인의 과업수행과 연결되지 않는다면 의미가 없기 때문에 지식만으로 개인이 가지고 있는 역량을 정확하게 측정하는 데 한계가 있다. 따라서 지식뿐만 아니라 수행을 이끄는 구체적 기술이 필요하다. 둘째, 기술은 만들거나 짓거나 하는 재주 또는 솜씨, 어떤 일을 효과적으로 할 수 있는 방법, 능력, 특정한 신체적 또는 정신적 과제를 수행할 수 있는 능력을 의미한다. 셋째, 태도는 일반적으로 사물에 대한 감정이나 생각 따위가 겉으로 드러난 모습으로 정의되고 있으며, 역량의 하위개념으로서의 태도는 동기, 특성, 자아개념 등의 내적 특성이 영향을 미쳐서 형성된 심리적 복합체에 의해 드러나는 것으로 본다(Spencer & Spencer, 1993). 이와 같이 특정분야에 대한 지적능력인 지식, 과업수행을 가능하게 하는 기술, 지식과 기술에 영향을 미치는 개인의 내적 특성인 태도가 어우러져 역량으로 표출된다(서희정, 2018).

2) 역량의 유형과 범주

역량의 유형, 범주 및 특성에 대해서는 다음과 같이 이해할 수 있다(이홍민, 2005).

(1) 역량의 유형

스패로우(Sparrow, 1996)는 역량을 기존의 직무와 관련된 개인의 역량에 조직 차원의 개념을 반영하여 포괄적으로 세 가지 유형, 즉 조직역량(핵심역량), 관리역량, 개인역량(직무역량)으로 정리하였다. 역량에 대한 3가지 유형은 서로 관련되어 있으면서 중첩되어 있다. 조직의 역량은 모든 조직원에게 전파되어야 하고, 고객에 초점을 두고 조직의 목표달성에 기여해야 한다. 관리역량은 조직 밖에서 활용될 수 있도록 구체적으로 정리된 역량이고, 또한 조직 내에서 개발된 개인의 역량을 포함할 수 있다라고 주장하였다.

스펜서와 스펜서(Spencer & Spencer, 1993)는 역량을 "개인의 내적 특성으로서 다양한 상황에서 일반적으로 나타나며 비교적 장시간 지속되는 행동 및 사고 방식을 의미한다."라고 하고 역량의 유형을 5가지로 정의하였다.

첫째, 동기(motives)는 개인이 일관되게 마음에 품고 있거나 원하는 어떤 것으로 행동의 원인이 된다. 동기는 특정한 행위나 목표를 향해 행동을 '촉발시키고, 방향을 지시하며, 선택하도록' 작용한다. 예를 들면, 성취동기에 따라 움직이는 사람들은 스스로 도전적인 목표를 설정하고 목표달성의 책임을 지며, 성과에 대한 피드백을 바탕으로 더 나은 방법을 취한다.

둘째, 특질(traits)은 신체적인 특성, 상황 또는 정보에 대한 일관적 반응성을 의미한다. 예를 들면 신속한 반응이나 좋은 시력은 전투기 조종사에게 필요한 신체적 특질이다.

셋째, 자기개념(self-concept)은 태도, 가치관, 또는 자기상(self-image)을 의미한다. 예를 들면 자기확신(self-confidence), 즉 어떠한 상황 속에서도 잘 해낼 수 있다는 신념이 이에 포함된다.

넷째, 지식(knowledge)은 특정분야에 대해 가지고 있는 정보를 의미한다. 예를 들면, 인체의 신경과 근육에 대해 외과의사가 가지고 있는 지식이 이에 속한다.

다섯째, 기술(skill)은 특정한 신체적 또는 정신적 과제를 수행할 수 있는 능력을 의미한다. 예를 들면, 치과의사가 신경을 건드리지 않고 이를 치료할 수 있는 능력과 컴퓨터 프로그래머가 50,000행의 코드를 논리적이고 순차적인 순서로 조직화하는 능력은 기술에 속한다.

(2) 역량의 범주

역량은 그것이 예측하고자 하는 직무수행의 준거에 따라 한계역량과 차이역량으로 구분된다.

첫째, 한계역량(threshold competencies)은 직무수행자가 최소한 갖추어야 하는 필수적인 능력(읽기와 같은 기본적 기술이나 지식)으로서, 이것만으로는 우수한 업무수행자와 평범한 업무수행자를 구별할 수 없다. 영업사원의 경우 제품 지식이 이 범주에 속한다.

둘째, 차이역량(differentiating competencies)은 우수한 업무수행자와 평범한 업무수행자의 구분을 가능하게 하는 역량이다. 예를 들면, 조직의 요구보다 높은 목표를 설정하는 성취지향은 우수한 영업 사원과 평범한 영업사원을 구별하는 역량이 된다.

(3) 역량의 특성

캐롤과 맥크랙켄(Carroll & McCrackin, 1998)은 역량이란 우수한 업무수행자가 보이는 고유하고 독특한 행동으로 지식, 기술, 가치, 기타 개인적 특성들이 직무상황에서 통합되어 행동으로 발휘된 것이며, 이러한 역량을 특정한 기준에 의해 설정하여 효과적으로 잘 정의하면 다음의 6가지 특성을 지닌다고 하였다.

첫째, 효과적으로 정의된 역량은 조직의 비전, 사명, 전략, 목적을 지원하는 성공기준이며, 해당 조직의 고객기반을 확대하고 부가가치를 창출하는 데 초점을 맞추기 때문에 조직의 전략적 방향을 구성원의 행동과 연결한다.

둘째, 역량은 해당 조직의 중요한 가치 및 원리를 지원하는 행동에 대해 명료하게 표현한다.

셋째, 역량은 직능이나 조직의 경계를 초월하여 조직에서 공유하는 탁월성에 대한 기준을 설정하게 해 준다.

넷째, 역량은 수행에 대한 지속적인 피드백을 제공하고 훈련이나 개발을 위한 역량을 제공한다.

다섯째, 역량은 필요성이 부각되고 있거나 중요성이 감소되고 있는 능력을 규명함으로써 조직의 변화를 지원할 수 있다.

여섯째, 지속적으로 학습하는 문화의 개발을 가속화할 수 있다.

3) 청소년지도자의 역량

청소년 활동과 상담복지는 청소년지도자의 역량과 자질에 의존하여 실시되는 것으로 청소년지도자의 역량을 강화해야 한다는 필요성은 지속적으로 제시되어 왔다. 그러나 청소년지도자에게 필요한 역량은 무엇인가에 대해서는 여전히 구체적으로 제시하고 있지 못하며 연구도 제한적으로 이루어지고 있다.

싱가포르의 NCSS & NYC(2006)는 청소년지도자의 역량을 가족, 청소년, 조직, 지역사회 자원으로 구분하고, 가족 자원 측면에서는 가족관여 능력을, 지역사회 자원 측면에서는 지역사회 파트너로서의 참여 능력과 지식을, 조직 자원 차원 측면에서는 프로그램 개발 능력과 지식에 대한 프로그램과 윤리적 실천 의식을 제시하였다. 그리고 청소년 자원 차원에서는 청소년 발달 단계 지식, 멘토링과 청소년 관여 능력, 행동 관리와 개입 기술, 집단 역동성 관리와 집단사업 기술을 제시하였다(이광호, 2012).

(1) 직무역량

특정 직무를 수행하기 위해 요구되는 능력을 국가적 차원에서 표준화한 국가직무능력표준(NCS)을 통해 청소년활동에 대한 표준직무가 개발되었다. 2016년도에 수정 · 보완된 NCS에 따르면, 청소년활동이란 청소년사업을 기획하고 홍보하며, 청소년프로그램을 개발하고 적용하며 평가하는 일련의 과정을 말하는 것으로, 자원관리, 인증관리, 행정관리, 네트워크관리, 정보관리 등을 통하여 이를 효율적으로 지원하는 일이고, 청소년상담복지란 청소년의 행복과 균형 있는 성장을 위하여 청소년과 그 주변인을 대상으로 전문적 상담서비스, 보호 및 위기개입, 지역사회 연계망 운영, 교육과 예방활동을 통합적으로 수행하는 일로 정의하고 있다.

이상에 제시된 청소년지도자의 역할과 직무를 책임 있게 수행하기 위해서는 청소년활동 및 상담복지 현장에서 요구되는 역량을 잘 갖추어야 한다. 그러나 초등학교 교사, 평생교육사, 사회복지사, 커리어코치, 대기업 조직구성원, 사회복지전담 공무원 등과 같은 분야에서의 역량을 규명한 연구가 활발히 진행되어 온 것에 비해 청소년지도자의 역량을 규명한 연구는 매우 부족한 실정이다.

직무역량이란 홍순정 등(2004)은 "일련의 구체적인 작업의 형태로 제시된 직무를 성공적으로 수행하기 위해 요구되는 능력"으로 정의하고, 엄명용(2006)은 "직무지식, 개인능력, 태도의 총체로써 조직의 직무수행과정에서 뛰어난 성과를 창출하는 사람들만이 갖고 있는 우수한 지식, 기술, 태도이며, 단기적 특성이 아니라 비교적 장기간 지속되는 행동으로 표현된다."라고 하였으며, 장미(2011)는 "직업에서 요구되는 수준의 표준에 맞도록 직무를 수행할 수 있는 능력을 말하며, 특정 직군에 직업적 책임과 역할을 수행하기 위해 필요한 지식, 기능, 태도"를 의미한다고 하였다.

장미(2011)는 청소년지도사의 역량을 도출하기 위해 델파이 조사와 행동사건면접, 예비 조사를 통해 15개 역량(동기부여, 자기통제, 존중, 예산 관리, 프로그램 평가, 타인 육성 및 개발, 홍보, 문제 해결 능력, 계획 수립 및 실행, 자발적 업무 처리, 활동 환경 조성 능력, 정보 수집 및 관리, 주의 환기, 책임성, 자기 확신)을 청소년지도사의 직무 역량으로 도출하였다. 또한 서희정(2018)은 청소년지도사의 활동역량을 포괄적으로 검토 및 구조화하여 청소년지도사에게 요구되는 '청소년활동 설계역량', '청소년활동 실행역량', '행정업무 수행역량', '팀워 역량', '전문성 개발 역량', '태도'의 6개 활동역량모델을 개발하여 제시하였다.

조수연 등(2013)은 청소년상담사 역량을 도출하기 위해 델파이 연구방법을 사용하여 6개 역량군(상담, 일반, 교육, 행정, 경영, 연구)과 21개 역량(상담지식, 상담전략 및 기술, 사례관리, 위기관리, 심리검사, 청소년이해, 의사소통, 윤리, 자기관리, 일반교육 연수, 상담자교육 및 슈퍼비전, 행정실무, 재무관리, 리더십, 팔로우십, 고객만족, 마케팅, 경영관리, 네트워크 구축 및 활용, 연구 설계 및 수행, 연구보고서 작성 및 평가)을 청소년상담사 역량으로 선정하였다.

〈표 3-9〉 청소년지도사 직무역량 정의

역량명	역량에 대한 정의
동기부여	개인이 성과를 달성할 수 있도록 행위를 자극하여 유지하게 하는데 칭찬, 격려, 지지, 인정, 제안, 보상하는 것
자기통제	자신의 스트레스나 분노를 억제하고 적대적인 반응을 통제하여 사회적으로 바람직한 방향을 행동하려는 능력
존중	모든 사람에게 관심과 애정을 가지면서 타인의 생각, 의견, 느낌, 관점을 존중하는 태도
예산 관리	재정활동으로 예산계획, 사용, 집행, 결산, 확보하는 과정
프로그램 평가	프로그램의 효과성과 만족도를 측정하기 위한 일련의 과정으로 면담, 평가회의, 설문지, 개발된 측정도구 사용, 통계패키지 활용
타인 육성 및 개발	다른 사람을 지도하고 키워주기 위하여 훈련, 조언, 능력평가, 교육기회제공, 보상, 권한 위임
홍보	프로그램홍보, 참가자모집, 기관소개, 욕구조사를 하는 행위
문제 해결 능력	당면한 문제에 대한 대안을 찾기 위하여 인지적 · 정서적 · 행동적으로 수행할 수 있는 과정
계획 수립 및 실행	프로그램으로 한정하고 기획과 설계의 과정을 통해 만들어진 프로그램을 청소년지도자가 프로그램 참여자인 청소년들을 대상으로 체계적으로 실시하여, 의도한 목표를 달성해 나가는 과정

역량명	역량에 대한 정의
자발적 업무 처리	개인이 일시적이 아닌 지속성을 가지고 자발적으로 업무를 수행하는 능력
활동 환경 조성 능력	청소년과 활동할 수 있는 물리적 환경이나 인지적 환경을 조성할 수 있는 능력
정보 수집 및 관리	업무에 필요한 모든 정보를 검색(수집), 정리, 가공, 축적하여 기록, 보관, 활용하는 것
주의 환기	분위기를 순화시키거나 사건이나 사실을 제시하여 호기심을 유발시킴으로써 활동을 촉진시키는 것
책임성	자신에게 주어진 일을 성실하게 수행하려고 노력하는 것
자기 확신	주어진 업무에 있어 자신감과 책임감을 갖고 결단력 있게 행동하는 것

출처: 장미(2011). p.28 재구성.

〈표 3-10〉 청소년지도사 활동역량모델의 구성

역량	하위영역
청소년활동 설계역량	청소년 및 청소년 활동 지식, 정보활용 기술, 청소년 특성을 반영한 프로그램 설계 기술, 상황을 고려한 프로그램 설계 기술
청소년활동 실행역량	프로그램 운영 지식, 홍보 및 사전준비 기술, 안전관리 기술, 오리엔테이션 기술, 참가자와의 관계형성 기술, 참여촉진 기술, 돌발상황대처 기술, 마무리 기술, 평가기술
행정업무 수행역량	업무수행 지식, 네트워킹 기술, 일반행정 수행 기술, 청소년 지원 기술
팀원 역량	팀원 이해, 리더십 기술, 협력 기술
전문성 개발 역량	자기 이해, 전문영역 개발 기술, 자기관리 기술
태도(공통)	청소년에 대한 태도, 청소년활동에 대한 태도, 직업인으로서의 태도

출처: 서희정(2018). p.54 재구성.

〈표 3-11〉 청소년상담사 역량 정의

역량군	역량명	역량에 대한 정의
상담	상담지식	상담이론, 상담대상, 문제영역, 상담 방식(개인, 집단, 가족상담 등)에 대한 이론적 이해 역량
	상담전략 및 기술	내담자 문제이해 및 이에 기반한 상담전략 및 기술 적용 역량

역량군	역량명	역량에 대한 정의
	사례관리	상담 초기부터 종결, 추수평가까지의 전반적인 사례 관리(평가, 의뢰, 비밀보장 등 내담자 보호) 역량
	위기관리	내담자, 내담자 환경 및 상담자 위기 상황에 대한 대처 역량 예) 자살위험, 집단폭력 등
	심리검사	심리검사의 이해 및 활용 역량
일반	청소년이해	청소년 발달, 문화, 환경 및 관련 법령, 정책 등에 대한 이해 역량
	의사소통	조직 내 개인 간/집단 간 의사소통 능력 및 보편적인 커뮤니케이션 역량
	윤리	상담자와 관계 맺는 대상(내담자 보호자 기관)과의 윤리(전문의식 책임의식 비밀보장, 청렴성 등)에 관한 역량
	자기관리	다양한 측면의 자기 관리 역량 *예시) 소진예방, 상담역량개발, 개인 시간 및 건강, 여가활동 관리 등
교육	일반교육연수	내담자 및 부모 등 일반인 대상의 교육 기획 운영 평가 역량
	상담자교육 및 슈퍼비전	인턴 상담자 자원봉사자 교육 및 슈퍼비전 역량
행정	행정실무	행정 업무 및 전산 사무에 필요한 소프트웨어 활용 능력, 문서작성 및 기안에 관한 전반적 역량
	재무관리	예산 편성, 집행, 결산, 관리감독 등 재정 실무 역량
경영	리더십	조직 내 팀웍 강화 및 조직의 성과를 위한 리더로서의 자질과 역량
	팔로우십	조직 내 개인역할 이해 및 참여 협조 역량
	고객만족	고객 만족 및 관리를 위한 전략 및 기술 역량
	마케팅	사업 기획, 홍보 및 평가 역량
	경영관리	조직 목표 설정 성과관리 HRM(인사관리) 및 전반적 경영에 대한 역량
	네트워크 구축 및 활용	휴먼네트워크 및 타 기관과의 협력체계 구축 역량
연구	연구 설계 및 수행	자료 수집, 통계 분석 및 결과 해석과 정책 및 프로그램 개발 역량
	연구보고서 작성 및 평가	연구보고서 작성 및 연구물에 대한 질적 평가 역량

출처: 조수연 · 양미진(2013)

(2) 미래 핵심역량

급속한 사회적 변화와 그 파급효과를 예상하기 어려운 4차 산업혁명 시대에는 변화된 환경에 적응하고 생존하기 위해 시대적 요구에 맞는 역량을 갖추는 것이 매우 중요하다.

특히, OECD(2003)에 의해 1997년부터 2003년까지 7년간 진행된 DeSeCo(Definition and Selection of Competencies) 프로젝트는 12개 국가의 정치, 사회, 경제, 교육 등 여러 분야의 전문가들의 의견을 수렴하여 미래사회에 개인이 갖춰야 할 3대 핵심역량을 규정하였다.

첫째 영역은 상호작용을 위한 도구활용 역량((using tools interactively)이다. 도구를 상호작용적으로 활용하는 능력으로 복잡하고 다양한 사회적 · 물리적 환경 속에서 목표 달성을 위해 도구를 효과적으로 사용할 수 있는 능력을 일컫는다. 여기에는 언어, 상징, 텍스트 등 다양한 소통 도구 활용능력, 지식과 정보를 상호작용적으로 활용하는 능력, 새로운 테크놀리지 활용능력 등이 이에 포함된다.

둘째 영역은 이질적인 집단과의 사회적 상호작용 역량(interacting in heterogeneous groups)이다. 이는 이질적인 집단의 구성원들과 원만한 관계를 형성할 수 있는 능력으로, 다원화된 사회에서 다양한 문화적 배경을 가진 사람들과 원만하게 관계를 맺고 협력하며 갈등을 관리하고 해결할 수 있는 능력을 말한다.

셋째 영역인 자율적 행동 역량(acting autonomously)은 자신의 삶을 자주적으로 관리할 수 있는 능력으로 주도적으로 자신의 생애를 계획하고 관리하며 책임이나 권익에 대해 인식함으로써 사회 속에서 자율적으로 행동할 수 있는 능력을 뜻한다. 사회 · 경제적 규범 등 주변환경을 고려하면서 행동하고 판단하는 능력, 자신의 인생계획 프로젝트를 구상하고 실현하는 능력, 자신의 권리와 필요 등을 옹호하고 주장하는 능력 등이 포함된다(이경호 · 안선회, 2014).

미국의 교육실천가, 대학교, 정부기관, 비영리단체 등으로 구성된 컨소시엄으로 2004년부터 21세기에 필요한 필수 역량을 연구해오고 있는 기관인 21세기 기술 파트너십(Partnership for 21st Century Skills)은 21세기 핵심역량을 4가지로 규정하였다. 첫째, 학습과 혁신역량(learning and innovation skills)은 복잡한 생활과 작업 환경에 유연하게 대응할 수 있는 능력으로 창의성, 혁신, 비판적 사고능력, 문제해결능력, 의사소통과 협력 등이 포함된다. 둘째, 삶과 직업적 역량(life and career skills)은 일상생활과 사회생활 그리고 직업생활 안에서 변화에 빠르게 적응하고 유연하게 대응해 나갈 수 있는 지식 그 이상의 능력으로 융통성과 적응성, 주체성, 자기주도성, 사회성과 다문화 수용성, 생산성, 리더십과 책무성이 포함된다. 셋째, 정보 · 매체 · 기술 역량(information, media, and technology skills)은 많은 정보에 대한 접근과 선택, 분석, 활용을 효율적으로 할 수 있는 능력, 미디어 활용 능력 그리고 통신 기술을 효과적으로 적용할 수 있는 능력으로 정보, 미디어, ICT 리터러시(literacy) 등이 포함된다. 넷째, 핵심 과목 및 21세기 주제에 대한 역량(Core Subjects-3Rs and 21st century themes)은 읽기, 쓰기, 셈하기의 3R(Reading, wRiting, aRithmetic)과 21세기에 요구되는 다양한 주제들에 대한 문해력이 이에 포함된다. 즉 영어, 독서, 외국어, 수학, 과학, 역사 등 핵심과목에 대한 지식과 21세기에 주목받고 있는 환경, 건강, 시민, 기업적 문해력 등이 이에 해당된다(이경호 · 안선회, 2014).

최창욱 등(2019)은 사회 변화의 흐름 속에서 미래의 청소년지도자에게 필요할 것으로 예측되는 핵심역량으로 '문제예측역량', '문제해결역량', '행복추구역량', '신기술 활용역량', '자기권리 추구역량', '신기술로 제작하는 역량', '자기주도적 학습역량', '정보통신역량', '진로개척역량', '융합역량', '창의역량'을 도출하였다.

〈표 3-12〉 청소년지도자의 미래 핵심역량

핵심역량	역량에 대한 정의
문제예측역량	많은 변화가 발생할 미래 문제를 새로운 시각으로 바라볼 수 있는 역량
문제해결역량	많은 변화가 발생할 미래의 문제에 대한 유용한 해결책을 제시할 수 있는 역량
행복추구역량	청소년지도자로서 자기 행복의 의미를 찾아 행복한 삶을 추구할 수 있는 역량
신기술 활용역량	청소년사업의 운영에 있어서 다양한 사회적 · 물리적 환경에서 목표 달성을 위하여 새로운 테크놀로지를 활용할 수 있는 역량
자기권리 추구역량	청소년지도자로서 자기 자신과 청소년의 권리와 필요를 주장할 수 있는 역량
신기술로 제작하는 역량	청소년사업의 운영에 있어서 프로토타입(시제품) 생성 도구(예: 3D 프린터)를 유용하게 사용할 수 있는 역량
자기주도적 학습역량	청소년과 청소년정책, 청소년사업과 관련하여 자신의 학습기회를 확장하고 주도적으로 탐구해가는 역량
정보통신역량	청소년사업의 운영에 있어 IT, 정보통신, 네트워킹 시스템을 적용하고 활용하는 역량
진로개척역량	청소년과 관련하여 기존에 없는 직업이나 새로운 직종을 개척하여 추구할 수 있는 역량
융합역량	청소년과 관련된 다양한 전문 분야의 지식, 기술, 경험을 융합적으로 활용할 수 있는 역량
창의역량	청소년과 관련된 다양한 전문 분야의 지식, 기술, 경험을 토대로 새로운 것을 창출할 수 있는 역량

출처: 최창욱 외(2019). pp.108-109 재구성.

(3) 윤리와 태도

로웬버그와 돌고프(Loewenberg & Dolgoff, 1988)는 윤리란 어떤 행동이 도덕적으로 옳은가 그른가와 같은 질문과 관련되며, 좋고 나쁨을 구분할 수 있는 기준이라 언급하였다. 윤리는 행위규범의 총체로서 사회 안에서 사람과 사람의 관계를 규정하는 규범, 옳고 그른 것에 관한 자율규범이지만 청소년을 지도하는 전문직에 적용될 때는 실천적 행동 강령이 된다. 따라서 청소년지도자의 윤리는 청소년지도 시 스스로 지켜야 할 것으로 기대되는 사회규범을 의미하며, 이에 윤리적 태도는 단순히 개인 문제가 아닌 청소년, 가정, 지역사회, 사회 전반에 영향을 미치는 파급효과가 있음을 기억해야 할 것이다(윤나랑, 2020). 청소년지도자는 빠르게 변화하는 사회에서 그들의 직무가 어떠한 내용과 기술, 방식으로 이루어지는지 뿐만 아니라 어떠한 의미와 가치를 가지는지에 대해서 살펴보고, 이를 토대로 청소년과 사회가 필요로 하는 지식, 기술, 역량과 태도를 갖춘 전문가가 되어야 한다.

윤나랑과 권일남(2018)은 청소년과의 관계를 중심으로 학교, 학부모, 지역사회 등과의 관계에서 윤리적인 판단과 결정을 해야 하는 청소년지도사의 윤리의식은 매우 중요한 의미를 가진다는 것에 주목하면서 청소년지도사가 갖추어야 할 핵심 가치와 윤리적 요소를 〈표 3-13〉과 같이 도출하였다.

〈표 3-13〉 청소년지도사의 윤리와 핵심가치

윤리영역	핵심가치
청소년과의 관계성	존중, 자율적 행동, 배려, 흥미유발, 억압금지, 차별금지, 비밀보장, 정보제공, 안전유지
청소년지도사	전문성, 자기관리, 경계, 성적 접촉 금지
직업전문성	투명, 정직성, 책임성, 동료관계
사회규범 수용성	가정, 지역사회, 사회

출처: 윤나랑 외(2018)

NYA(National Youth Agency, 2002)에서는 청소년지도자가 문제의 윤리적 측면을 파악하여 반영할 수 있어야 하며, 어려운 결정을 내리고 이러한 결정을 정당화할 수 있는 능력을 개발해야 함을 강조하였고, 김진화(2000)는 전문직으로서 높은 윤리의식과 사회적 책무감이 청소년지도자에게 요구된다고 하였다.

청소년에게 직·간접적으로 영향을 미치는 청소년지도자는 전문직으로서 스스로 윤리적 기준과 가치를 가지고 청소년과의 올바른 관계정립을 위해 노력하여야 한다. 청소년상담사는 비밀보장문제, 성적인 관계에 대한 갈등, 상담자 자격의 문제점 등과 같은 다양한 문제에 대해서 발생하는 심리적 갈등을 2008년에 제정된 윤리강령에 적용하여 직무를 수행하고 있지만, 청소년지도사의 윤리강령 제정이나 윤리교육, 현장의 윤리적 요소나 의식을 정립하는 기준과 연구는 매우 미진한 실정이다.

Chapter 04

청소년지도방법의 원리

1. 자율참여의 원리

1) 자율참여의 필요성

청소년지도방법에서 자율참여의 원리는 청소년 중심의 자기주도성의 원리와 참여의 원리가 통합된 지도방법의 원리라고 할 수 있다. 자율참여의 원리는 청소년 스스로가 청소년활동 참여의 주체가 되어 자신의 활동목적을 달성하도록 하는 원리이다. 즉, 청소년 스스로 청소년활동의 필요성과 중요성을 인식하고, 자신의 의지에 따라 자발적으로 활동을 선택하여 결정하며, 나아가 청소년활동에 적극적이고 능동적으로 참여하도록 하는 것이다. 청소년 활동이 의무화되거나 강요되어 타율적으로 참여하게 될 경우 청소년들은 청소년활동에 표면적인 혹은 내면적인 저항감을 느끼게 되고, 청소년활동이 괴롭고 귀찮은 것으로 취급될 수 있다. 그리고 타율적 참여는 청소년활동의 효과나 청소년들의 만족도 측면에서 바람직한 결과를 초래할 수도 있다. 따라서 청소년들의 자발적이고 능동적인 참여를 유도하고 촉진하는 것은 청소년활동의 효과를 증진할 뿐만 아니라, 향후 청소년활동에 대한 지속적인 참여를 유발하는 동기가 되기 때문에 청소년지도활동을 전개해 나갈 때 중요하게 다루어져야 한다. 특히 청소년활동은 학교교육과 같이 외부 강요에 의해 의무적으로 이루어지는 교육이 아니라 자각적 자발성에 기초한 자기성장인 동시에 자유로운 이성의지에 의한 참여에 기초한 교육이기 때문에 청소년지도자는 청소년들이 자발적으로 활동에 참여하여 학습할 수 있는 동기를 유발시키는 일이 중요하다(한국청소년개발원, 2004).

자율과 참여중심의 청소년지도방법은 청소년활동을 청소년활동의 진정한 주체인 청소년에게 환원하는 것에서 시작한다. 즉, 공급자중심의 구조화된 청소년지도에서 수요자중심의 유연한 청소년지도로의 패러다임의 전환이 이루어져야 한다는 것이다. 그리고 청소년들은 자율적이지 못한 채 교육적 개입에 의존하여 끌려가는 피동적인 존재가 아니라, 청소년활동에 자발성을 갖추고 주체적인 학습활동을 전개하는 능동적인 존재이며, 다양한 활동참여를 통해 지속적으로 자신을 진화시켜나가는 존재로 이해되어야 한다. 또한 청소년기관이나 단체들은 청소년에게 활동프로그램을 제공함으로써 청소년들의 요구를 충족시켜주는 일종의 서비스 기관으로 이해되어야 한다(성열준 외, 2015).

2) 자율참여의 의미

자율참여란 자기주도적(self-directed) 또는 자율(autonomy)과 참여(participation)의 합성어이다. 따라서 자기주도적 참여 또는 자율참여의 개념을 이해하기 위해서는 자기주도적 또는 자율참여의 개념에 대한 고찰이 우선적으로 필요하다. 이후부터는 자기주도적이란 용어의 해석을 자율이란 개념의 단어로 통합하여 사용하고자 한다. 즉, 자기

주도적 참여를 자율참여의 개념으로 사용하고자 하며, 여기서는 자율과 참여의 개념정의를 통해 자율참여의 개념을 조작적으로 정의하고자 한다(전희일 외, 2018).

(1) 자율의 의미

디어든(Dearden, 1972)에 따르면 자율은 고대 그리스 도시국가들이 특성을 기술하기 위해 최초로 사용되었다. 즉, 고대 그리스 도시국가의 시민들이 정복자나 최고 권력자의 통제가 아닌 자기 자신의 독자적인 규율에 따라 자유롭게 생활하고 있는 모습을 묘사하기 위해 사용된 'autonomia'라는 용어에서 그 유래를 찾아볼 수 있다. 그 이후 자율의 개념은 자치도시국가의 특성뿐만 아니라 인간 개개인의 특성이나 성향을 설명하는 용어로도 사용하게 되었다. 이러한 맥락에서 볼 때, 일반적으로 자율적인 사람이란 자신의 행위나 삶의 방식에 대한 결정권이 타인이나 외부에 있는 것이 아니라 자기 자신에게 있는 사람이라고 할 수 있다(한국청소년개발원, 2004).

이러한 자율의 개념을 학습상황에 적용하려는 시도들이 있었는데 이들은 주로 인본주의 학습이론가들이었다. 이들은 인간이 성장과 발달에 대한 무한한 잠재 능력을 가지고 있으며, 자기 자신의 운명을 스스로 통제할 수 있기 때문에 학습상황에서 학습자의 개인적 자유와 존엄성이 최대한 보장되어야 한다는 입장을 취하고 있다.

학습상황에서의 자율은 크게 자기결정성(self-determination)과 자기경영성(self-management)의 두 가지 의미로 사용된다. 자기결정성은 선택(choice)과 관련된 것으로 학습상황 전반에 대한 의사결정을 학습자가 스스로 행하는 것을 의미한다. 반면 자기경영성은 통제(control)와 관련된 것으로 학습의 진행방법 및 절차에 대해 학습자 스스로 통제하는 것을 말한다. 따라서 학습상황에서 자율의 개념 속에는 선택과 통제의 의미가 모두 내포되어 있다고 할 수 있다.

자율적인 학습자가 되기 위해서는 자신의 생각과 행동을 제약하는 외적 구속과 간섭으로부터 자유로워야 하며, 일관된 생각과 행위를 할 수 있게 하는 투철한 개인적 가치관과 신념을 갖추어야 한다. 이와 관련하여 패트리지(Patridge, 1979)는 자율성의 전제조건으로서 선택의 자유, 합리적 사고능력, 의지력 등 세 가지를 제시하였다. 즉, 선택의 과정에서 신체적 · 심리적 구속이나 간섭으로부터 자유로워야 하고, 자신의 행위에 대한 정당한 이유, 자신이 결정한 생각을 행동으로 실천할 수 있는 의지력을 갖추어야만 한다는 것이다. 캔디(Candy, 1991)는 이상의 세 가지 전제조건을 확대하여, 자율적인 학습자로 인정받기 위한 조건을 다음과 같이 여섯 가지로 제시하였다.

첫째, 자신의 학습목적과 학습계획을 스스로 결정할 수 있어야 한다. 둘째, 자신의 생각과 행동에 대한 선택의 자유를 누릴 수 있어야 한다. 셋째, 다양한 대안에 대해 스스로 판단할 수 있는 이성적 사고능력을 갖추고 있어야 한다. 넷째, 자신이 선택한 행위를 두려움 없이 의연하게 실행할 수 있는 의지와 능력을 갖추고 있어야 한다. 다섯째, 학습과정에서 나타나는 도전과 좌절 참여와 중도포기 등의 일련의 행위들을 통제할 수 있는 자기억제능력을 갖추고 있어야 한다. 여섯째, 자기 자신을 자율적인 사람이라고 생각하는 자아개념을 가지고 있어야 한다. 이와 같은 여섯 가지 특징들은 학습상황에서 이상적인 자율성의 특징들을 나타내는 것으로서, 학습자 개개인의 특성과 학습상황에 따라 상이하게 나타날 수 있다.

결과적으로 청소년지도에서 자율이란 청소년이 이성적 사고에 기초하여 자신의 학습활동에 대한 의사결정을 스스로 내리며, 자신이 선택한 행위를 자유의지에 따라 의연하게 실행하는 것이라고 정리할 수 있다(성열준 외, 2015).

(2) 참여의 의미

청소년 참여는 청소년지도에 있어 매우 중요한 관심사로 대두되고 있는 용어이다. 이는 청소년지도가 계획된 활동에 대한 청소년들의 참여를 기본전제로 하기 때문이다.

뿐만 아니라 청소년활동 프로그램을 제공하는 기관의 입장에서 볼 때, 잠재적 학습고객인 청소년들의 참여가 이루어지지 않는다면 프로그램의 목적을 달성할 수 없을 뿐만 아니라 기관 자체도 존속될 수 없게 된다. 특히 전통적인 학교교육과는 달리 참여는 가장 핵심적인 주제라고 할 수 있다.

참여의 사전적 의미는 '참가하여 관계하는 것'을 의미한다. 교육학적으로는 학습하려는 사람들이 사회적 · 문화적 활동에 일정기간 동안 계속해서 참가함으로써 제반 활동을 경험적으로 이해하는 것이다. 체코웨이(Checkoway, 1998)는 참여란 자신의 삶에 영향을 미치는 의사결정에 자신이 개입하는 것이라고 정의하고, 하트(Hart, 1997)는 청소년의 참여 형태를 조작(manipulation), 장식(decoration), 명목주의(tokenism), 제한적 위임과 통지(assigned but informed), 상이와 통지(consulted and informed), 성인주도(adult initiated), 청소년주도(young person initiated), 동등한 파트너십(equal partnership)의 여덟 단계로 구분하였다.

조작은 청소년들이 활동에 대해 전혀 이해하지 못한 채 청소년지도사의 지시에 일방적으로 따르는 상태를 말한다. 장식은 청소년들의 참여가 피상적으로 이루어지는 것으로 노래하기 춤추기 등과 같이 청소년활동에 장식품처럼 활용되는 상태를 말한다. 명목주의는 청소년들의 의견이나 생각을 표출하게 하지만, 청소년활동에 전혀 영향을 주지 못하는 상태를 말한다. 제한적 위임과 통지는 제한적으로 청소년들에게 역할이 부여되며, 그 과정을 통해 활동의 궁극적인 목적이나 필요성을 이해하게 하는 것을 말한다. 상이와 통지는 청소년활동이 청소년지도사의 의해 설계되고 운영되지만, 청소년들의 생각이나 의견이 비중 있게 고려되는 상태를 말한다. 성인주도는 청소년활동이 청소년지도사에 의해 주도되지만 모든 의사결정이 청소년과 같이 공유되는 상태를 말한다. 청소년주도는 청소년활동이 청소년 자신에 의해 주도되며, 활동 진행과 관련된 주된 아이디어들이 청소년으로부터 나오는 상태를 말한다. 동등한 파트너십은 청소년활동에 대한 아이디어들이 청소년에게 시작되며, 청소년활동의 실행과정에 청소년지도사를 파트너로 참여시키는 상태를 말한다.

(3) 자율참여의 의미

앞서 살펴본 바와 같이 자율은 '청소년이 이성적 사고에 기초하여 자신의 학습활동에 대한 의사결정을 스스로 내리며, 자신이 선택한 행위를 자유의지에 따라 의연하게 실행하는 것'을 의미하며, 참여는 '청소년들이 청소년활동에 참가하여 상호작용함으로써 경험을 공유하는 일련의 과정'을 의미한다. 결국 청소년활동에서의 자율참여란 청소년들이 이성적 사고에 기초하여 자신이 참여할 청소년활동에 대해 스스로 결정하고, 자유의지에 따라 청소년활동에 참가하여 상호작용함으로써 경험을 공유하는 것이라 할 수 있다.

또한 자율참여는 자기결정성과 자기경영성의 의미를 통해 이해할 수 있다. 자기결정성은 선택과 관련된 것으로 여기에는 활동 참가 여부뿐만 아니라 자신이 참여할 활동 내용, 활동방법, 참여수준 등 청소년활동 전반에 대한 의사결정을 모두 포괄하는 개념이라고 할 수 있다. 따라서 자율참여는 청소년활동 참가 여부를 청소년이 스스로 결정하는 것까지도 포괄하는 광의적인 개념이라고 할 수 있다. 자기경영성은 통제와 관련된 것으로서 자신의 청소년활동 진행방법 및 절차를 청소년이 스스로 통제하는 자기주도적 학습의 의미를 내포하고 있다. 따라서 자율참여는 협의적으로 청소년이 자유의지에 따라 청소년활동에 참가는 것을 의미할 수 있지만, 광의적으로는 청소년활동의 진행과정 전반에 대해 청소년이 스스로 의사결정하며, 자신의 활동 진행방법 및 절차를 스스로 통제하는 것까지 포괄하는 개념이라고 할 수 있다.

3) 자율참여의 중요성

청소년지도방법에 있어 자율참여의 중요성은 두 가지 측면에서 이해할 수 있다. 하나는 청소년의 참여는 프로그램 개발 및 운영의 기본원리로 다루어진다는 것이며, 다른 하나는 최근 우리 사회의 변화로 인해 청소년참여가 강조되고 있다는 것이다.

먼저, 청소년참여는 청소년 프로그램 개발 및 운영의 기본원리라는 점이다. 프로그램의 운영과정에서 프로그램의 주체인 청소년의 참여는 지극히 당연한 것이다. 특히, 청소년들의 직접적인 체험활동을 강조하는 청소년 프로그램은 청소년들이 활동의 주체로서 프로그램에 적극적으로 참여하고 행함으로써 새로운 경험을 체험한 후에 자신들의 체험을 공유하고 자신만의 경험세계로 새롭게 조직하여 내면화 · 일반화시켜 일상생활 속에서 자연스럽게 적용할 수 있다는 특성을 가지고 있다(권일남, 1998). 청소년프로그램의 특성상 프로그램 운영에서 청소년 자신의 주체적인 역할이 매우 중요한 요소가 되며, 이를 위해서 청소년들의 요구와 흥미에 맞는 프로그램을 개발하고 청소년들이 활동주체가 되는 방식으로 운영되어야 할 것이다.

다음으로, 최근 우리 사회의 변화는 청소년 참여가 더욱 중요한 의미를 가지게 되었다. 지금까지의 사회적 변화를 통해 청소년세대는 여러 가지 측면에서 문화적 변화를 가져올 것으로 예상할 수 있으며, 이러한 청소년문화의 변화는 곧 청소년 프로그램의 개발과 운영의 전반적인 과정에서의 변화를 동시에 요구하게 될 것이다. 그리고 그러한 변화의 핵심이 바로 청소년의 주체적인 참여라는 것이다. 이러한 변화는 다음과 같이 정리할 수 있다(전희일 외, 2018).

첫째, 우리 사회가 지식정보사회로 변화되면서 연공서열에 따른 기존의 가치관을 무너뜨리고 개인의 능력과 성취에 따라 평가하게 되었다. 그로인해 나이나 지위에 의한 중요도보다는 개인적 권위가 중요시되었고, 동시에 인터넷 등장으로 시민들의 정부활동에 대한 감시 및 견제가 용이하게 되었다. 이러한 추세에 맞춰 청소년들의 참여

기회도 확산되었다.

둘째, 청소년들은 미성숙하고 불완전하며 무능력하다는 생각이 점차 바뀌게 되었다. 어떤 의미에서 청소년이란 범주는 성인들이 청소년들의 권리와 책임을 배제시키기 위한 사회적 산물이었다. 그러나 이러한 인식들이 변화되면서 청소년들의 참여 역시 자연스러운 것으로 받아들여지게 되었다.

셋째, 고령화, 저출산 사회의 도래와 세대 간의 갈등 내지 불평등이 증폭되고 있음을 지적할 수 있다. 젊은 층과 노년층의 불균형은 세대관계에 있어 질적인 변화를 가져오고 있으며, 노인인구에 대한 사회복지비용의 재정적 압박, 경제활동 참여 인구의 감소 등은 세대 간의 갈등을 유발시키고 있다. 그리하여 후기 산업사회로 오면서 청소년들의 취업이 어려워지고 청소년기가 연장되면서 청소년기를 성인이 되기 전에 잠시 거쳐가는 중간범주로 보기보다는 청소년기를 새로이 재규정하고, 이들의 사회참여를 적극적으로 제도화해야 한다는 주장이 일고 있으며, 다른 한편으로는 가족, 노동, 문화의 차원에서 세대 연대의 새로운 기준과 연령통합적인 생애, 가족, 사회적 관계의 과제를 도출하는 방향으로 문제에 대한 새로운 접근이 요구되고 있다.

넷째, 민주주의적 가치가 위기를 맞게 되어 이에 대한 회복의 필요성이 높아졌다. 현대사회에서는 대부분의 성인은 정부 구성에 영향을 미칠 수 있는 투표권을 가지고 있다. 그러나 정치적 무력감 확산과 시민적 의무감 약화, 정당의 쇠퇴와 엘리트에 의한 정치적 동원 감소로 성인들의 정치참여율이 감소하고 있는 실정이며, 청소년들은 민주주의 과정에 대해 환멸을 느끼고 있는 것으로 나타나고 있다. 따라서 세계적으로 대의민주주의가 안고 있는 결함을 극복하기 위해 정책과정에 국민이 보다 광범위하게 참여할 수 있도록 해야 한다는 요구가 증대하고 있다. 그에 따라 지난 21대 총선과 20대 대선에서는 만 18세부터 투표에 참여할 수 있게 되었다.

4) 자율참여의 특징

청소년의 자율참여는 여러 가지 형태로 나타날 수 있다. 일반적으로, 청소년들이 자신이 경험하게 될 활동프로그램에 대한 모든 결정권을 스스로 갖게 될 때를 가장 최고의 자율참여의 단계로 생각할 수 있다. 즉, 청소년활동에 대한 참여 여부, 활동프로그램 진행방법의 결정, 활동프로그램의 참여유형 결정, 활동프로그램의 환경조직 결정 등 다양한 의사결정과정에 청소년들이 스스로 참여하고, 최종적인 의사결정권을 갖는 것을 가장 이상적인 자율참여의 형태라고 할 수 있다.

짐머맨(Zimmerman, 1994)은 학습자가 자신의 학습활동을 스스로 선택하고 통제하는 자기규제적 학습은 다음과 같은 특징을 지닌다고 하였다. 첫째, 학습자에게 자신이 참여할 것인지, 그렇지 않을 것인지를 선택할 수 있는 기회가 부여된다는 점이다. 이는 학습동기와 관련된 것으로 자기규제적 학습자(intrinsically motivated)는 타인 의존적인 학습자에 비해 보다 내재적으로 동기화되고 있다는 것을 의미한다. 그리고 이러한 학습 동기는 학습자의 학습목적(learning goals)이나 자기효능감, 가치 등에 의해 발생된다. 둘째, 학습자에게 자신이 선호하는 학습방법을 선택할 수 있는 권한이 부여된다는 점이다. 이는 학습방법과 관련된 것으로서 자기규제적 학습자는 자신이 계획한 학습방법에 보다 의존한다는 것을 의미한다. 따라서 자기규제적 학습상황에서 학습자는 효과적인 학습전략을 사용할 수 있으며, 학습에 대한 두려움을 경감시키기 위한 이완전략을 활용하기도 한다. 셋째, 학습자에게 자신이 선택한 학습행위를 스스로 모니터링하고, 스스로 자신의 행동을 조절할 수 있는 기회가 부여된다는 점이다. 이는 학습자가 자신의 학습수행 과정을 통제하기 위한 조건으로서, 자신의 학습행위의 결과를 스스로 인식하게 해주는 것을 의미한다. 여기에 자신의 행동에 대한 가치판단과 행위통제, 자율의지 과정이 포함된다. 넷째, 학습자에게 자신의 학습환경(물리적 · 사회적)을 선택하거나 통제할 수 있는 기회가 부여된다는 점이다. 이는 학습자가 자신의 학습을 지지 · 지원 · 촉진하도록 학습환경을 설계할 수 있게 해주는 것을 의미한다. 따라서 자기규제적 학습상황에서 학습자는 자신의 학습능력과 수준에 맞도록 학습환경을 구조화하기 위해서 풍부한 학습자원을 가지고 있어야 하며, 학습환경에 민감하게 반응할 수 있어야 한다.

청소년지도에서 청소년참여는 청소년과 지도자 간의 파트너십을 통해 프로그램의 계획, 실행, 평가 등 프로그램 운영 전반에 대한 의사결정을 공유하는 것이라고 할 수 있다. 청소년-지도자 파트너십은 기존의 청소년과 지도자의 관계에서 벗어나 청소년과 지도자가 강력한 공동체를 이룸으로써 함께 일하고, 권한을 공유하고, 서로에게서 배우는 것을 의미한다. 즉, 청소년과 지도사 모두가 제안하고 의사결정 할 수 있는 기회를 가지며, 각각의 기여를 가치 있게 인정하는 것을 말한다. 특히 청소년-지도자 파트너십은 청소년들이 당면하는 문제나 청소년들에게 영향을 미치는 프로그램과 관련하여 청소년지도자가 청소년들과 완전하게 파트너십의 관계를 갖는 것을 강조한다.

5) 자율참여의 방법

청소년지도의 과정에서 청소년이 참여할 수 있는 방법은 다양하다. 청소년수련시설에서 프로그램과 관련하여 청소년의 참여방법은 프로그램 기획자, 프로그램 지도자, 프로그램 평가자 등으로 참여할 수 있다. 좀 더 광범위한 의미에서는 청소년시설의 운영과 관련하여 참여할 수 있는 영역으로 대표단, 청소년자문위원, 운영위원 등 매우 다양한 형태로 참여할 수 있다(Justinianno & Scherer, 2001).

첫째, 청소년 프로그램 기획자로 참여할 수 있다. 청소년들이 프로그램의 기획과정에 참여함으로써 프로그램의 비전과 목표설정에 기여할 수 있다. 또한 프로그램과 관련된 청소년의 요구의 확인, 실천계획과 일정의 개발, 자원봉사자 확보, 프로그램의 전개, 프로그램 성과의 평가 등에서 역할을 담당할 수 있다. 또한 지도자들과 공동으로 프로그램을 구상하고 적용함으로써 프로그램에 대한 주인의식과 성취감을 경험할 수 있게 된다. 청소년이 프로그램 기획자로서 참여할 수 있도록 하기 위해서는 참가희망자의 파악, 청소년 역할의 명료화, 청소년에 대한 기대와 책임의 규정, 참여에 필요한 일정 및 연락방법 등과 같은 사항에 대한 대처, 기획과정에 적극적으로 청소년을 개입시키기 등이 필요하다.

둘째, 청소년은 프로그램의 지도자로 참여할 수 있다. 청소년들이 자신이 갖고 있는 능력과 장점을 바탕으로 프로그램의 스태프로 또는 또래지도자로 참여함으로써 커뮤니케이션과 리더십 기술을 개발하고 교육할 수 있다. 청소년들도 적절한 훈련과 지원을 받으며 프로그램의 요구를 사정하고, 프로그램을 설계하고, 청소년이나 성인을 지도할 수 있다. 청소년들이 지도자로 참여할 수 있도록 하기 위해서는 지도자가 될 수 있는 잠재력을 가진 청소년의 파악, 훈련과 오리엔테이션 실시, 필요시 성인 파트너의 지정, 프로그램에 대한 연습과 피드백, 다양한 여러 청소년의 참여, 모범적인 지도자의 모델에 따라 해보기 등 여러 가지 지원이 필요하다.

셋째, 청소년은 프로그램 평가자로 참여할 수 있다. 청소년은 프로그램의 평가과정에 참여함으로써 프로그램의 효과성을 분석하는 데 기여할 수 있다. 청소년들은 설문조사 실시, 면접조사 실시, 조사결과 정리 등과 같은 평가 관련 작업에서 역할을 수행할 수 있다. 이러한 활동은 청소년들의 작문 능력이나 커뮤니케이션 능력을 개발할 수 있다. 또한 청소년들은 프로그램이 자체의 목적이나 목표를 달성했는지 여부를 이해하는 데 기여할 수 있다. 프로그램의 평가과정에서 청소년들이 평가에 관한 고도의 전문성을 반드시 필요로 하는 것이 아니다. 프로그램의 평가과정에 청소년들이 참여할 수 있도록 하기 위해서는 참가 대상자 파악, 평가방법 결정, 평가계획 수립, 참여청소년에 대한 교육, 라포 형성, 또래들에 대한 면접조사 실시, 필요시 자료처리에 대한 교육실시 등이 필요하다.

넷째, 청소년은 대표단으로 참여할 수 있다. 청소년 대표단은 특정 문제나 논점에 관계되는 조직이나 지역으로부터 청소년을 한 군데 모아서 갖는 청소년회의이며, 지역 청소년 참여회의 및 전국 청소년 특별회의 등이 있다. 이 방법은 관련된 청소년들에게 중요한 논점에 관하여 청소년들이 모여서 토론하고 실천하며 정책 등을 건의할 수 있는 수단으로서 의미가 있다. 이를 통해서 청소년들이 자신의 목소리를 낼 수 있는 기회와 가능한 대안을 찾아보는 기회를 갖게 된다. 또한 다른 청소년들과 네트워킹할 수 있고, 다양한 생각과 자원을 공유하고, 청소년과 성인이 서로의 관점에 이해의 폭을 넓힐 수 있게 된다. 청소년대표단을 운영하기 위해서는 청소년 참여자의 확보 및 위원회조직, 운영인력 및 시설 공간 확보 목적과 의제의 설정, 예산계획의 수립, 사업의 실행, 다양한 홍보를 통한 공론화, 행사결과의 정리 및 평가, 다음 단계의 작업 확인 등의 절차가 필요하다.

다섯째, 청소년은 자문위원으로 참여할 수 있다. 청소년자문위원회는 청소년들로 구성된 집단에 대한 자문이나 통찰력 제공 등의 기능을 담당하게 된다. 자문위원회의 형태는 매우 다양하게 구성될 수 있는데, 성공적인 자문위원회가 되기 위해서는 위원회의 목적, 역할, 구성원 등이 매우 신중하게 고려되어야 한다. 또한 청소년자문위원회를 형성하기 위해서는 조직과 성인들의 준비정도 분석, 자문위원회의 체제 구성, 필요한 자원 확보, 성인 담당자 지정, 청소년과 성인 담당자의 역할과 책임의 명확화, 오리엔테이션과 훈련 실시, 실행계획의 수립과 적용, 반성적 사고 기회 제공, 자문위원회 위원에 대한 인정감 부여 등이 필요하다.

여섯째, 청소년은 청소년시설 기관의 청소년운영위원으로 참여할 수 있다. 청소년들을 역량을 갖춘 자원으로 인식하고 조직 안에서 청소년의 의견을 존중하는 경우에는 청소년들이 운영위원회나 이사회 등과 같은 의사결정기구에 참여하여 투표권을 행사할 수 있도록 하는 것이 가능하다. 이러한 운영위원회 참여는 청소년이 조직의 예산, 인사권, 전략 또는 사업계획 수립 등과 관련된 의사결정권을 공유하는 것을 의미한다.

청소년을 운영위원회에 참여시키는 것은 매우 중요한 역할을 담당하게 하는 것으로 신중한 접근이 필요하다.

2. 심성계발의 원리

1) 심성계발의 필요성

(1) 심성계발의 의미

청소년지도방법에서 심성계발의 원리는 청소년활동 프로그램 참여를 통해 청소년들이 인간에 대한 이해의 폭을 넓히고, 주체성과 사회성, 긍정적 자아개념을 확립하도록 하는 원리이다. 심성계발이란 인간의 참된 본성을 의미하는 심성과 지능을 깨우치는 것을 의미하는 계발의 합성어이다. 따라서 심성계발은 '나 속의 나(심성)'를 긍정적으로 이해하고 수용하게 하며, 자존감을 향상함으로써 긍정적인 삶의 태도를 형성하게 하는 것을 의미한다.

(2) 청소년과 자아정체감

청소년기는 자아정체감 형성의 결정적 시기이다. 즉, 청소년이 자신의 존재와 의미에 대한 질문을 던지고 그 해답을 얻기위해 노력하는 시기이다. 청소년기에 자아정체감을 형성하지 못할 경우 청소년기를 비롯한 그 이후의 발달은 커다란 장애를 겪게 된다. 역할혼미를 겪고 있는 청소년들의 가장 큰 특징은 직업을 선택하지 못한다는 점과 추후 교육을 성공적으로 수행하지 못한다는 점이다. 그리고 지속적인 역할혼미는 청소년들에게 부정적 정체감이나 반항적 정체감을 형성함으로써 사회적으로 심각한 문제를 야기할 뿐만 아니라 결국에는 자기존재감 상실과 무가치감, 심각한 우울증 등으로 인하여 극단적인 자기파괴 행동을 선택하게 할 수 있다.

(3) 청소년지도과정과 심성계발

자기이해를 위한 방법에는 여러 가지가 있지만, 무엇보다도 생생한 인간관계 속에서 자기 자신에 대한 깊은 성찰이 중요하다. 즉, 또래집단이나 성인들과의 관계 속에서, 그리고 그들의 반응 속에서 자신의 가치에 대해 솔직하게 질문하며 자신의 욕구충족 방법을 수정하고 타인과 교감하는 법을 배워야 한다. 또한 지도자에 의해 제공된 방법 외에도 다른 사람에 의해 제공된 방법들을 어떻게 수용하며, 이에 자기 자신은 어떻게 행동해야 하는가를 배우는 것은 청소년들에게 가장 바람직한 수련활동이라 할 수 있다. 청소년지도 과정에서 심성계발은 여러 가지 상황 속에서 다양한 만남을 통해 자신에 대한 통찰력을 민감하게 하고, 타인과의 상호작용 과정 속에서 인간성을 체험하게 하는 것이다. 또한 이러한 경험들을 서로 나눔으로써 청소년활동 프로그램에 참여하는 모두에게 자신의 진실한 모습을 발견하게 하고 자기성장을 추구하게 하는 것이며, 아울러 공동체의 중요성을 깨닫고 공동체의 발전을 도모하게 하는 것이다.

2) 심성계발의 배경

심성계발훈련은 집단역동(group dynamics)과 같은 집단활동(group work)의 이론을 심리치료적인 목적에 응용하면서 시작되었다고 볼 수 있다. 제2차 세계대전 이후 심리치료에 관심을 가진 많은 학자는 집단을 활용하는 치료집단을 형성하여 그 집단의 구성원들이 상호작용하게 함으로써, 심리치료사들이 수행할 수 있는 것보다도 더욱 효과적인 치료요인으로 작용하도록 발전시켰으며, 이론적 배경을 중심으로 종래의 심리치료적인 입장에서 교육적 훈련에 중점을 두게 되었다.

심성계발활동의 대표적인 인간관계 수련활동이 우리나라에 소개된 것은 1971년이다. 1971년 9월에는 한국카운슬러협회가 안양농민교육원에서 2박 3일 과정의 연수를 주최하였고, 동년 10월에는 서울특별시 교육원에서 5일간 3시간씩 워크숍을 갖기에 이르렀다. 한편, 김려옥은 1973년 7월에 중학생 20명에게 2박 3일 심성훈련이라는 이름으로 T-그룹형태의 집단경험학습을 시도하였다. 이는 성인들의 T-그룹형태에 어떤 도구를 적용함으로써 인간 상호관계에 관심을 기울이고, 모든 사상에 대하여 탐구적으로 임하는 등 차원 높은 경험을 기대하는 것이었다. 이에 학생들의 마음과 감성, 그리고 모든 잠재적 가능성을 유연성 있게 훈련하게 된다는 의미와 성인들의 인성개발 수련회와도 구별하고자 심성훈련이라는 명칭을 쓰게 되었다. 그 후 학생들로 하여금 훈련이란 어휘가 크게 저항을 준다는 점을 알게 되어, 모든 잠재적 성장가능성을 발전시키는 경험학습활동이 일정한 형태의 프로그램으로 운영되는 구조적 접근 인간관계 훈련방법, 즉 심성계발 프로그램으로 부르게 되어 오늘에 이르고 있다.

3) 심성계발의 전제와 주요 개념

일반적으로 심성계발 수련활동의 이론적 기초는 심리학에서 출발하여 많은 인접과학의 발전에 그 터전을 두고 있다. 그러나 여기서는 전반적으로 심성계발 수련활동에 직접적으로 관련된 세 가지 기본전제에 대해 검토하고자 한다(전성민, 1993).

첫째, 인간은 인간관계의 산물이다. 인간은 태어나면서 관계의 구조 속에서 살아간다. '사람됨'은 이러한 관계구조 속에서 의미를 갖는다. 설리반(Sullivan)은 그의 성격이론에서 성격이란 순전히 가설적 혹은 환상으로서, 인간관계 상황을 떠나서는 관찰 또는 연구될 수 없다고 주장하면서 성격이란 인간관계의 장에서 연속적으로 발생하는 다양한 과정의 역동적 중심이라고 하였다.

둘째, 모든 참 삶은 만남이다. 인간의 삶을 이해하는 데는 여러 가지 방법이 있겠지만 그것은 만남의 과정으로 이해하거나 '만남' 자체로서 이해할 수도 있다. 여기서의 만남은 단순히 '스치는 관계'의 만남이 아니라 '열려진 만남'을 의미한다. 즉, 인간은 만남의 객체가 아니라 서로 열려진 존재로서 주체적으로 만난다. 그러한 만남을 통하여 인간의 주체적 삶을 실현한다.

셋째, 집단의 작용이다. 제2차 세계대전 이후 미국과 영국을 중심으로 발전한 집단역학에 대한 이론은 인간의 심리치료를 목적으로 집단이 작용하게 만들었다. 레윈(Lewin)에 의하여 실험적으로 시작된 집단에 대한 연구는 집단이 그 집단에 속해 있는 개인에게 미치는 영향을 드러내 주었다. 결국 집단은 집단응집력과 집단과정을 통하여 독특한 집단구조를 형성하게 되고 나름대로의 발전과정을 거친다. 이러한 집단에 속한 집단구성원은 집단 특유의 상호작용을 통하여 영향을 주고받게 되며 집단은 생활의 장으로 작용하게 된다(전희일 외, 2018).

(1) 인간성장

심성계발의 궁극적 목표는 '사람다운 사람이 됨'에 있다. '사람답다'는 것은 '인격적 상호의존'을 의미한다. 따라서 심성계발 수련활동은 인간 성장에 그 목표를 두면서 인간적인 관계를 개발하고 그 관계를 통하여 나와 세계의 관계를 정립해 나가면서 인간의 자아실현에 접근해 보자는 것이다. 인간성장과 관련된 차원과 범위는 비지시적 혹은 내담자 중심의 치료법으로 유명한 로저스(Rogers)는 인간성장을 인간관계의 진실성에서 찾는다. 그는 이러한 진실성을 두 사람이 서로 접촉하려는 최소한의 자발성, 다른 사람의 의사를 받아들이는 능력과 자발성, 그리고 일정기간 동안 계속되는 접촉을 전제로 가정하고 있다. 따라서 완전한 조화가 이루어진 관계는 경험으로서의 개방, 방어성의 부재, 정확한 의식, 무조건적 자애, 타인들과의 조화로운 관계를 통하여 완전한 기능을 하는 인간이 될 수 있도록 한다는 것이다.

(2) 자기노출

자기노출이란 자신의 생각, 감정, 경험 등 자기에 대한 정보를 남에게 알려주는 것을 말한다. 인간은 자기노출을 통하여 참다운 자기발견이 가능하며 친밀한 인간관계를 형성하고 유지할 수 있다. 바람직한 인간관계는 상호작용을 하는 두 사람 사이에 자신의 결점이나 단점을 포용할 수 있어야 한다. 이러한 자아노출의 기법을 청소년 개별상담에 적용할 수 있다.

- 각자 차이를 지닌 특정한 인간으로 대함(개별화)
- 부정적 감정을 자유롭게 표현하도록 도와줌(의도적 감정표현)
- 말로 표현되는 감정에 대해 정서적으로 적절히 반응(통제된 정서적 관여)
- 내담자의 장점과 약점, 긍정적 또는 부정적 감정 등을 있는 그대로 다룸(수용)
- 비심판적 태도 유지
- 내담자 스스로 결정한 권리
- 상담에서 나온 이야기에 대해 비밀을 지켜야 함(비밀보장)

(3) 의사소통

자기노출은 의사소통을 통하여 가능하고 발전한다. 의사소통이란 한 사람이 다른 사람과의 관계를 발전시킬 수 있는 본질적인 과정이며, 자기세계를 넓혀 가는 방법이다. 심성계발 수련활동, 특히 인간관계 수련활동에서 의사소통은 단순히 정보의 교류로 끝나는 것이 아니라, 그것이 상호 간에 복합적으로 작용함으로써 서로에게 중요한 영향을 미치고 있음에 유의한다.

상호복합작용으로서의 의사소통은 첫째, 체계적이다. 의사소통의 주체인 인간은 하나의 생명체계를 갖고 있다. 따라서 의사소통의 내용이나 행위는 내부적인 요인과 외부적인 요인이 상호 체계적으로 작용하여 나타나는 현상으로 보아야 한다. 둘째, 의사소통은 인간의 지각작용과 관계하고 있다. 지각이란 인간이 그의 주변세계부터 어떤 의미를 발견하기 위하여 사용하는 수단이다. 한 개인의 지각작용은 타인들과 공유할 수 없는 고유한 것이며 능동적이고 창조적이며 주관적이다. 인간의 의사소통은 이러한 지각작용에 중요한 영향을 받는다. 셋째, 의사소통은 의미를 창조한다. 인간의 의사소통을 통한 의미의 창조활동이야말로 문화창조 능력의 바탕이 된다. 이러한 의미들은 언어로 반영되고 인간의 의사소통을 더욱 발전시킨다. 넷째, 의사소통은 과정의 성격을 내포하고 있다. 인간의 의사소통은 시작도 끝도 없이 계속적으로 일어난다. 인간의 의사소통을 통하여 공감의 영역을 발견하고 그 영역을 확장시켜 나가는 것이 바로 인간관계수련활동의 목표가 된다(성열준 외, 2015).

(4) 집단과정

일반적으로 인간관계 수련활동은 집단을 기초로 한다. 다시 말하면 인위적인 집단경험을 통하여 인간관계를 훈련하는 것이다. 통상 집단과정은 다음과 같은 절차를 거치게 된다. ① 집단응집력의 형성과 유지, ② 집단규범(개방성/온화함/자유로운 표현)에 따른 행동, ③ 개인지각의 차별인지, ④ 감정표현, ⑤ 역할분화와 분담, ⑥ 친밀한 자기노출의 이행의 순으로 진행된다. 이와 같은 집단과정을 거치는 동안 집단구성원들은 인격적 성장을 촉진하고, 자신의 느낌과 타인에의 반응, 자신에 대한 타인의 느낌과 반응에 대한 지각 능력을 자극받게 된다.

(5) 상호반응

인간은 자아의식을 가지고 자기답게 행동하며, 이러한 자아개념은 자기에 대한 타인의 반응으로부터 발달된다. 따라서 인간은 자기를 다른 사람에 비추어 봄으로써 자기를 더욱 잘 알게 되고, 또 자기에 비추어 다른 사람을 알게 된다고 할 수 있다. 즉, 다른 사람을 주체화하는 동시에 자기를 객체화하고, 주체로서의 '나'와 다른 사람에 의하여 객관화된 자기로서의 '나'에 대반응하는 과정을 통해 자기 스스로를 형성해 나가게 된다. 결과적으로 다른 사람이 있기 때문에 자아가 존재하고, 또 자아가 있기 때문에 다른 사람이 존재하는 상호성(interaction)을 인간은 가지고 있다고 할 수 있다. 왈론(Wallon, 1879)은 "주체로서의 자기의 성립은 주체로서의 타자의 파악과 상관적이며, 그것은 동시에 객체로서의 자기, 타자로서의 자기로 파악하게 된다."라고 하였다. 인간은 '나'와 '너'라고 하는 각자의 주체성을 가진 개인의 상호작용에 의해 구성된 사회공동체 속에 살고 있다. 즉, '나'는 언제나 정신적으로 연결된 '너'를 필요로 한다. 이것은 인간이 본질적으로 사회적인 존재이기 때문이다.

4) 심성계발 프로그램의 목적과 효과

(1) 심성계발 프로그램의 목적

심성계발 프로그램의 주된 목적은 청소년들이 청소년기의 발달적 요구에 응할 수 있도록 관계를 발전시키는 것이며, 자신을 보다 잘 이해함으로써 자아정체감을 확립할 수 있는 계기를 제공해주는 것이라 할 수 있다(이삼희, 1998).

① 자아발견

- 자기의 생각, 느낌, 행동, 능력 등의 특징에 대하여 눈뜨게 한다.
- 자신에 대한 깊은 성찰과 자기개방의 필요성을 인식한다.
- 독자성, 창조성, 견해차, 장단점을 발견할 계기를 마련한다.
- 인간의 성실성, 인내성, 관용성을 경험하고, 사회 속에서 자기 역할을 인식한다.

② 타인이해

- 사람들은 모든 면에서 나와 다른 독창적인 존재임을 이해하고 수용하게 한다.
- 타인을 신뢰하고 인간의 존엄성을 깨닫는다.

③ 관계개선

- 타인과의 관계, 의사소통 및 집단의 형성과 발전 등에 대한 관심을 갖게 한다.
- 인간생활에서 의사소통의 중요성을 인식한다.
- 진정한 인간관계의 중요성과 수용적 자세를 가진다.
- 자기표현의 유연성과 다른 사람의 발표를 경청하는 태도를 기른다.
- 서로 신뢰하고 협동하며 상호관계를 좋게 한다.

④ 행동변화

- 있는 그대로의 나를 좋아하고 자아실현에 관심을 둔다.
- 현실적인 가치관이 형성되고 공동체 의식이 배양된다.
- 개인의 바람직한 성장에 도움이 된다.
- 협동정신과 질서의식을 기른다.

- 개방적인 사회성이 발달하여 친숙한 대인관계가 형성된다.
- 희생정신과 봉사정신을 배우고, 부모에 대한 사랑과 효심을 일깨운다.
- 여러 가지 가치와 규범에 기초하여 자신의 가치관을 확립한다.

(2) 심성계발 프로그램의 효과

청소년들이 심성계발 프로그램을 통해 얻게 될 직접 · 간접적인 효과를 살펴보면 다음과 같다(김려옥, 1993).

첫째, 인간의 무한한 가능성과 그의 평등함을 공감하게 된다. 청소년들은 구성원들과 각각의 장면에서 함께 활동함으로써 인간이 본질적으로 무한한 발전 가능성의 존재라는 것을 알게 된다. 또한 이와 같은 인간의 모습은 근본적으로 평등한 것임을 쉽게 발견할 수 있게 된다.

둘째, 인간은 존엄한 존재임을 공감한다. 인간의 무한한 가능성을 경험하고, 그러한 가능성이 평등함을 이해함으로써 인간은 참으로 존중해야 할 존재임을 인식하게 된다.

셋째, 성취동기와 자기신뢰감이 증진된다. 인간의 가능성과 평등성, 그리고 존엄성의 발견을 통해 자신감이 생기게 되고 자기성장의 의욕이 일어나 자연히 성취동기가 또한 높아지게 된다. 이는 곧 긍정적 자아개념 형성을 통해 자기신뢰감으로 연결된다.

넷째, 개척정신이 신장된다. 긍정적 자아개념으로 성취동기와 자기신뢰감이 증진되며, 주체성과 창조성의 발휘는 자기 자신의 생활을 개척하려는 의욕으로 발전하게 된다.

다섯째, 정서순환의 방법을 체험한다. 인간이 지니는 장점 · 단점 · 능력 및 태도 등은 그의 인간됨이 전부가 아니고 일면임을 이해한다. 즉, 분열적인 인간 이해보다 통합적인 이해를 하게 된다. 따라서 인간에 대한 이해의 폭이 넓어지고 품성의 계발과 정서순환의 방법을 경험하게 된다.

여섯째, 의사결정과 유연성을 기른다. 자기가 지니고 있는 잠재 능력을 여러 장면에서 여러 가지로 용이하게 나타낼 수 있기 때문에, 은연 중에 의사결정 훈련을 하게 된다. 따라서 자기 자신을 극복하는 유연성을 기를 수 있다.

일곱째, 참된 자유의 생활을 경험한다. 참된 자유는 외적 · 제도적 자유가 아니며, 마음의 참 자유는 인간이 자기 자신에게 가장 정직할 수 있을 때 찾게 될 수 있는 것임을 알게 된다.

여덟째, 인간의 정의 · 감정 · 경험의 관계를 이해한다. 인간의 정의는 감정과 가장 밀접한 관계에 놓여 있으며, 이러한 감정에 크게 영향을 주는 것은 자기의 경험임을 이해한다. 즉, 경험학습은 어떠한 태도를 스스로 결정하는 감정의 상태를 좌우하는 열쇠임을 깨닫게 된다.

아홉째, 학습을 생활화할 수 있게 된다. 심성계발 프로그램의 경험은 "학습하는 방법의 학습"의 경험이 된다. 따라서 자연에 대한 관찰력과 인식 범위가 커진다. 즉, "학습의 생활화"를 통해 때와 장소에 제한 없이 생활 속에서 항상 스스로 흥미 있게 자기성장의 학습을 용이하게 한다.

열째, 원만한 인간관계를 이루게 된다. 심성계발 프로그램은 인간관계 학습으로서의, 의사소통의 듣기 · 말하기 · 쓰기 · 읽기 등의 훈련과 함께 인격 존중의 태도가 함양된다. 이러한 사회성 개발로 인하여 대인관계의 개선 능력이 생기며, 주체성이 확고해지며 자율성과 책임감이 커지게 된다.

열한째, 자기일치를 이루게 된다. 심성계발 프로그램은 한 개체로서의 인간이 겪는 생각과 마음, 그리고 신체 간의 상호 갈등을 통합해 주는 자아일치를 위한 학습방법으로서도 효과가 큰 혁신적인 현장 교육이다.

열두째, 자연과 사물의 소리를 들을 수 있는 능력이 개발된다. 심성계발 프로그램을 통해 자연과 친근해지고 사물을 아끼게 되는 마음이 구성원 전부에게 싹트게 된다. 즉, 누구의 권고나 강요 없이 자연과 사물을 애호하는 사람이 될 수 있다. 자연과 사물을 애호하는 마음은 시간을 아끼는 마음으로까지 발전한다. 성취의욕은 근면한 태도로, 자율정신은 자조적인 생활인으로 발전하게 하며, 구성원 전원 참가의 훈련은 근면, 자조, 협동적인 태도를 신장시킨다.

3. 문제해결의 원리

1) 문제해결의 의미

문제해결의 원리를 이해하기에 앞서 문제의 정의부터 살펴봐야 할 것이다. 우리는 생활 속에서 '어떻게 하면 좋은 성적을 받을 수 있을까?', '주말에는 무엇을 하며 보낼까?', '친구와 좋은 관계를 유지하기 위해서는 어떻게 해야 할까?' 등과 같은 다양한 질문을 마주하게 된다. 이와 같이 해결하기 어렵거나 난처한 질문 또는 상황을 문제(problem)라고 한다. 즉, 문제는 개인 혹은 집단이 원하는 것과 실제로 일어나는 것 사이에 차이가 있을 때 발생한다. 좀 더 구체적으로 자동차 판매원이 일주일에 20대를 팔고자 하는 목표를 가지고 있는데, 단지 10대만 팔았다면 목표달성에 문제가 발생했다고 간주할 수 있으며, 그 자동차 판매원은 문제를 해결하기 위해 어떤 대책을 세워야 한다. 그중 어떤 방법을 선택하느냐에 따라 결과가 달라질 수 있다. 그러므로 문제를 이해하고 분석하여 최적의 해결방법을 선택하고, 그에 따라 실행하는 과정이 필요하다. 문제를 정확하게 이해하고 분석하였다면, 분석한 문제를 정확하게 표현하면 해결방법을 효과적으로 찾을 수 있을 뿐만 아니라 문제해결에 걸리는 시간과 노력도 줄일 수 있다. 이와 같이 문제를 효율적으로 해결하는 전체 과정을 문제해결 과정이라고 한다. 문제해결학습이란 문제를 매개로 하여 문제를 바르게 해결할 수 있는 능력을 기르기 위한 학습 형태이다. 즉, 문제를 반성적 사고에 의하여 의혹이나 곤란을 제거하고 현실과 가능 사이에 대립을 없애며 조화적인 통일을 얻는 것을 말한다. 청소년지도사가 청소년들과 함께 하는 모든 프로그램 수행에 있어서 문제해결을 위한 접근방법으로 활동프로그램을 진행한다면 참여 청소년들의 문제해결 능력이 향상될 수 있을 것이다.

사람에 따라 문제해결을 위한 접근방법에는 차이가 있다. 이러한 차이는 크게 두 가지로 구분할 수 있다. 먼저, 문제해결을 위한 최소한의 접근을 하는 경우이다. 최소한의 접근을 이용하여 의사결정을 하는 사람은 문제상황에서 단순히 눈에 보이는 일차적인 문제만을 해결하기 위하여 손쉬운 해결법을 선택한다. 그러나 그 해결책이 문제해결에 도움이 되지 않거나 혹은 최상의 해결법이 아닐 수도 있다. 만약 이 처음 해결책이 제대로 통하지 않을 경우 그는 또 다른 해결책을 찾게 되며, 반복적인 시행착오는 만족할만한 해결책이 발견될 때까지 지속된다. 이 같은 최소한의 접근법은 상황이 위급하거나 문제해결을 위해 기다릴 시간이 충분하지 못할 경우 매우 유용하다. 다음은 문제해결을 위해 최대한의 접근을 하는 경우이다. 최대한의 접근은 문제해결을 위하여 어떤 결정을 내리기 전에 다른 해결책들을 검토할 시간을 필요로 한다. 이 접근법은 최소한의 접근보다 더 구체적인 계획과 생각하는 과정이 요구되는 반면에 더욱 신뢰할 수 있는 결과를 가져온다. 최대한의 접근은 결정을 내리는 데 넉넉한 시간을 갖고 있을 때, 내려진 결정이 쉽게 바뀌지 않을 때, 최소한의 접근법을 요구할 만한 긴급한 상황이 지나가고 더 영구적인 해결책을 찾아낼 만한 시간이 있을 때 효과적으로 사용된다(전희일 외, 2018).

2) 문제해결의 과학적 체계 7단계

문제를 해결하기 위해서는 문제를 파악하고, 해결할 수 있는 대안을 탐색하며, 대안을 실천하고, 평가하는 일련의 과정들이 필요하다. 이러한 과정은 7단계로 구분되며, 이를 문제해결을 체계적 7단계 또는 과학적 체계 7단계라고 한다. 7단계에 대한 구체적인 내용은 다음과 같다(성열준, 2015).

(1) 1단계: 문제인식 단계

어떤 분야에서 성공하기를 원한다면, 자신이 봉착한 문제들을 무시하지 말고 필연적으로 해결해야만 한다는 적극적인 자세가 필요하다. 문제해결과 의사결정을 위한 첫 번째 단계는 자신이 해결해야 하는 문제가 눈앞에 있음을 현실로 받아들이는 것이다. 우선 문제의 본질을 이해하기 위해 스스로에게 질문을 해보는 것이 좋다. 내가 해결하려고 시도하는 문제가 무엇인지, 내가 이루고자 하는 목표는 무엇인지, 내가 그 문제를 충분히 이해하고 있는지, 나에게 필요한 행동은 무엇인지 등을 고민해보는 것이 좋다. 중요한 것은 모든 문제가 다 부정적이지 않다는 사실이며, 어떤 경우라도 두 가지 혹은 그 이상의 것들 사이에서 선택할 수 있는 가능성이 있다는 것이다.

(2) 2단계: 대안을 결정하기

대안은 문제상황을 해결하기 위해 할 수 있는 행동과정이다. 문제를 해결하는 데는 수많은 대안이 있을 것이다. 그러므로 마지막 결정을 내리기 전에 심사숙고할 필요가 있다. 대안 결정 시 자신의 처지와 관련이 있거나 비슷한 경험이 있는 사람들의 의견을 듣는 것도 도움이 될 수 있다. 어떤 대안은 개인적인 문제일 때 자신에게 직접적으로 영향을 줄 수도 있고, 혹은 집단의 문제일 때 많은 사람에게 충격을 줄 수도 있음을 감안해야 한다. 중요한 점은 뚜렷한 문제해결 의지를 가지고 가능한 대안들의 목록을 작성해 보는 것이 큰 도움이 된다는 점이다.

(3) 3단계: 정보를 수집하기

가능한 대안들의 목록을 작성했다면, 다음 단계로 그것과 관련 있는 정보수집이 필요하다. 이때는 실질적인 정보를 찾는 것이 중요하다. 단지, 자신의 순간적인 견해나 감정에 의하여 성급하게 결정을 이끌어 내면 결정에 대해 후회할지도 모른다. 실제적이고 객관적인 정보를 수집하는 데 다음과 같은 질문을 고려해봐야 한다. 내가 각각의 대안에 대해 무엇을 알아야 하는가? 어떤 재료나 정보가 대안의 도구로 필요할 것인가? 얼마의 가격이 소요될 것인가? 먼저 활용 가능한 대안인가? 이러한 질문에 적절한 답변을 찾아내기 위하여 과학적이며 체계적인 연구보고서를 검토하는 것도 한 가지 방법이 될 수 있다.

(4) 4단계: 대안을 평가하기

대안을 위한 다양한 정보를 수집했다면, 문제해결의 장점이나 단점, 혹은 이익과 손해를 평가해 볼 필요가 있다. 또한 각각의 대안을 채택해서 발생할지도 모르는 새로운 문제점들을 감안해 보아야 한다.

(5) 5단계: 실행 가능한 해결책 선택하기

선택된 대안들에 대한 합리적인 평가를 바탕으로, 대안들에 대한 우선순위를 정하고, 그중에서 가장 실용적이면서 효과적으로 문제를 해결할 수 있는 실행 가능한 대안을 선택해야 한다. 현재의 상황에서 가장 최고의 대안을 선택해야 한다.

(6) 6단계: 선택 실행하기

일단 행동의 방향 혹은 원칙을 결정하게 되면, 그 다음은 거기에 따르면 된다. 이미 결정한 해결책을 실행하지 못한다면, 이것을 위해서 사용되었던 시간과 에너지를 낭비하게 되는 셈이다. 두말할 필요 없이 해결을 위해 협조하거나 본인과 함께 일할 수 있는 사람을 적극적으로 찾아야 한다.

(7) 7단계: 결과를 평가하기

문제해결 및 의사결정 과정은 제시된 문제의 해결 전에는 끝나지 않는다. 문제의 해결, 동일한 문제의 연속적 발생, 새로운 문제가 발생할 때 비로서 그 전의 문제가 해결되었다고 할 수 있다. 해결방법이 좋은 결정이었는지 평가해 보고 더 나은 해결방법이 있다고 판단되면 결정을 취소하고 새롭게 시작하면 된다.

문제해결 및 의사결정을 하는 전체적인 과정을 배우고 연습하는 단계는 더 좋은 문제해결 혹은 의사결정자가 되는 데 도움이 되며, 자연스럽게 더욱 훌륭한 리더가 될 수 있는 자질을 함양할 수 있도록 도움을 줄 것이다.

이상에서 제시된 문제해결 단계가 전적으로 모든 상황을 해결하기에는 무리가 따를지도 모른다. 그렇지만 이 같은 단계를 조심스럽게 따라가게 되면, 주어진 시간 내에 할 수 있는 가장 좋은 선택과 결정을 내렸다는 것을 확신할 수 있다.

3) 문제해결의 학습과정

현대사회는 초고속으로 변화하며, 대량의 정보들이 무수히 쏟아지는 사회이다. 이런 사회에서 청소년들은 그들의 정보수집 능력과 아울러 이런 정보들을 활용할 수 있는 문제해결 학습능력을 필요로 할 것이다. 실제적이고 객관적인 정보를 선별하여 적재적소에 효과적 · 효율적으로 사용할 수 있다는 것은 문제해결 학습과정을 통하여 획득할 수 있는 능력이다. 그러므로 청소년지도사는 문제해결 학습과정을 잘 숙지하여 이를 활동지도 현장에서 적극적으로 활용해야 한다. 문제해결 학습방법은 다음의 5단계로 학습자에게 획득될 수 있다.

(1) 1단계: 문제의 선정

이 단계에서는 학습자 자신이 그 문제를 충분히 의식하고 있어야 한다. 학습자 자신이 문제를 발견하기도 하고 또 교사나 지도자가 제시할 때는 충분히 설명하여 학습자가 그 문제를 충분히 파악할 수 있도록 한다.

(2) 2단계: 해결방법의 계획

결정된 문제를 해결하기 위해서 그 문제의 성질에 따라서 그 해결방법이나 과정 그리고 분담 역할 등으로 계획한다.

(3) 3단계: 자료모집

계획에 따라 문제에 관련된 자료를 조사하고 문헌을 통하거나 실험, 실측 등으로 수집한다.

(4) 4단계: 활동의 전개

이 단계는 실제로 활동하는 단계로서 모집한 자료를 가지고 관측, 실험, 조사연구를 하여 고난이나 의혹을 해결하는 실제 활동을 한다. 이때는 학습자가 중심이 되어 자주적인 활동을 한다. 교사는 학습자의 활동을 뒤에서 보조해 주는 것이다.

(5) 5단계: 결과의 검토

활동한 결과를 정리한 것을 검증하는 단계로서 그 결과를 다시 재검토하면서 응용도 해보고 나아가 재인식한다. 그리고 확인된 결과가 성공됐을 경우에는 발표를 하게 되고 더욱 고차적인 다음의 발전을 예상하게 되는 것이다.

문제해결학습에 있어서 청소년지도사의 중요한 활동은 학습자가 올바르게 과정을 밟도록 지도하는 것이며, 청소년지도사 자신이 문제해결의 기술에 심취되어 있어야 함이 필수조건이 된다. 문제해결학습에서 청소년지도사는 다음과 같은 사항을 주의해야 한다. 첫째, 청소년지도사의 조력에 의하여 학습자가 문제를 선택하고 결정한다. 둘째, 청소년지도사의 조력에 의하여 학습자가 분석 · 검토하고 적당한 자료를 수집한다. 셋째, 청소년지도사의 숙련된 지도 아래 학습자가 모든 자료를 조사 비교하여 판정한다. 넷째, 학습자가 자료를 조직하여 결론에 도달한다.

이와 같이 지도자와 학습자가 문제를 해결하는 과정에서 지도자의 조력하에 학습자가 스스로의 활동이 중요하며 자료수집과 그 조직화 등에 대한 학습자 자신이 계획연구를 함으로써 풍부하고 깊이 있는 경험을 가지게 되는 것이다. 결국, 문제해결 과정은 어떤 상황 중에서 목적 실현의 수단을 발견하는 과정이라고도 할 수 있다. 따라서 교과의 과정은 많은 문제를 내포하고 또 그 문제들은 모든 학습자가 해결 가능한 것이라야 한다. 그러므로 이들은 스스로 계획과 연구를 통하여 자발적인 활동이 이루어지며 부단한 노력과 인내로서 목적을 달성하는 태도를 함양하게 된다.

문제해결학습은 직접 경험하는 생활문제를 학습의 소재로 하기 때문에 구체적이고,

행동적이며, 직접적인 경험을 토대로 진행되기 때문에 실생활과 연관된다. 또한 교재의 논리적 체계에 얽매이지 않고 학습자의 심리적 계통에 따라 학습되기 때문에 흥미에 맞고 이해하기 쉽다. 그리고 학습과정에 협동적인 학습활동에 의한 민주적인 생활태도가 배양된다는 장점이 있다. 반면, 문제해결학습은 보편적이고 계통적인 기초학력을 기르는 데는 어려움이 있다. 그리고 교육현장을 혼란케 하여 학습의 방향에 일관성을 잃을 우려가 있으며, 학습의 노력에 비하여 성장이 더딜 수 있다. 또한 큰 차이로 발전된 학습적 성과를 빠른 시간에 기대하기 어렵다는 단점이 있다. 이러한 장점과 단점을 충분히 이해하고 학습계획을 수립할 때 더 높은 효과를 기대할 수 있을 것이다.

Chapter 05

청소년지도방법의 이론

1. 경험학습이론

경험학습이론의 지적 토대를 제공한 존 듀이(John Dewey, 1859~1952)는 그의 저서 『교육과 경험』, 『교육과 민주주의』에서 학습자가 체험활동을 통해 본질적으로 변화하는 것에 대해 강조한 바 있다. 최근 듀이의 원리를 바탕으로 교과서의 지식 전달 방법과는 다른 원리로서 청소년지도 분야에서 경험학습(experiential learning)에 의한 활동지도방법론이 대두되고 있는 것은 경험학습이 청소년학이 방법론적으로 하나의 학문적 성장을 가능하도록 하는 데 중요한 이론적 토대를 마련해 주고 있기 때문이다. 이 방법론은 청소년들을 활동의 주체로 간주하고 청소년들이 사전에 마련된 프로그램에 적극적으로 참여(involve)하고 행함(doing)으로써 체험한 후에 청소년들이 자신들의 체험을 서로 공유하고 자신만의 소중한 경험으로 새롭게 조직하고 내면화시켜 일상생활 속에서 자연스럽게 적용시켜 나가는 원리이다. 이러한 원리는 학교교육의 지식 전달의 방법 원리와 차별되는 청소년학의 독특한 방법론으로 간주되어 활용되고 있다(전희일 외, 2018).

1) 경험의 개념과 특성

학교교육이 인지교육에 초점을 맞춰 이루어지는 반면, 청소년지도는 체험활동을 통한 전인적 성장에 초점을 두기에 경험학습이론이 강조된다. 경험학습이론에서 지칭하는 경험은 어떤 사건을 직접적으로 관찰하거나 행동에 참가함으로써 얻어진 결과, 즉 자신이 실제로 해보거나 겪어본 것 또는 거기서 얻은 지식이나 기능으로 개인의 삶을 형성하는 의식적인 사실로 정의된다. 철학적으로 경험은 객관적 대상에 대한 감각이나 지각 작용에 의하여 직접적으로 주어지는 인식을 의미한다. 존 듀이는 개인이 새로운 경험을 통해 어떤 것을 이해하는 교육적 경험을 하게 되고, 이러한 교육적 경험을 통해 성장이 일어난다고 보았다(Dewey, 1938). 경험은 처음에는 과거를 배우는 일로부터 시작되며, 그 일들이 현재의 활동과 결합하여 의미 있는 경험을 구성하고 환경과의 상호작용을 통해 변화한다. 듀이는 학습자의 경험을 간과한 전통적 교육의 대안으로 경험 중심 교육을 제시하였으며, 교육을 경험의 끊임없는 재구성이라 하였다. 듀이가 주장한 경험을 통한 학습은 체험 활동을 중심으로 이루어지는 청소년지도방법을 이해하는 데 중요한 이론적 기반이 될 수 있다. 이러한 경험학습의 중심개념인 경험의 교육적 특성은 다음과 같다(오윤선 · 황인숙, 2021).

첫 번째는 경험의 재구성적 특성이다. 듀이는 교육을 경험의 계속적인 재조직 또는 재구성으로 인식하였다. 과거로부터 전승된 경험은 재구성된다. 즉, 변화되고 재창조된다. 동시에 현재의 경험도 미래에 발생될 수 있는 어떤 경험을 보다 심도 있게 경험하도록 하는 과정의 일부라고 할 수 있다. 그러나 개인이 경험을 통해 새롭게 인식한 사건은 사실적인 사건을 그대로 받아들이는 것이 아니라 과거의 경험을 바탕으로 형성된 인식의 틀 안에서 이해하는 한계점을 안고 있다. 이런 점에서 청소년들이 동일한 체험을 하더라도 개인의 내부에서 일어나는 현상은 과거의 경험의 질이나 성격에 따라 다르게 수용될 수 있다. 이러한 내부적 과정을 통해 경험은 재구성 · 재창조되며 성장하게 된다.

두 번째는 경험의 연속성과 상호작용이다. 경험은 연속성을 지니고 있으며 주위의 모든 대상과 상호작용한다. 다양한 경험이 이어질 때 경험의 연속성으로 인하여 선행 경험은 후속경험에 영향을 미친다. 하나의 학습경험은 결코 고립적으로 발생되는 것이 아니며 경험의 연속성을 유지하기 위해서는 구체적인 경험과 이에 대한 반성적 사고 과정이 필요하다. 상호작용이란 경험이 개인과 당시의 환경을 구성하는 무엇들과의 상호작용을 통해 이루어진다는 것을 의미한다. 이러한 상호작용을 통해 구성되는 것을 상황이라고 한다. 연속성과 상호작용은 능동적으로 결합되어 작용하며 경험학습의 기초를 제공한다. 따라서 교육자는 경험과 상호작용이 발생하는 상황에 관심을 기울여야 한다. 청소년활동에서의 경험은 새로운 환경과 그 환경 속에서의 함께 움직이는 집단, 즉 함께 활동하는 친구들과의 상호작용, 지도자와의 상호작용 등 다양한 상호작용을 동반한다. 그리고 개인과 환경의 조건들이 상호작용을 하면서 주어진 상황을 해결해 나가고 이를 통해 개인은 적응의 양식을 취해 나간다. 따라서 청소년지도자는 청소년의 새로운 경험이 지속성을 가지고 긍정적 변화를 수반할 수 있는 상호작용이 되도록 안전한 상황에서 다양한 자극을 제공하는 것이 필요하다.

세 번째는 경험의 심미성이다. 듀이는 통합된 사건을 하나의 경험으로 제시하는데 경험이 그 자체로 완성되기 위해서는 심미적 특질을 지녀야 한다고 설명한다. 다양한 경험은 심미적 특질을 통해 통합되고 하나의 경험으로 완성된다. 경험이 통합되지 않는다면 경험은 분리된 일시적 사건에 불과하기 때문이다. 심미적이라는 것은 감상하고 지각하고 즐기는 것으로서의 경험을 말한다. 인식(recognition)은 자유롭게 발전할 기회를 가지기 전에 고정된 지각이다. 인간은 인식을 할 때 과거에 익숙하게 형성된 고정관념의 틀로 해석하려는 특성을 지니고 있다. 따라서 내면적 동요가 크게 일어나지 않는다. 그러나 심미적 경험은 지각(perception)을 가능하게 하여 인간 내면에 새로운 변화를 일으키고 이를 통해 발전할 기회를 제공한다. 인간은 심미적으로 즐거움과 매력을 지닌 경험을 할 때 이를 수용하고 상호작용할 수 있으며 재구성을 통한 경험의 재창조가 가능하다. 즐거움이 출발점이 되어 과거와 현재의 경험이 상호작용하게 되기 때문이다. 교육에 있어서도 경험의 심미성을 느낄 수 없다면 내면의 변화는 발생하지 않는다. 청소년이 다양한 활동을 경험하는 과정에서 느끼는 감정의 움직임을 통해 자아존중감 및 사회성 향상 그리고 긍정적인 태도 변화를 가져온다는 것은 이미 많은 연구를 통해 증명되고 있다. 따라서 청소년지도방법은 청소년들이 적극적이고 주도적으로 자신들의 활동을 즐기며 마음을 움직일 수 있는 감동적인 경험이 되도록 접근해야 할 것이다.

2) 경험학습의 과정

(1) 듀이의 모형

듀이(Dewey)는 최초로 학습의 출발과 그 결과를 반성적 사고와 행동이라는 모형으로 제시하였다. 그는 초기에 경험학습의 이론적 근거에 대해 다음과 같이 다섯 가지 과정에 따라 진행되어 가고 있다고 규정하였다(전희일 외, 2018).

① 불확실성과 혼란의 단계: 습관으로 머물러 있는 단계

우리가 하는 일의 일상적인 내용은 반성적 과정 없이 이루어지는 경우가 많다. 경험의 출발점은 사람들이 혼란과 불확실성을 인식하는 과정에서 성숙 활동과정이나 환경과 인간의 상호작용과정이 일상적으로 일어나는 단계를 의미하는 것이 아니다. 어떠한 상황에서 저항이나 장애는 활동곤란의 정상적 흐름을 만든다. 직접적 행동의 거부는 본질적 사고라는 주제와 연기에 대하여 가져오는 반성적 사고의 전제조건이다. 반성적

사고는 행동의 장애나 곤란, 지원, 도움, 조건 등을 탐색함으로써 시작된다.

② 문제의 정의: 지식화 단계

반성적 사고과정은 어떤 상황에서 잘못된 것이 무엇인지를 정의함으로써 시작된다. 여기에서는 문제의 정의와 난제에 대한 임의적 개념을 형성한다. 이미 가정된 문제의 형성은 문제해결 자체의 변형과 상황의 조건 탐구를 통해서 이루어진다. 듀이는 이 과정에서 사고라는 개념으로 정의한 문제의 중요성을 강조하였다. 문제가 없다는 것은 마치 어두움 속에서 빛을 발견하지 못하는 것과 같다. 문제의 경로는 구체적 시사점을 가져야 한다. 어떠한 자료는 선정되지만 때로는 거부당하기도 한다. 여기에 가설의 적절성과 부적절성 그리고 개념적 구조의 기준이 형성된다.

③ 가설의 형성과 상황조건에 대한 탐구

조건의 분석과 진단의 단계를 따라서 조건은 물질과 사회적 조건 그리고 그 문제가 해결을 가정할 경우 의미와 자원을 내포하게 된다. 가설을 정하는 것은 아이디어나 계획을 이끄는 지표 역할을 한다. 가설의 설정은 문제의 대안을 임시적으로 결정하는 것이다.

④ 합리화

합리화는 각기 다른 관계에 있는 아이디어의 의미를 신축적으로 구성하는 것이다. 합리적인 의미에서 실험적 사고가 일어날 수 있다. 가설의 설정은 임의적으로 지역사회나 개인을 위한 자원의 유용성과 지식의 추출로서 검증되고 평가될 수 있다. 여기에서 실험적 사고는 다시 초기의 단계로 갈 수 있기 때문에 매우 중요하다.

⑤ 행동으로서 가설의 검증

설정된 가설은 실제 현장에서 현실화되고 인간과 환경의 관계, 상황의 재구축으로 현실화된다. 경험학습은 반성주의 지향성 또는 구조주의 이론에 입각한 접근으로 이해하는 것이 타당하다.

(2) 콜브의 모형

콜브(Kolb, 1984)는 경험학습이론을 근거로 경험학습의 구체적인 단계를 선정하고 이를 모형으로 제시하면서 경험학습의 단계를 측정할 수 있는 도구를 제시하였다. 그는 경험학습에 대한 6가지 가정[1)]에 기초한 4단계의 순환학습적 경험학습모형을 제시하였으며, 이 모형을 경험학습의 과정을 구체적으로 설명하는 모형으로 가장 많이 활용되고 있다. 콜브가 제시한 경험학습의 4단계 과정은 다음과 같다(오윤선 · 황인숙, 2021).

① 구체적인 경험

이 단계에서 주로 사용되는 정신적 과정은 구체적 이해(apprehension)이다. 학습자가 구체적이고 직접적인 오감을 통해 경험을 지각하고 수용하는 것이다. 학습자를 둘러싸고 있는 모든 사물, 사람, 상황 등 구체적이고 직접적인 모든 환경은 경험의 재료가 된다. 이 단계에서는 새로운 경험에 편견을 갖지 않고 자신을 참여시키려는 학습자의 개방성과 의지가 중요하다.

1) 첫째, 학습은 결과가 아닌 과정으로써 더 잘 파악된다. 둘째, 학습은 경험을 기반으로 하는 계속적인 과정이다. 셋째, 학습은 서로 대립되는 요구들을 변증법적으로 해결하기를 요구한다. 넷째, 학습은 세상에 적응하는 전체적인 과정이다. 다섯째, 학습은 개인과 환경 사이의 상호작용과 연관된다. 여섯째, 학습은 지식을 창조하는 과정이다(Kolb, 1984).

② 반성적인 관찰과 분석

이 단계에서는 구체적인 경험을 추상적인 개념으로 전환하는 내포(intention)가 일어난다. 즉, 외부의 자극이나 상황을 내적인 표상이나 상징으로 전환하는 과정이다. 학습자는 주변에서 일어나는 상황의 진실과 그 의미를 밝히기 위해 주변의 상황을 주의 깊게 관찰하고 주변 사람들의 말을 경청한다. 이렇듯 반성적 관찰은 기존의 사고방식이나 이론보다는 새로운 접근방법을 찾는 데 초점을 두고 구체적 경험을 추상적인 개념으로 변화시키기 위한 과정이다. 이 단계에서 학습자는 다양한 관점으로 자신의 경험을 성찰하고 관찰할 수 있어야 한다.

③ 추상적 개념화

이 단계에서는 반성적 관찰의 과정을 통해 도출된 결과를 분석적이고 추론적인 방법을 사용하여 통합된 하나의 가설 또는 개념으로 만드는 과정이다. 이때 사용되는 추상적 이해(comprehension)는 상징적이고 추상적인 개념을 이해하는 것이다. 듀이가 설명한 반성적 사고 과정은 추상적 개념화와 관련된다. 추상적 개념의 형성은 원칙을 만들고 개념을 형성하여 가설을 만드는 것이다. 이 단계에서 학습자는 감정이나 직관보다는 이성과 논리적 분석을 통해 경험을 재구성한다.

④ 능동적 실험

마지막 이 단계에서는 외연(extention)을 사용하여 내적이고 추상적인 개념을 외부의 경험으로 전환시키는 과정이다. 이 단계에서 학습자는 새롭게 형성된 추상적인 지식이나 가설을 실제 상황에서 문제를 해결하기 위하여 능동적으로 적용하고 검증하는 실천지향적인 접근 방식을 나타낸다. 이러한 능동적 실험은 후속 경험을 위해 계획을 세우는 과정이 된다.

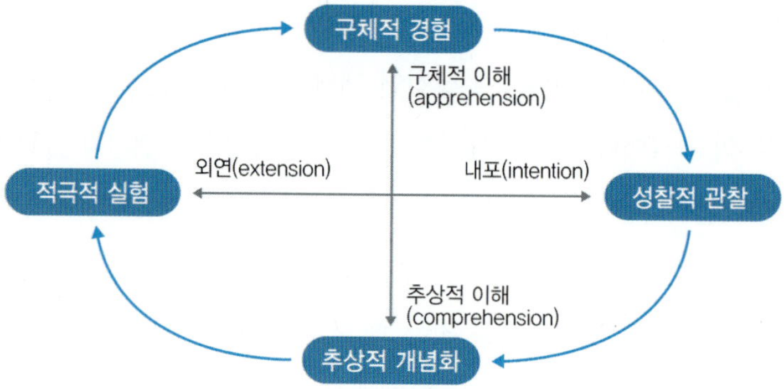

[그림 5-1] 콜브(Kolb)의 경험학습 모형

출처: Kolb, D. A.(1984).

바넷(Barnet, 1989)은 콜브의 학습모형을 현장에 적극적으로 적용하면서 [그림 5-1]과 같이 콜브의 모형에서 '수행계획'을 추상적 개념화와 행동과정 사이에 삽입하여 새로운 모형을 제시하였다. 바넷의 기본적 학습장식 이론은 사람들이 서로 다른 학습 방식을 지향하고 있다는 전제하에 그들이 학습과정과 개인적인 학습 선호도를 이해하는 데 도움이 될 수 있도록 고안된 것이다. 개인적인 학습방식은 자신이 어떻게 새로운 프로젝트에 접근하고, 어떻게 자신의 역량을 향상시키며, 자신이 어떻게 집단의 생산성에 공헌하는가를 판단하는 근거가 된다.

인간이 새로운 무엇인가를 배워야만 할 때, 인간의 행동은 아마도 이와 같이 매번 비슷한 방법으로 접근하게 된다. 그것은 새로운 학습에 대하여 자신이 반복적으로 발전시켜 온 행동유형을 사용하는 것이다. 이러한 행동유형을 우리는 학습방식이라 부른다. 개인의 현재 혹은 미래의 학습방식을 규정하는 요소들은 그 사람의 인격과 성향, 학문적 훈련과정, 그동안의 경력, 현재의 직업 및 업무 등이다. 학습방식은 고정된 것이 아니며, 현재의 심리적 혹은 기능적 상태이다. 사람들은 주어진 상황에 따라 약간 다르게 자신이 선호하는 학습방식을 활용한다. 그러나 동시에 개인적으로, 장기적으로 안정된 학습방식도 존재한다. 우리가 학습방식을 연구하는 목적은 그러한 행동유형들이 우리의 학습활동에 도움이 되는 경우와 크게 도움이 되지 못한 경우를 구별하기 위해서다.

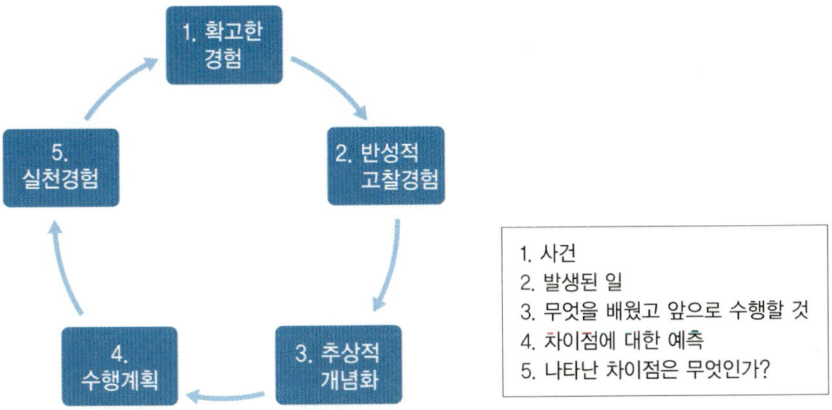

[그림 5-2] 반성적 사고와 실천의 모형 변화

출처: Barnet(1989).

3) 경험학습에서 반성적 사고의 중요성

듀이와 콜브의 경험학습 모형에서 공통적으로 강조하는 부분은 반성적 사고(reflection)이다. 경험학습에서 경험은 단순히 해보는 것 또는 기계적인 행위나 행동을 의미하지 않기 때문이다. 경험은 반성적 사고와 결합된 활동을 의미하며, 반성적 사고 자체가 경험의 본질적 요소로서의 위치를 가진다. 행위나 활동이 경험의 외부적 요소라면 반성적 사고는 경험의 내부적 요소가 된다. 경험이 의미 있는 것이 되려면 반드시 반성적 사고과정이 개입되어야 한다.

경험은 일차적 경험(primary experience)과 이차적 경험(secondary experience)으로 구분할 수 있다(Dewey, 1938). 일차적 경험은 우리가 일상생활에서 마주치는 소재들을 감각기관을 통해서 경험하는 것을 말하고, 이차적 경험은 일차적 경험내용을 소재로 하여 반성적 사고를 통해 경험하는 것을 말한다. 즉, 이차적 경험은 일차적 경험내용을 소재로 하여 반성적 사고를 통해서 이루어지는 관념이나 판단 등의 내적 경험을 말한다. 경험을 통해서 학습을 이루기 위해서는 일차적 경험을 이차적 경험을 통해 내면화하고 구조화시켜야 한다.

경험학습은 행동(action)−반성적 사고(reflection)−행동(action)−반성적 사고(reflection)의 연속적인 과정이다. 여기에서 반성적 사고는 외적인 행위로부터 교육적 의미를 찾아 경험에 의미를 불어 넣는 요소이다. 반성적 사고는 행위, 활동과 같은 체험으로 다시 돌아가 그 과정을 평가하여 불필요한 내용을 제거하고 유의미한 내용들을 정선하여 기존의 지식구조에 연결시킴으로써 새로운 지식을 창출시키는 인지과정이기 때문이다. 따라서 반성적 사고 없는 체험활동은 경험학습활동이라고 할 수 없다.

효과적인 반성적 사고활동을 위해서는 지속적 · 관계적 · 도전적 · 맥락적 활동이 중요하다(김정열, 2015). 첫째, 지속적인 반성적 사고는 체험활동 이전의 준비과정, 체험활동과정, 체험활동 이후의 과정에서 일관되게 반성적 사고 활동이 이루어지고, 이것이 다음의 체험활동에도 연속되는 것을 의미한다. 둘째, 관계적 반성적 사고는 체험활동과 기존의 지식구조, 행위와 사고 등을 연계하는 것을 의미한다. 셋째, 도전적인 반성적 사고는 기존의 관성적인 사고방식에서 벗어나 새로운 관점에서 체험활동을 해석하고 새로운 방식으로 생각하면서 대안을 발견하고 새로운 문제를 제기하려는 것을 의미한다. 넷째, 맥락적 반성적 사고는 체험활동이 이루어진 구체적인 상황 및 배경 등과 같은 맥락을 고려하여 분석하고 의미를 발견하는 사고작용을 의미한다.

4) 경험학습의 특징

콜브는 경험학습의 특징을 다음의 여섯 가지로 구분하였다(이혜경 외, 2020).

첫째, 경험학습에서는 학습을 결과물이 아니라 과정으로 이해하며 아이디어나 지식을 고정적이고 불변의 것이 아니라 경험을 통해서 계속적으로 형성 · 재형성되는 것으로 이해한다. 즉, 경험학습에서는 학습을 지식이 경험을 통해서 지속적으로 산출되고 수정되는 과정으로 이해한다. 이러한 점에서 학습을 행위적 산출 또는 결과물로 이해하는 전통적인 행동주의 학습이론과는 다르다. 경험학습이론의 학습에 대한 관점은 '은행식 교육'과는 대비된다. '은행식 교육'은 교사가 은행에 돈을 예금하듯이 지식을 학생의 머릿속에 저장하고 학생은 이러한 지식을 은행에서 돈을 인출하여 쓰듯이 단순히 받아서 암기하고 반복 · 재생하는 것이기 때문이다.

둘째, 경험학습에서는 학습을 경험에 토대를 둔 계속적인 과정으로 이해한다. 지식은 학습자의 경험 속에서 계속적으로 창출되고 검증된다. 경험을 통해서 만들어진 지식은 기존의 지식구조에 통합되며, 이러한 지식은 새로운 경험 속에서 검증되어 대체되거나 수정 · 보완된다. 경험은 시간적으로 계속되기 때문에 학습도 시간적인 연속성을 가지고 계속된다. 이와 같은 계속적인 과정을 통해 지식은 확대 재생산된다.

셋째, 경험학습에서 학습의 과정은 세상에 적응해 가면서 나타나는 대립적인 방식들 간의 변증법적 상호작용으로 이루어진다. 즉, 구체적인 체험과 추상적인 개념화, 사고와 행동, 동화(assimilation)와 조절(accommondation), 관찰과 활동, 기존의 지식과 새로운 지식 등과 같은 대립되는 요소들의 변증법적인 상호작용을 통해서 새로운 통합과 균형 모색이 이루어지는 것이다. 경험학습은 본질적으로 이와 같은 대립적인 요소들 같이 긴장 속에서 이루어지는 과정이다. 그리고 이러한 긴장 속에서 필요한 지식을 획득하려면 학습자는 새로운 체험활동에 아무런 편견 없이 완전히 참여할 수 있는 구체적인 체험능력, 다양한 관점으로부터 자신의 체험활동을 반성하고 관찰할 수 있는 반성적 관찰능력, 이 관찰의 결과를 이론에 통합할 수 있도록 개념을 창출할 수 있는 추상적 개념화 능력, 또한 이러한 개념을 현실세계에 적용하여 문제를 해결하고 의사결정을 할 수 있는 행동적 실천능력을 갖추어야 한다.

넷째, 경험학습에서는 학습을 세상에 적응해 가는 종합적인 과정으로 본다. 학습은 인지 · 지각과 같이 인간이 지닌 기능이나 능력 가운데 단 하나의 특수한 영역에 관련되는 것이 아니라 사고 · 감정 · 지각 · 행동 등과 같은 유기체의 전체적 기능을 종합적으로 활용하는 것과 관련된다. 또한 학습은 사회적 · 물리적 환경에 적응해 가는 인간활동이기 때문에 생활의 장에서 학습자의 모든 기능을 총체적으로 활용하는 과정이다.

다섯째, 경험학습에서 학습을 사람과 환경 간의 상호작용으로 본다. 경험학습에서는 인간의 내면적인 인지과정과 환경적 자극 요소의 유기적인 관련성과 상호작용으로 이루어진 학습의 생태학적 체계를 중요시 한다.

여섯째, 경험학습에서 학습은 지식의 창조과정으로 본다. 학습은 생활 속에서 환경에 적응해 가는 과정이다. 환경에 대한 효과적인 적응을 위해서 학습자는 경험학습을 통해서 지식을 창출하고 축적한다. 끊임없이 변화하는 환경에서 새로운 체험활동을 통해 창출된 새로운 지식은 기존의 지식에 통합되거나 기존의 것을 대체하게 된다.

5) 경험학습과 청소년활동지도의 관계

청소년지도 환경에서 경험학습을 적용하는 것은 학교중심 경험학습의 장보다 여러 가지 상황적 환경의 다양성이 적용될 수 있기 때문에 더욱 효과적이고 중요하다. 청소년활동 가운데 야외활동의 교육적 관계에서 야외활동의 경험적 가치는 건강한 정신을 소유하기 위한 수단으로써 청소년에게 필수적이라고 할 수 있다. 또한 야외활동은 단지 신체적인 측면을 넘어서 교육적 가치를 가지고 있으며, 야외활동을 통하여 협동, 분명한 사고, 계획, 주의 깊은 관찰, 자원화, 거부와 수용능력 등을 청소년에게 심화시킬 수 있다.

청소년들이 학교 이외의 다른 장소에서 여러 가지 체험활동을 하는 이유는 자신의 재능을 활용하고 계발시킬 수 있기 때문이며, 더욱이 그들이 지역사회에 참여함으로써 타인을 돕는 가치를 인식하고 학교에서 혹시나 갖고 있는 학습장애의 부수적 문제를 해결하는 데 구체적인 도움을 얻을 수 있기 때문이다. 오늘날까지도 대부분의 교육은 여전히 본질주의적인 관점에서 학습자들의 경험을 무시하는 접근이 계속되고 있다. 브룩필드(Brookfield, 1990)는 교사들이 단지 정보를 제공하는 데 관심이 있으며, 그것을 반영하려는 학생들의 요구를 간과하는 경향이 있다고 지적하였다. 따라서 경험학습이론은 교사가 가르치는 방식과 통합되어 실천되어야 한다.

능력 있는 청소년지도자는 학습 집단의 구성원들이 개인적 혹은 사회적 책임의식, 자신감, 자립심, 독자성 그리고 개인적 만족을 달성하기 위한 도구와 수단들을 구축하는 과정에서 어떻게 서로의 경험을 활용하는가를 설명할 수 있다. 실제적으로 경험학습의 적용되고 있는 분야는 다음과 같다(전희일 외, 2018).

- 모험야외훈련활동(wilderness based adventure travel)
- 직업 및 도제훈련(job training internships and apprenticeships)
- 야외탐사훈련(surviaval training and rescue training)
- 봉사활동(survice learning and programs focused on advocacy)
- 예체능교육(art education and production)
- 대중매체교육(media production)
- 학문지향적 활동(academic oriented programs)
- 지역사회활동(community based support programs)

- 조기교육 프로그램(early education programs)
- 집단활동(T-group)

효율적인 청소년지도자는 교육경험의 목표들을 고려하고 학습내용의 본질과 청소년들의 학습방식을 파악하여 구체적인 상황에 가장 적합한 교육방법을 선택하여 적용하려고 노력해야 한다. 경험학습기법은 학생들에게 그들이 학습한 개념과 이론을 실사회의 상황에 적용함으로써 학생을 위한 기회를 창출한다. 실질적인 경험을 하게 되는 과정의 증가는 교육방법에 영향을 미치는 이론과 사고의 변화에 중요한 의미를 부여하게 되며, 우리의 기대가 학습결과에 나타나게 된다. 부가적으로 경험적 훈련은 의사결정 영역, 문제해결 능력, 계획과 쓰고 말하는 기법, 의사소통 능력, 창조성 등의 기술을 제고시킬 수 있다. 이런 점에서 본다면 청소년활동은 단지 보고 즐기는 수동적 활동이 아니라 개인의 참여가 조장되고 집단으로서 참여가 이루어지는 적극적 · 포괄적 활동이므로 경험학습적 가치를 수용하게 될 때 가장 효과적이고 실질적인 청소년지도가 이루어질 수 있다고 할 수 있다.

2. 구성주의 이론

1) 구성주의 이론의 배경과 의미

철학사와 인식론 등에서 구성주의(constructivism)라는 용어의 기원은 쉽게 찾아보기 어렵다. 누구에 의해서 최초로 사용되었고 또 어떻게 그 이론이 정립되었는지 분명하지 않다. 다만 구성주의는 전통적인 객관주의(objectivism) 관점인 행동주의와 인지주의 인식론을 비판하며 학습자 스스로 지식을 구성한다는 견해를 강조하면서 등장하였다. 이러한 구성주의의 인식론적 근간을 소크라테스 이전의 초기 회의주의자에서 시작된 것으로 보기도 하나 보편적으로 인간은 자기 스스로 만든 것을 가장 잘 이해한다고 믿었던 18세기 철학자 비코(Vico, 1668~1744)에서 찾을 수 있다. 그는 "인간의 정신은 불확실한 본성을 갖고 있기 때문에 알지 못하는 것에 부딪히면 자신을 만물의 척도로 삼아 알지 못하는 일체를 판단한다라고 하였다". 이후 대표적 급진적 구성주의자 글라저스펠트(Glassersfeld)는 구성주의를 교육에 국한시켜 하나의 이론적 개념으로 체계화하였다(오윤선 · 황인숙, 2021).

구성주의 이론은 기존의 객관주의적 인식론에 대한 대안적 인식론, 곧 상대주의적 인식론을 바탕으로 하여 객관주의적 인식론의 여러 문제점을 극복하려는 데서 출발하였다. 구성주의는 철학적으로 인식론적 입장에서 그리고 인지적 또는 심리학적으로는 피아제(Piaget)와 비고츠키(Vygotsky)를 중심으로 시작되었다고 할 수 있다. 그러나 그것을 사회문화적으로 접근했을 때는 '포스트모더니즘'과 만나게 된다. 그리고 그것을 특히 정보통신기술의 발달에 휩싸여 있는 우리의 현실로 초점을 돌리면서 어느새 '정보화'라는 개념을 통해 구성주의와 조우하게 된다. 이처럼 구성주의는 교육이라는 특수한 환경에서 이루어지는 하나의 거대한 패러다임이며 담론이다(Dolls, 1993). 이것을 좁게는 학습이론으로 볼 수도 있지만(Fosnot, 1996), 구성주의는 새롭게 연구된 이론이 아니라 현장에서 실천되어 왔던 것으로 볼 수 있다.

구성주의는 경험학습이론에서 언급된 듀이(Dewey)의 사상과 매우 관련이 있다. 그러나 그것이 산업시대를 지배하던 거대담론으로서의 객관주의적 인식론에 의해 파묻혀 있었던 것이고, 정보화시대를 맞이하여 이 시대에 더욱 적합한 이론으로 재등장하게 된 것이다. 따라서 구성주의는 구성주의라는 용어를 사용하지 않았으나 이미 현장에서 구성주의적으로 실천되고 있던 생각과 활동을 하나의 이론적 틀로 묶어주는 역할을 하고 있으며, 청소년지도 현장이 청소년의 자율적 참여에 의한 자기주도적 학습활동이 바람직한 상황에서 구성주의 이론은 자기주도적 학습을 설명하는 중요한 이론적 근거가 되었고, 이것이 청소년지도에 있어서도 같은 맥락에서 적용되면서 청소년 지도방법의 이론적 토대가 된 것이다.

구성주의 이론의 핵심은 맥락과 구성이다. 특정된 사건을 바라보는 인식의 주체는 자신의 맥락적 인지구조 속에서 어떤 지식을 짜임새 있게 조직하고 형성한다. 여기서 맥락이 상황적 요소로서 객관적 조건이라면, 구성은 실천적 요소로서 주관적 조건이라고 할 수 있다. 구성과정의 특성에 따라서 인식의 주체는 사건을 맥락에 따라서 자연스럽게 인식하고, 여기에 맥락에 대한 주체의 의지적 요소가 개입하여 비판, 문제 제기, 대안 모색 등을 통해 적극적인 지식 형성이 이루어지는 것이다.

이 같은 구성주의 이론을 청소년지도에 적용하면, 지식은 감각이나 의사소통을 통해서 수동적으로 받아들여지는 것이 아니라 인식 주체인 청소년에 의해서 능동적으로 구성되는 것이다. 따라서 청소년지도에서 청소년들의 능동적이고 자기주도적인 활동이 강조되어야 하고 청소년지도사는 이를 도와주는 안내자, 촉진자, 코치, 조력가여야 함을 의미한다. 또한 지식의 구성은 청소년으로 하여금 경험세계를 조직하는 데 도움을 주는 것이지 객관적으로 존재하는 실제를 발견하도록 하는 것이 아니라는 것이다. 따라서 청소년지도는 청소년이 습득하여야 할 지식의 덩어리가 아니라 청소년지도사와 청소년이 함께 탐험해야 할 하나의 큰 아이디어 네트워크이고, 이러한 지도과정은 고정적인 것이 아니라 지도활동 속에서 청소년의 상황에 따라서 재구성되어야 함을 의미한다(전희일 외, 2018).

2) 구성주의 이론의 특징

구성주의 이론이 가지는 특징은 다음과 같이 여섯 가지로 구분된다(오윤선 · 황인숙, 2021).

첫째, 구성주의에서 지식이란 인식 주체가 결정하는 상대적인 것으로 개인에게 의미 있고 타당하고 적합하다고 여겨지는 것이면 모두 타당하다고 본다. 따라서 맥락에 적합한 의미를 구성하는 데 초점을 맞춘다. 이러한 인식론은 포스트모더니즘(post-modernism) 사조와도 일치한다. 객관주의에서 절대적 진리와 지식이 존재하며 이를 습득하는 것이 교육 및 활동의 목표가 된다.

둘째, 구성주의에서는 신체적 · 사회적 경험을 통해 사고영역이 성장한다고 본다. 따라서 지도자는 다양한 활동, 직접적인 실습 및 체험학습, 사물에 대한 조작 및 실험 등을 중심으로 직접적으로 활동하며 배울 수 있도록 구성하도 인도하는 것이 필요하다. 또한 지도자는 학습자가 세상을 이해하도록 도울 수 있지만 자신의 세계를 구성하도록 강요해서는 안 된다. 한편 객관주의는 사고영역이 외부 실재를 반영하고 외부 실재에 의해 통제된다고 본다.

셋째, 구성주의에서 교사는 학습자를 위한 안내자, 조력자, 촉진자, 지지자의 역할을 수행한다. 이는 학습자 개인에게 전통적 행동양식이나 지식을 정확히 전수하는 지식의 전달자, 정보처리 활성자, 관리 감독자가 아닌 학습자가 무한한 인식 또는 생각을 창조할 수 있도록 안내하며 도와주는 역할을 한다.

넷째, 구성주의에서는 학습자를 의미의 능동적 구성자인 동시에 산출자로 본다. 객관주의에서는 학습자를 정보의 수동적 수용자로 보는 반면에 구성주의에서는 학습자를 능동적 · 창조적 · 개성적이며, 무한한 가능성을 가지고 있다고 본다. 따라서 학습자 개인의 아이디어가 존중되고 그것을 활동에 최대한 반영한다.

다섯째, 구성주의에서는 협동학습 환경을 중시하여 다양한 견해와 인식과 문제해결력, 사고력, 인지적 전략의 습득을 중요시한다. 이는 개별적인 학습환경을 중시하여 개인과제, 개인활동, 개인성취의 중요성을 강조하며 지식의 암기와 축적을 중요시하는 것과 확연한 차이를 보인다.

여섯째, 구성주의 교육과정은 창조적 · 실용적 교육과정으로 학습자의 특성, 적성, 관심, 성취 수준뿐만 아니라 학부모 및 지역사회의 요구와 특성이 반영된다.

교육체제에서 구성주의는 이미 학생중심교육이나 열린 교육 등으로 우리에게 잘 알려져 있다. 대학진학을 위한 학업문화 그리고 입시를 위한 주입식 교육을 위주로 하는 우리나라에서 비록 소수이지만 시행되어져 왔다. 나아가 구성주의는 집단지성, 적시학습, 개별화 교육으로 이미 변화하고 있는 현대교육은 물론 초등학생도 인터넷을 검색해서 다양한 정보와 지식을 활용하는 상황에서 방대한 정보를 활용하여 스스로 무엇을 만들어 낼 것인지 고민해야 하는 미래사회교육을 이끌어 갈 중요한 이론이라고 할 수 있다.

구성주의의 특징을 명확하게 이해하기 위해서 전통적 지식관으로 인정되어온 객관주의와 특징을 비교해 보면 다음 〈표 5-1〉과 같다.

〈표 5-1〉 객관주의와 구성주의의 비교

구분	객관주의 구분	구성주의 주요내용
지식	• 보편타당한 절대적 진리와 지식 • 인식 주체와 독립되어 외부에 존재	• 맥락에 적합한 의미 구성 • 마음의 산물로 인식 주체에 의해 결정
의식	• 상징의 처리자, 자연의 거울	• 상징의 구성자, 자연의 해석자
사고	• 외부 실재를 반영 • 외부 실재에 의해 통제	• 지각과 구성에 근거하며 신체적, 사회적 경험을 통해 성장
의미	• 인식 주체와 독립	• 인식 주체에 이해 결정
상징	• 실재를 표상 • 외부 실재의 내적 표상	• 실재를 구성하는 도구 • 내부 실재의 표상

구분	객관주의 구분		구성주의 주요내용	
대표유형	행동주의	인지주의	인지적 구성주의	사회적 구성주의
학습	외현적 행동 변화	인지구조 변화	개인의 주관적 경험에 근거한 의미 구성	사회적 상호작용을 통한 의미 구성
학습자관	외부 자극에 반응하는 수동적 학습자관	내적으로 정보를 처리하는 능동적 학습자관	환경과 상호작용하여 의미를 구성하는 능동적 학습자관	
교육과정	교과서 중심의 기본 기능 강조		다양한 자료에 근거한 구성활동 강조	
교수	지식과 정보의 전달	지식과 정보의 전달 또는 발견	개인적 이해를 위한 사고 안내	지식의 공동 구성
지도자의 역할	관리자, 감독자	정보처리 활성자	촉진자, 안내자	촉진자, 안내자, 공동참여자
학습자의 역할	정보의 수동적 수용자, 청취자, 추종자	정보의 능동적 처리자	구성자, 산출자, 해석자, 의미의 능동적 설명자	
핵심개념	자극, 반응, 강화	정보처리, 정교화	개인의 구성적 과정	사회·문화적 동화
주요 수업전략	연습과 피드백	정보처리 전략	유의미한 아이디어와 자료 등과 상호작용할 수 있는 풍부한 학습기회 제공	유의미한 아이디어와 자료 등과 상호작용할 수 있는 풍부한 학습기회를 학습자와 공동 구성
주요매체	다양한 전통적 매체와 CAI	컴퓨터에 기초한 수업	인터넷, 다양한 구성도구	
평가	양적 평가, 총괄평가 강조		질적 평가, 형성평가 강조	
주요 이론가	Skinner, Thorndike	Bruner, Ausubel	Piaget, Glasersfeld	Vygotsky, Rogoff

출처: 오윤선 · 황인숙(2021). pp.137-138.

3) 구성주의의 유형

(1) 인지적 구성주의

인지적 구성주의는 지식의 형성과정에서 인간의 인지적 작용을 주요 요인으로 보고 상대적으로 사회적 · 문화적 측면과 역할을 크게 관심을 두지 않는다. 대표적인 학자로는 피아제(Piaget), 본 글래저스펠트(von Glasersfeld), 콥(Cobb) 등이 있다. 인지적 구성주의는 주로 피아제의 발달심리에 그 이론적 근거를 두고 교수-학습 환경에서의 실제 적용을 위한 교수-학습 전략이나 원칙에 대하여 논한다.

인지적 구성주의에서 지식이란 이미 생물학적으로 결정된 발달의 고정된 틀 안에서 동화(assimilation)와 조절(accommodation)이라는 인지적 작용에 의해 구성된다고 보았다(Russell, 1993). 즉, 지식이 형성되는 과정을 개개인의 인지적 구조 변화와 활동에 초점을 두고 상대적으로 사회적 · 문화적 요인은 크게 고려하지 않았다.

구성주의는 지식이 임시적 · 발달적 · 비객관적인 것으로 보며, 내적으로 구성되고, 사회와 문화에 의해 중재되는 것으로 본다. 지식은 보편적인 형태로 존재하는 것이 아니라 저마다 능동적이고 자발적인 인지적 구성과정을 통하여 형성된다. 구성주의는 특히 지식의 객관적인 성격을 강조하는 관점과 대비된다. 이러한 차이점은 지식에 관한 다음의 사항에서 뚜렷하게 나타난다(전제아, 2001).

첫째, 구성주의는 지식이 이미 고정되어 있는 것이 아니라 개체적인 인간의 경험에 의해 구성된다고 본다. 구성주의에서는 지식을 창조하고 구성해 가는 과정을 중요하게 여긴다. 즉, 구성주의는 객관적 진리 또는 지식이 외부에 놓여 있는 것이 아니라 각자의 경험에 기초하여 구성된다고 본다.

둘째, 지식은 일방적으로 외부에서 내부로 '전수'되거나 '주입'될 수 없다고 본다. 지식은 그들이 개별적 경험을 토대로 어떻게 의미를 부여하는가에 따라 달리 구성된다.

따라서 지식은 개인적 · 주관적 성격을 띤다. 또한 지식은 고정불변의 절대적인 덩어리로 존재하는 것이 아니라 자신의 외부 환경과 상호작용하는 과정에서 산출되는 결과이다.

셋째, 개별적으로 구성한 지식은 타인과의 상호작용 속에서 그 타당성을 검토하여 지식으로 형성된다. 따라서 지식은 객관적인 실체가 아니라 단지 현재 사회구성원들이 상황에 대하여 내린 해석 가운데 가장 타당한 것이라고 본다.

넷째, 구성주의에서의 지식의 형성과정은 기존의 지식을 바탕으로 새로운 지식을 구성하여 창출하는 과정으로 본다. 교육은 학습자의 주관적 경험에 근거하여 지식을 구성하고 실제 세계의 상황적 맥락 속에서 일어나는 개인적 의미 창출의 연속적인 과정이다. 따라서 교육과정에서 지식은 상황적 · 맥락적 특성을 반영할 수 있어야 한다.

이와 같이 인지적 구성주의는 지식의 개체적 성격을 옹호하는 경향이 강하며 고유한 경험과 이해를 존중한다는 점에서 강한 호소력을 지닌다. 더욱이 20세기 후반 이후로는 지식의 보편 타당성이라는 개념 자체가 공공연한 도전의 대상이 되는 상황과 맞물려서 인지적 구성주의는 지식의 개체성을 지지하는 주요한 흐름으로 여겨졌다. 인지적 구성주의 관점은 사회적 상호관계를 통해 인지적 평형 상태가 깨어질 수 있고, 그 결과 보다 높은 수준의 새로운 구조를 지니게 되는 촉진요인이 될 수 있다는 점에서 사회적인 관계의 중요성을 배제하지 않고 있다. 하지만 사회적 상호작용이 개인의 인지적 발달에 절대적인 영향을 미치는 것으로 보는 사회적 구성주의 입장과는 상당한 차이가 있다(이혜경 외, 2020).

(2) 사회적 구성주의

인지적 구성주의가 지식의 형성과정에서 개별적인 인지적 구성에 초점을 두는 반면, 사회적 구성주의는 비고츠키(Vygotsky, 1978)의 발달심리 이론에 근거하여 인지적 발달은 '사회적 상호작용이 내면화되어 이루어지는 것'으로 본다. 즉, 사회적 구성주의자는 인지적 혼란을 평정하려는 방법보다는 인지적 혼란을 일으키는 원인인 사회적 상호작용에 더욱 관심을 기울인다. 따라서 사람과의 의견 충돌이 있을 때, 인지적 구성주의자와 같이 의견을 조정하여 일치점을 도달하는 과정을 중요시 여기지 않는다. 대신 의견들 간의 갈등과 차이에 더욱 가치를 두고 그런 견해 차에 노출됨으로 인해 오히려 자신의 견해와 관점에 대한 자아성찰(Cole, 1992)이 이루어질 수 있다고 본다. 사회적 구성주의는 인지적 구성주의가 지식 구성의 과정에서 사회적 관계, 활동 등을 도외시 했다고 비판한다(Cunningham, 1992).

사회적 구성주의자에 따르면, 인간을 동물과 구분시켜 주는 것은 사회라는 세계이며, 사회라는 곳은 인간이 태어나 자라면서 그들의 속한 사회만이 지니고 있는 독특한 문화적 · 행동적 양식을 습득하는 곳이다. 따라서 한 개인이 성장한다는 것은 그가 속한 사회와 그 구성원 간의 상호작용을 통해서이다. 사회적 구성주의자에 따르면, 인간은 어느 특정 사회에서 태어나 자라면서 그 사회의 독특한 문화와 행동양식을 습득한다. 사회적 구성주의자는 인간의 인지적 구성작용에 의해서 지식을 파악할 뿐만 아니라 각자가 속한 특정한 사회에서 다른 구성원과의 지속적인 상호작용, 지속적인 사회적 참여 등을 통하여 그 사회가 공유하는 행동양식, 지식과 기술을 습득하는 과정에서도 파악한다. 사람들 사이의 역동적인 관계 그리고 그들이 만들어 내어 공유되는 사회적 행동 등을 강조하고, 아울러 그 안에서 사회적 참여와 그 구성원들과의 상호작용 등의 의미를 부각시킨다. 물론 사회적 구성주의는 여전히 구성주의라는 기본적인 특징을 유지하고자 하기 때문에 지식의 개체적 성격을 추구한다. 즉, 사회적 구성주의자는 개인의 개별성과 사회문화적 관계를 서로 분리시켜 생각할 수 없다고 보기 때문에 개개인의 개별성은 매우 탄력성 있게 대처할 수 있는 생물학적 기본 체제 위에 독특한 특성을 지닌 사회역사적 요소가 가미되어 생성된 결과이며, 또한 이렇게 형성된 개개인의 독특한 특성은 역으로 역동적인 사회문화적 그물망이라 할 수 있는 다른 사람과의 잡합체에 영향을 미쳐 그 집단의 발전을 이끄는 원동력이 된다.

비고츠키(1978)의 근접발달영역(zone of proximal development, ZPD)이라는 개념은 사회적 구성주의 원칙의 가장 핵심인 "지식은 사회적 참여를 통해 구성된다."라는 원칙을 잘 설명한다. 근접발달영역은 학습할 영역에 대해 전문적 지식과 기술을 지닌 사람이 학습자의 학습을 도와줄 경우, 학습자 개인이 혼자 도달할 수 있는 인지적 발달 수준보다 더 나은 수준에 이를 수 있다는 것이다(Cunningham, 1992). 이때 이들에 의한 학습적 도움은 기존의 지식이나 기술의 전달방식처럼 일방적 · 직접적으로 지식을 전달하는 형태와는 달리 안내자 및 조언자의 형태를 띤다. 따라서 학습자 스스로 완전히 문제해결의 전 과정을 다룰 수 있는 단계에 이르기까지 점차 안내자 · 조언자의 참여 · 간섭을 줄여 가고 결국에는 완전히 사라지게 되는 것이다.

이처럼 인지적 구성주의와 사회적 구성주의 관점에 있어서 차이점을 보이지만 둘 다 구성주의라는 공통점을 지닌다. 스코터(Shotter, 1998)는 인지적 구성주의와 사회적 구성주의의 공통점을 다음과 같이 설명하였다. 첫째, '사물'과 '실체'에 초점을 두는 대신 '활동'에 초점을 둔다. 둘째, 지식의 발달에 있어서 '의미를 만드는 것'은 '의미를 찾는 것'보다 더 중요하며 창의적인 과정이 발견의 과정보다 더 중요하다. 셋째, '외부 세계'라고 일컬어질 수 있는 독립적인 세계가 존재하지 않기 때문에 절대적 실재에 대한 지식을 논하는 것은 무의미하다. 넷째, 만일 인간이 구성적인 틀을 넘어서서 어떤 '사물'이나 '활동'을 접할 수 있다면 그 특성들은 우리에게 이해될 수 있는 활동과 관련된 경우를 제외하고는 아는 것이 불가능하다. 다섯째, 구성적인 활동에 관한 우리의 주된 관심은 비록 대부분이 가정된 외부 세계와 일치하는가의 관점에서 이론들을 논하기보다는 여전히 이론들 자체에 초점을 둔다. 그리고 그 가치를 평가함에 있어서는 일관성, 유용성, 효과성, 표현성, 적절성과 같은 개념들을 기준으로 삼는다. 여섯째, 이는 우리 사이에서 또 다른 일반적인 동의가 이루어진다는 것을 시사한다. 즉, 원인과 결과보다는 의미와 중요성을 고려한다는 것이다. 일곱째, 모든 사람이 상호작용에 초점을 두기는 하지만 그중 몇몇은 그 과정 중에서 발생한 일을 강조하는 반면, 다른 사람은 이미 구성된 산물들을 중시한다. 하지만 우리 모두가 사회적으로 발전되었거나 발전되고 있는 상호작용의 과정에서 발생하는 것에 초점을 두지는 않는다. 여덟째, 이론과 실천 사이의 관계에 대한 일반적인 동의가 없다.

4) 구성주의 학습원리

구성주의 학습원리는 다음의 다섯 가지로 정리할 수 있다(강인애, 1998).

첫째, 체험학습의 원리이다. 이것은 기존 학습환경에서 주어진 지식을 흡수하는 수동적 입장의 학습자에게 적극적이며 자율적인 지식 형성자로서의 변화를 의미한다. 따라서 모든 확습환경도 이런 적극적 · 자율적인 학습자의 생각과 지식 그리고 능력을 적극 발휘시킬 수 있도록 조성되어야 한다.

둘째, 자아성찰적 학습원리이다. 이것은 자신의 모든 개인적 경험, 일상적인 사건과 현상에 대하여 아무런 생각 없이 무심코 지나쳐 버리지 않고, 그 하나의 사건과 경험의 의미와 중요성에 항상 의문을 가지고 분석을 하는 인지적 습관을 일컫는다. 즉, 당연하게 받아들이던 모든 것에 대하여 질문을 던지고 분석해 보며 그 대안을 구해 보는 것이다. 이런 일련의 인지적 사고를 해봄으로써 지금껏 그냥 지나쳐오거나 당연하게 받아들였던 현상이나 사건에 대한 새로운 시각과 차원을 발견하게 되고 나아가 자신의 생각이나 견해를 좀 더 논리적이며 설득력 있게 정리할 수 있다.

셋째, 협동학습의 원리이다. 구성주의에서 말하는 지식 구성은 사회적 요소와 개인의 인지적 요소 간의 통합을 통해 이루어지는 것을 의미한다. 따라서 구성주의적 학습환경은 반드시 학습자가 속해 있는 사회구성원 간의 협동학습 환경을 전제로 이루어져야 한다는 것을 의미한다. 이는 개인의 인지적 작용 결과로서의 의미 부여와 해석에 대한 검증의 역할을 하기 때문이다. 또한 학습자는 협동학습 환경을 통해 특정 경험이나 현상에 대한 다양한 접근과 시각에 노출될 수 있다.

넷째, 과제중심 학습원리이다. 구성주의는 교육과 성과, 또는 교육과 실생활과의 연계성을 매우 강조한다. 이러한 연계가 이루어지려면 과제의 성격이 실제 생활과 밀접하게 연결되어 있어야 하고, 그 과제를 풀어가는 학습의 장은 반드시 구체적 '상황성'이 전제되어야 한다. 이렇게 실제 상황성이 깃든 과제나 학습내용은 기존의 교과서 중심적 학습내용이나 과제보다 훨씬 인지적으로 도전적이고 깊은 사고를 요하게 한다. 당연히 학습자로부터 과제에 대한 주인의식과 학습에 대한 내적 동기부여를 기대할 수 있다.

다섯째, 학습의 조력자이며 동료-학습자로서의 역할이 있다. 전통적으로 교사에게 부여되었던 역할을 학습자에게 이양한다는 것이다. 구성주의에서 강조하는 것은 교사 역할이나 존재의 부정이 아니라 역할의 변화를 의미한다.

〈표 5-2〉 구성주의의 학습원리

구분	주요내용
체험학습	• 학습자의 선수지식, 관심, 배경에서 학습의 출발 • 문화적 동화를 통한 전문인으로서의 변화
자아성찰적 학습	• 자기주도적 학습, 자기규범적 학습, 문제해결 능력 • 토론을 통한 성찰적 사고 실천
협동학습	• 다른 학습자와의 대화 참여를 통한 문화적 동화 • 집단 시너지효과(학습효과, 다양한 시각 노출) • 개인 생각이나 견해에 대한 타당성 검증 및 심화학습
과제중심학습	• 학습과 성과의 연계성(지식의 전이성 증가) • 학습과제의 상황성과 실제성 고려 • 학습동기의 증가(주인의식)
교사의 역할: 동료-학습자	• 학습의 조력자, 코치 • 학습자와의 대화 참여를 통해 새로운 시각, 내용 등을 학습할 기회 • 학습자에 대한 참된 의미의 신뢰와 권위 이양 실천

출처: 이혜경 외(2020).

5) 구성주의 학습모형

구성주의에는 여러 가지 학습의 형태가 있으나 대표적으로 월취(Wertsch, 1947)의 대화학습, 콜린스와 브라운 그리고 뉴만(Collins, Brown, & Newman, 1989)의 인지적 도제학습, 바로우(Barrows, 1928)의 문제중심학습, 말라구찌(Malaguzzi, 1920)의 소집단 프로젝트 학습을 들 수 있다. 이러한 다섯 가지의 학습모형에 대한 구체적인 내용은 다음과 같다(김정열, 2015).

(1) 대화학습

월취(Wertsch)는 언어가 지니는 대화적 기능에 주목하여 대화학습을 구성주의적 학습 모델로 제시하였다. 언어의 대화적 기능은 언어를 매개로 한 양방향적이고 수평적인 의사소통을 통해서 의미를 창출하고 공유하는 것을 말한다. 이는 일방적인 전달과 수용을 특징으로 하는 일방향적이고 수직적인 의사전달과는 다르다. 대화학습은 언어적 상호작용이 고등정신기능의 기원이라는 비고츠키의 아이디어에서 착안한 것이다.

대화학습을 통해서 학습자의 고등정신기능을 발달시키려면 교육지도자와 학습자 간의 대화는 정형적이고 표준화된 것이어서는 안 된다. 대화는 수평적이고 개방적이며 상황에 따라 유연해야 하고, 학습자의 지적 호기심과 동기를 자극할 수 있어야 하며, 학습자를 지식 구성의 주체로 인정할 수 있는 것이어야 한다.

(2) 인지적 도제학습

인지적 도제학습(cognitive apprenticeship learning)은 전통사회에 장인과 도제관계에서 장인의 도움으로 도제가 기술과 인성을 함양하여 전문가로 성장해 가는 방식과 비고츠키의 근접발달영역의 개념을 결합시켜 나타난 구성주의 학습모형이다.

'인지적'이라는 말을 붙임으로써 전통적 도제학습의 단순한 관찰과 반복과는 달리 성찰, 초인지 등과 같은 인지기능의 활용이 중요함을 나타내고 있다. 인지적 도제학습 모형은 비고츠키의 근접발달영역의 개념을 학습에 적용한 것으로서, 이 모형에 따르면 장인(전문가)의 도움에 의해서 도제(학습자)가 잠재적 발달수준으로 원활하게 성장해 간다.

구체적으로 전문가가 시범을 보이는 시연단계(modeling), 문제해결을 위한 인지적 틀을 제시하는 교육적 도움단계(scaffolding), 학습자가 스스로 문제를 해결해 갈 수 있도록 점차적으로 교육적 도움을 중지해 가는 단계(fading)를 통해서 학습이 이루어진다. 이러한 과정에서는 학습자의 체험활동, 학습활동이 이루어지는 집단 내 문화와 맥락이 중요시된다.

(3) 문제중심학습

문제중심학습(problem based learning)은 학습자가 어떤 문제에 대해 자신의 입장, 견해, 해결책을 설명하고 옹호해 가면서 문제해결능력을 길러가는 방식이다. 문제중심학습의 중심이 되는 문제는 해결책이 다양하게 도출될 수 있는 비구조성, 현실을 바탕으로 하는 실제성, 학습자 관련성 등의 특성을 갖추는 것이 필요하다. 문제를 해결해 가는 학습과정은 자기주도적인 개인학습과 협동적인 팀학습으로 구성되며, 이 과정에서 학습자의 역할과 학습의 결과물에 대한 방향이 명확하게 제시되어야 한다.

(4) 소집단 프로젝트 학습

소집단 프로젝트 학습은 프로젝트 형식의 구체적인 과제를 소집단의 협력을 통해 해결해 가는 과정에서 학습이 이루어지도록 하는 것이다. 이 학습모형에는 소집단의 협력을 통한 언어적 상호작용에 의한 지식의 구성과 개인적 내면화, 근접발달영역의 도움주기(scaffolding), 프로젝트를 통한 삶과 관련된 과제의 실제적인 상황성이 포함되어 있다. 그리고 이러한 학습모형의 전형은 교사는 안내자의 역할을 하고, 아동들이 스스로 계획한 장기 프로젝트를 진행해 가는 것이다. 일반적으로 시작 단계(소집단 구성, 흥미와 동기유발, 과제 설정과 파악, 계획 등), 전개 단계(협력활동, 대안 모색과 문제해결 등), 정리 단계(평가와 반성, 성과 발표 등)를 거친다.

PART

2

청소년지도의 실제

Chapter 06

청소년지도의 단계

최근 우리 사회에서 청소년 교육의 문제점이 인성 교육과 창의성 교육이라는 점이 드러나면서 학교교육의 보완교육에 대한 대안 마련의 목소리가 점점 커져가고 있는 가운데, 처음부터 청소년의 균형적 성장을 지원하기 위한 청소년지도 영역에 대한 세심한 배려가 더욱 절실히 필요한 시점이 되었다.

청소년지도는 지도자가 청소년들을 처음 만나는 것에서부터 시작하여 청소년지도의 목적을 달성하고 지도를 종결하기까지의 일련의 과정을 거친다. 청소년지도는 대체로 사전 단계와 초기 단계, 중간 단계, 종결 단계, 평가 단계의 다섯 단계를 거치면서 진행된다. 이는 청소년지도가 단지 직선적으로 진행되는 것이 아니라 몇 가지 중심적인 경로에 따라 진행됨으로써 하나의 단계가 바로 후속하는 다음 단계의 내용과 방법을 결정하고, 그 다음의 단계 또한 그 이후의 단계를 결정하는 방식으로 이루어짐을 뜻한다. 따라서 청소년지도는 일종의 계속적이고 지속적인 결정과 수정의 과정이라고 할 수 있다.

청소년지도의 과정에서 청소년지도사가 수행해야 할 과업은 각 단계마다 다르며 이를 요약하면, 사전 단계에서는 청소년 집단을 구성함과 동시에 지도활동 전반에 대한 계획을 수립하여야 하고, 초기 단계에서는 지도목적의 제시와 청소년 상호 간의 지지적인 관계를 형성해야 하며, 중간 단계에서는 청소년 집단의 목적성취 또는 문제해결을 위하여 지도사가 적극적으로 개입하여야 한다. 그리고 종결 단계에서는 청소년들이 경험한 내용을 일반화하고 활동 종결에 대한 감정을 효과적으로 처리할 수 있도록 지도하고, 평가 단계에서는 참여 청소년의 성취도, 만족도 등을 준거로 지도과정 전체를 평가하고 그 결과를 피드백해야 한다. 이 장에서는 각 단계별로 지도자가 수행해야 할 활동 및 개입전략 등에 대해 살펴보고자 한다.

1. 사전 단계

사전 단계는 청소년지도사와 청소년이 대면하기 이전의 단계로서 계획 단계라고도 한다. 실제 지도활동 이전에 계획 단계는 청소년지도의 성패를 좌우할 만큼 중요하다. 그러므로 사전에 무엇을 어떻게 지도할 것인가를 체계적으로 계획하는 것이야말로 청소년지도사의 가장 핵심적인 과제라고 할 수 있으며, 이를 통해 지도활동에 대한 사전 점검이 이루어질 수 있다.

1) 지도목표의 설정

지도목표는 청소년지도의 일반적인 목적, 프로그램 목표, 단기 지도목표 등의 위계로 구분될 수 있다. 프로그램을 설계하고 개발하는 데 있어서 프로그램 목표를 설정해야 하고, 프로그램 내의 각 단위활동을 계획하는 데 있어서도 구체적인 목표를 진술해야 한다. 이러한 다양한 위계적 수준의 목표들은 다음과 같은 기능을 가진다(전희일 외, 2018).

첫째, 지도목표는 청소년지도의 지침이 되고 평가의 준거가 될 수 있도록 구체적이고 명세적이어야 한다. 목표는 지도의 방향을 안내하는 기능과 학습경험 선정 기준으로서의 기능 그리고 평가준거로서의 기능을 갖는다. 따라서 구체적이고 명세적인 형태로 진술될 때 목표 기능을 충실하게 수행할 수 있다.

둘째, 지도목표는 청소년들에게 의미 있는 것이어야 한다. 즉, 목표의 의미성이란 청소년의 직접적 · 장기적 생활설계에 도움이 되어야 한다는 것과 그것이 청소년의 현재 준비도에 비추어 성취 가능한 것이어야 한다는 것을 포함한다. 만일 청소년이 지도목표의 중요성과 필요성을 의심하거나 인정하지 않을 경우, 또한 청소년이 지도목표를 성취하기가 너무 어렵다거나 이미 알고 있는 것이거나 할 때는 지도 효과를 기대할 수 없다. 이러한 측면에서 지도목표의 의미성은 청소년의 학습동기와 직접적으로 관련된다.

지도목표가 이와 같은 기능을 제대로 발휘하려면 청소년지도사는 다양한 수준의 지도목표들을 분석하고 이해하여야 한다. 청소년지도의 일반적인 목적은 청소년의 전인적 성장과 사회적응력을 신장시키는 데 있다. 이것은 매우 추상적이고 포괄적인 목적이다. 그러나 프로그램 목표나 단위활동의 목표에 이르면 이는 구체적이고 명세적인 수준의 목표가 되어야 한다. 그리고 각 수준의 목표는 제각기 독특한 기능을 가지고 있으나, 궁극적으로는 상호일관성과 통합성을 유지하여야 한다.

2) 청소년 특성의 진단

청소년의 특성은 크게 지적 특성과 정의적 특성으로 구분될 수 있다. 지적 특성은 청소년 개인이 지도 장면에 끌어오는 지적 성질을 띤 과거 학습의 누적적 총체를 지칭한다. 이 속에는 지능, 적성, 인지양식(cognitive style), 선행학습 등이 포함된다. 이것을 개념상 일반 지적 행동, 특수 지적 행동, 준 일반 지적 행동으로 나누어 볼 수 있다(성열준 외, 2015).

첫째, 일반 지적 행동은 청소년지도의 거의 모든 영역에 영향을 줄 수 있다고 상정되는 고도로 일반화된 지적 능력이며, 이것은 대부분 생애 초기에 일찍이 형성된 능력이라고 할 수 있다. 대표적인 예가 지능과 언어 능력이다. 그 예로 8세 이전에 개인이 개발 가능한 지능의 약 80%가 결정되며, 언어능력 또한 비슷한 발달 경향을 보인다.

둘째, 특수 지적 행동은 청소년지도의 특정 수련과제와 밀접히 관련된 선수학습 능력이라고 할 수 있다. 컴퓨터 지도활동에 앞서 청소년들이 갖고 있는 컴퓨터에 대한 사전정보나 처리 능력이 특수 지적 행동이다.

셋째, 준 일반 지적 행동은 일반 지적 행동과 특수 지적 행동의 중간쯤에 속하는 능력으로, 일반적이지 않지만 대부분의 영역에 영향을 미치고, 그렇다고 구체적으로 어떤 분야에 관련된 특수한 능력이 아닌 것을 지칭한다. 대표적으로 독해력과 수학 능력을 들 수 있다.

정의적 특성은 지적 특성보다 정의하기 어려운 복합개념이다. 흔히 이것을 총칭하여 동기라는 용어로 표현하기도 하지만 이보다 더 구체적이고 조작적이라고 말할 수 있다. 브룸(Bloom, 1976)은 이를 흥미, 태도, 자아관의 복합체라고 정의하고 있는데, 이 정의 또한 구체적이기는 하지만 정확한 개념이라고 보기 어렵다.

이 같은 정의적 행동은 그것이 학습과제와 얼마나 직접적으로 관련되어 있느냐에 따라 일반 정의적 특성과 준 일반 정의적 특성 그리고 특수 정의적 특성으로 구분될 수 있다. 흥미, 태도, 자아개념 등은 모두 이 같은 차원에서 개념화될 수 있다. 예를 들어, 흥미의 경우 일반 흥미와 준 흥미(지도활동에 대한 흥미), 특수 흥미(특정 프로그램에 대한 흥미)로 구분이 가능하다.

일반 정의적 행동은 초기의 가정환경, 과거 장기간의 개인 생활사 속에서 형성된 것이기 때문에 그 변화 가능성이 적은 반면, 특정 프로그램 또는 활동 영역에 관련된 흥미, 태도, 자아개념 등은 몇 시간, 몇 주 혹은 한두 달의 비교적 짧은 기간에 의해 형성된 것이기 때문에 쉽게 변화 가능한 것이다. 이것은 청소년지도활동에 보다 많은 영향을 미치는 특수변인들이 집단 속의 지도사와 청소년의 상호작용에 의해 비교적 쉽게 변화될 수 있음을 시사하는 것으로, 지도사들에게 낙관적인 관점을 제공해 주고 있다고 말할 수 있다.

정의적 특성의 발달은 특수한 것에서 점차 일반적인 것으로 형성된다. 따라서 청소년지도활동에서 청소년들이 특정 프로그램에 대해 보다 긍정적인 흥미와 태도를 갖도록 지도하는 것은 그들의 일반 정의적 특성을 변화시키는 중요한 요소가 된다. 자신들의 생활을 그들 스스로 재미없고 무미건조한 것으로 지각하고 있는 청소년들에게 청소년지도활동이 매우 유익하고 가치 있는 것이 될 수 있다는 것은 그들의 흥미와 태도, 자아개념 등을 보다 긍정적으로 변화시킬 수 있다는 신념 때문이기도 하다.

3) 집단의 구성

청소년지도는 대부분 집단을 통해 이루어진다. 청소년지도에 앞서 청소년지도사는 청소년 개개인이 지닌 의도나 개인적 속성 등에 기초하여 집단을 구조화하고 집단의 크기와 형태를 결정하여야 한다. 청소년집단 구성에 관한 구체적인 내용은 〈표 6-1〉과 같다(이혜경 외, 2020).

〈표 6-1〉 사전 단계 집단의 구성

구분	내용
집단의 동질성과 이질성	청소년이 개인적 특성이나 지도활동에 참여하는 개인의 목적 및 관심사, 연령과 발달수준, 성별, 사회문화적 배경 등에 따라 집단의 성질을 결정해야 한다. 개인적 특성이나 목적의 유사성이 높은 집단을 동질적 집단이라고 하고, 이와 반대의 집단을 이질적 집단이라고 하는데, 지도목표에 따라 적합한 집단의 성질을 결정해야 한다. 대체로 비슷한 연령의 청소년들로 집단을 구성하는 것이 일반적이다.
집단의 구조화	청소년지도사는 청소년의 욕구충족과 지도목표 성취를 위하여 청소년의 행동특성에 기초하여 특정한 청소년들을 적절히 혼합하여 집단을 구성할 필요가 있다. 즉, 청소년지도사는 집단 내에서 청소년 간의 상호작용을 촉진하고 결속력을 증진시킬 수 있는 능력을 지닌 청소년들을 선별하여 각 집단에 의도적으로 포함시킬 필요가 있다.
집단의 규모	집단의 크기는 지도목표를 효과적으로 달성할 수 있을 만큼 작아야 하고 동시에 청소년이 만족스러운 경험을 할 수 있을 만큼 커야 한다. 따라서 청소년지도사는 청소년지도의 목표, 청소년의 욕구, 과업성취에 필요한 조건 등을 고려하고 소집단과 대집단의 장단점을 면밀히 검토하여 집단의 규모를 결정해야 한다.
개발집단과 폐쇄집단	청소년지도사는 어떤 집단의 형태를 취할 것인지 고민하고 결정해야 한다. 개방집단으 새로운 구성원으로부터 아이디어나 자원을 얻을 수 있고 집단의 영속성을 유지할 수 있는 장점이 있으나, 집단 정체감의 상실과 지도력의 결여 등으로 인하여 집단의 안정성을 유지하기 어려운 단점을 지니고 있다. 이에 비해 폐쇄집단은 집단 결속력이 높고 구성원의 역할이나 규범이 안정적이며 구성원 간의 협력이 잘 이루어지는 장점이 있으나, 새로운 사고나 가치의 유입이 어려우므로 집단적 사고에 빠질 위험이 있고, 구성원에 대한 순응의 요구가 많아질 수 있다는 단점이 있다.

출처: 이혜경 외(2020).

4) 지도환경 준비

프로그램 실행이 계획한 바대로 체계적이고도 원만하게 진행되느냐의 여부는 사전 단계에서의 점검 및 확인이 제대로 되어 있으냐에 달려 있다고 해도 과언이 아니다.

여기서 말하는 점검이란 주로 프로그램 지도 활동의 운영조직과 내용에 대한 사전 정비 및 연락을 취하는 것을 일컫는 말이다. 그러므로 여기서 중요한 것은 사전 연락과 제반 상태를 철저히 해두는 일이다. 확인이란 각 준비상황에 대하여 재차 점검하고 확정 짓는 것을 말한다.

이 준비 단계에서는 〈표 6-2〉에서 보는 바와 같이 일정한 준비 일정표를 작성해서 체계적인 준비를 해 나가는 것이 효과적이다. 프로그램 지도를 위한 사전 단계에서 중시되어야 할 사항은 당일 프로그램 지도 활동을 전개해나갈 지도안의 편성과 그에 대한 확인작업이 이루어져야 한다는 것과 체계적인 점검 및 확인을 위하여 사전 체크리스트를 작성하고 그에 의거하여 구체적인 항목을 점검 · 확인하도록 하는 것이다.

〈표 6-2〉 프로그램 운영을 위한 준비 사항

구분	점검 · 장비	행정 · 확인	비고
중점 처리 사항	1. 인적 체제의 정비 • 운영자의 확인 • 지도자 · 강사의뢰 및 연락 2. 역할분담 • 지도자의 역할 • 운영자의 역할 3. 조건의 정비 • 장소 확보 · 점검 • 프로그램 자료의 내용 • 재정확보 상태	1. 홍보실시를 통한 참여자 모집 2. 참가의 준비 • 참가자 명부 및 명찰 • 프로그램 형태 · 방법 • 프로그램자료 작성 3. 조건의 확정 · 확인 • 전개안 편성 • 프로그램환경 확보 및 확인 • 사전 체크리스트 확인	사전점검 확인철저

출처: 한국청소년개발원(2005).

2. 초기 단계

초기 단계는 청소년활동에 참가한 청소년들과의 첫 만남이 시작되는 단계로서 청소년들은 새로운 사람과 환경에 대한 긴장감과 어색함을 노출하게 된다. 긴장감과 어색한 분위기는 청소년들의 행동을 경직시키고 활동에 적극적인 참여를 꺼리게 한다. 따라서 초기 단계는 긴장되고 어색한 분위기를 해소하고 참가 청소년들의 닫힌 마음의 문을 열게 하여 우호적인 관계를 형성하는 데 초점이 맞추어질 필요가 있다. 열린 마음은 참가 청소년 상호 간 상대방을 이해하고 자신을 이해시켜 활동에 능동적으로 참여하고 실행토록 하는 요소로서 이후 활동의 진행에 많은 영향을 미칠 수 있다. 또한 이후 경험하게 될 활동에 대한 기대와 흥미를 갖도록 동기를 부여하여야 한다. 아울러 활동을 통해 청소년들이 성취하게 될 목표에 대한 설명과 활동의 진행방법과 흐름을 안내해 줌으로써 청소년들이 초기 불안을 해소하고 활동에 능동적으로 참가할 수 있도록 소상하고 친절한 설명이 필요하다. 초기 단계에서 지도사가 수행해야 할 구체적인 과업은 다음과 같다(전동만 · 장수한, 2021).

1) 친밀감 조성

청소년지도가 시작되었을 때 지도사는 무엇보다 청소년 상호 간의 소개와 기타 활동(레크리에이션 등)을 통하여 친밀감과 안락한 분위기를 조성하여야 한다. 친밀감 조성 활동(rapport)은 첫 대면에서의 긴장감이나 어색함을 깨뜨리고 상호 신뢰감을 발달시키는 데 크게 기여할 것이다. 친밀한 관계 속에서 생산적이고 건설적인 인간관계가 이루어지고 합리적인 문제해결을 할 수 있으며, 의미 있는 삶을 계획하고 실천할 수 있게 된다. 이것이 곧 자기 성장이며, 청소년지도의 궁극적인 목적이라고 할 수 있다.

친밀감 조성을 위해 지도사는 상호 소개과정에서 청소년 상호 간의 공통적 특성과 관심사를 연결시켜 주고 이에 대해 토론할 수 있도록 격려해 주는 것이 좋다. 집단에서 활용할 수 있는 소개방법으로는 순번제, 변형 순번제, 문제교환방식 등이 있다. 이러한 방법 중에서 가장 일반적으로 사용되는 것이 차례대로 돌아가면서 자신을 소개하는 순번제이다. 첫 대면에서의 소개는 자칫 피상적인 수준으로 그칠 우려가 있다. 따라서 지도사는 먼저 자신에 대한 소개를 함으로써 청소년들에게 모델링이 될 필요가 있다.

2) 동기유발

청소년지도의 성패는 청소년들의 자발적이고 적극적인 참여에 의해 결정된다고 해도 과언이 아니다. 실제로 지도활동 장면에서 청소년들을 동원할 수는 있지만, 그들에게 억지로 의미 있는 경험이나 학습을 시킬 수는 없다. 그들의 지도활동에 대한 동기가 형성되어 있지 않는 한 아무리 우수한 프로그램이나 열성적인 지도사도 속수무책일 수밖에 없으며, 이러한 상황에서 지도활동에 효과를 기대하기란 무리다.

청소년지도자는 지도활동이 시작됨과 동시에 다양한 자극을 사용하여 참여 청소년들의 지도활동에 대한 동기를 유발시켜야 한다. 이것은 청소년지도의 매력성과 참여에 대한 의지를 높여줄 뿐만 아니라 지도활동에 대한 주의집중을 촉진시켜 줄 것이다. 주의집중은 학생들에게 단순히 주목을 요구함으로써 이루어지는 것이 아니라 지도자와 청소년 간의 친밀성을 전제로 활동에 대한 동기를 부여함으로써 가능하다. 그러므로 도입 단계에서 동기유발과 주의집중은 같은 맥락에서 이해되어야 하며, 이는 청소년지도의 가장 핵심적인 과제라고 할 수 있다.

동기유발 및 주의집중 방법은 언어를 통한 방법, 몸짓을 통한 방법, 교구나 교재를 이용하는 방법, 활동을 통한 방법 등이 있다. 그리고 동기유발의 원리는 흥미의 원리, 변화의 원리, 다양성의 원리를 들 수 있다. 즉, 주어진 과제 또는 프로그램이 청소년들에게 흥미 있어야 하고, 계속적인 변화를 추구해 나가야 하며, 다양한 자극으로 구성되어야 한다는 것이다. 아무리 가치 있는 과제라고 하더라도 그것이 청소년들에게 따분하고 흥미 없는 것이라면 그 프로그램을 다시 설계해야 할 것이다. 청소년의 흥미와 변화 그리고 다양성을 유도할 때만이 주의를 집중시키고 동기를 유발할 수 있다. 초기 단계에서 프로그램에 대한 청소년들의 흥미를 유발하기 위한 전략을 소개하면 다음과 같다(유진이 · 윤혜순, 2020).

〈표 6-3〉 초기 단계의 지도전략

구분	목표	지도전략
태도	• 지도자에 대한 적극적 태도 형성 • 과제 및 프로그램 상황에 대한 적극적 태도 • 프로그램에 대한 청소년의 적극적 자아개념 개발 • 성공에 대한 기대 제공	1. 참가자의 특정 가치 공유 2. 프로그램 과정을 돕기 위한 협조적인 의사 밝힘 3. 참가자의 언어, 관점, 태도 등 반영 4. 과제 및 요구사항은 합리적인 이유와 함께 제시 5. 도입부문 설정 6. 과제와 관련된 부정적 상황을 제거 및 극소화 7. 성공적인 참여를 확신시킴 8. 첫 번째 경험을 적극적으로 참여하게 함 9. 참여활동에 대한 부정적 태도 및 신념을 지닌 청소년들을 적극적으로 직면하게 함 10. 참가자를 그 주제에 대해 열성적인 자와 연결 11. 참가자를 격려 12. 전체 과정에서 참가자의 개인적 통제력 촉진 13. 프로그램 목표를 분명하게 제시 14. 평가 준거 명백하게 제시 15. 성공적인 프로그램을 위한 소요시간 제시 16. 결과에 대한 시범적 모델 제시

구분	목표	지도전략
요구	• 지도과정이 참가자의 요구에 부응한다는 확신 • 지도과정을 참가자의 심리적 요구와 결합 • 참가자의 단계별 요구 충족	1. 참가자의 요구수준을 찾아낼 수 있는 사정기법 사용 2. 참가자의 규범적 요구를 찾아낼 수 있는 사정기법 사용 3. 참가자의 심리적 요구에 적합한 내용과 예제 제시 4. 지식, 기술에 적합한 특정과제 및 문제를 기억하도록 상상적인 기법 동원 5. 실패, 두려움을 유발할 수 있는 프로그램 환경 제거 6. 인정, 소속감, 존경, 자아실현 등을 위한 적절한 프로그램 제공

출처: 유진이 · 윤혜순(2020).

3) 지도목표의 통지와 한계 설명

구체적인 목표는 지도의 방향을 제시하고 지도방법을 결정하게 하며, 학습자들에게 동기를 유발하도록 하는 등의 효과가 있다. 따라서 청소년지도사는 사전에 설정된 구체적 목표를 구두로 통보하거나 칠판 등을 활용해 공지함으로써 청소년들이 이를 분명히 이해하고 내면화할 수 있도록 하여야 한다.

한계 설명에서는 지도활동 기간 동안 관련 기관이 제공하는 서비스나 지원의 내용 및 제약사항 등을 알려줌으로써 구성원들에게 기관에서 제공해 줄 수 있는 요인과 제공해 줄 수 없는 요인 등에 대하여 명확하게 인식하도록 해주어야 한다. 그리고 지도사 자신이 청소년들을 위해서, 그리고 기관의 입장에서 어떤 기능과 역할을 할 것인지에 대해서도 설명해주어야 한다. 또한 지도활동의 운영과 관련해서 활동기간, 빈도, 장소, 준비사항, 유의점 등에 대해 설명하고 안내해 주는 것도 이 단계에서 이루어져야 한다(성열준 외, 2015).

4) 선수학습 또는 경험의 재생

청소년지도의 효과는 특히 지도과정이 위계적이고, 지닌 시간의 지도내용과 연속성이 있을 때 선수학습 또는 경험을 재생하도록 하게 함으로써 지도활동의 효과를 높일 수 있으며, 이는 일반적인 교수－학습 과정과 마찬가지로 매우 중요하다. 선수학습은 특히 위계적 학습과제에서 매우 중요한 역할을 하며, 관련 정착(anchoring)의 의미를 갖는다. 즉, 학습의 인지활동 과정에서 지식 구성의 정교화를 가져오게 하는 매우 중요한 과정이다. 청소년지도자는 학습자의 선행학습에 대해 사전에 알 수 있어야 하며, 경험의 재생 작업을 통하여 선행지식의 정교화를 이루게 하며 나아가 더욱더 확고한 완전한 지식체계를 형성하는 데 기여할 수 있게 해야 한다. 선수학습이나 경험의 재생은 청소년들에게 질문을 통해 이루어질 수도 있고, 지도자의 간단한 설명이나 요약으로서 이루어질 수도 있으며, 차트나 유인물, 다른 교수매체를 통해서도 가능하다(전희일 외, 2018).

5) 자극의 제시

자극의 제시는 지도 활동에 대한 전반적인 설명이나 개요 제공, 실제 사례나 구체적인 모형제시, 활동 내용과 관련된 에피소드나 인물사, 배경 이야기 등을 소개하는 것을 말한다. 이러한 내용들은 청소년들에게 본 활동에 대한 추론을 가능하게 하고 동기를 촉진시키는 등의 효과를 갖는다. 따라서 청소년지도사는 활동내용을 분석하고 연구하는 것만으로 충분하지 않으며, 사전에 이러한 자극들을 충분히 수집하고 정리해 두어야 한다. 무엇보다 지도사의 창의적 아이디어와 교양적 소질이 크게 요구되는 부분이라고 할 수 있다(성열준 외, 2015).

3. 중간 단계

1) 중간 단계의 성격

청소년지도활동의 중간 단계는 갈등 및 통합 단계와 목적 성취를 위해 노력을 경주하는 문제해결 단계로 구분할 수 있다. 청소년지도의 초기 단계를 거쳐 중간 단계에서 청소년지도활동이 어느 정도 안정화되면 청소년들은 자신들의 요구사항을 충족시키기 위하여 활동을 재구성하려고 시도한다. 이 과정에서 청소년들은 이전보다 더 많은 권력을 행사하고, 보다 높은 지위를 확보하기 위하여 경쟁하며, 지도자에게 도전하기도 한다. 따라서 청소년들 간에 그리고 청소년과 지도자 간에 갈등이 일어날 수 있다.

청소년지도자는 이 과정에서 파생되는 갈등에 대해 그것이 심각하거나 다른 문제행동으로 비약하지 않는 한, 이를 부정하거나 차단하려고 노력하기보다 갈등을 있는 그대로 인정해 줄 필요가 있으며, 또한 청소년들로 하여금 스스로 갈등을 해결해 나갈 수 있는 방법 및 전략을 터득할 수 있도록 조력해 주어야 한다. 갈등에 직면했을 때 대부분의 청소년과 지도자는 이를 억제하거나 회피해 버리는 경향이 있으나 그것은 이후 사회생활에서 계속될 수 있는 갈등에 효과적으로 적응할 수 있는 합리적인 방법이 되지 못한다. 그러므로 청소년들이 대인간 갈등에 직면했을 때, 이를 적극적으로 해결할 수 있는 자세, 즉 타협과 양보 등의 전략을 사용할 수 있도록 안내해 주어야 한다.

갈등을 겪으면서 집단 내 활동의 목적이 분명해지고, 목적 성취를 위한 노력도 점차 증가한다. 그리고 점진적으로 청소년들 간의 역할분담이 이루어지며, 이 과정에서 집단 내 지도자가 생겨나게 된다. 청소년은 누구나 지도자로서의 자질과 잠재력을 가지고 있지만, 그 가운데서도 지도자로서의 몇 가지 두드러진 행동 특징들로 인하여 소수의 청소년이 일차적인 지도자가 되는 것이다. 이때 지도자의 지도력은 과업 지도자와 사회·정서적 지도자로 구분되는데, 과업 지도자는 주어진 집단 과업을 수행하는 데 있어서 다른 성원들을 이끌어갈 수 있는 능력을 지닌 사람이다. 이들은 일반적으로 성취동기가 높고, 목표달성을 위해 집단 성원들을 동원하고, 다른 집단과 경쟁적인 행동 특징들을 많이 보인다. 반면에 사회·정서적 지도자는 과업수행 능력보다는 대인관계나 집단 분위기 창출 면에서 다른 성원들을 주도해 나갈 수 있는 능력을 소유한 사람이다. 다른 성원들을 수용하고 의견을 존중하며 집단을 위한 봉사정신이 높은 것이 특징이다.

2) 청소년지도사의 개입전략

청소년지도사는 지도활동 과정에 적절한 수준으로 개입하여야 한다. 즉, 지도사는 청소년의 주체적인 지도활동이 보장될 수 있도록 하기 위하여 후원자적이고 격려자적인 자세로 개입하여야 한다. 그러므로 항상 깊은 관심과 적절한 자극을 제공하여야 하지만, 지도사가 모든 것을 주도해 나가야 한다는 강박관념으로부터 과감히 탈피할 수 있어야 한다. 이를 위하여 청소년지도사에게 요구되는 기법은 다음과 같다(성열준 외, 2015).

(1) 주의집중 기법

지도활동에 대한 청소년들의 주의집중은 도입 단계에서부터 전개와 정리 단계에 이르기까지 지속되어야 한다. 이 기법은 언어 및 비언어적 행동을 통하여 청소년의 말이나 행동에 관심을 기울이고, 이에 대하여 이해의 감정을 전달하는 방법이다. 이것은 청소년의 지도활동에 대한 참여를 증진시키고 청소년과 지도사 간의 관계를 촉진시키며, 청소년 간의 수용과 결속을 증진시키게 될 것이다. 지도사의 주의집중 기법으로 청소년의 말을 반복하거나 다른 말로 표현하는 것, 청소년의 감정 기저에 감정이입으로 반응하는 것, 청소년이 이야기할 때 눈을 맞추는 행동 등이 포함된다.

(2) 초점유지 기법

청소년지도의 특정 부분에 초점을 두게 함으로써 관련성이 없는 부분에 대한 의사소통을 감소시키고 문제를 계속적으로 탐색하게 하는 기법이다. 이를 위해 지도사가 사용할 수 있는 기법으로 명확화, 특정 의사소통의 반복, 토론 범위의 제한, 의사소통 내용의 요약과 세분화 등이 있다.

(3) 상호작용지도 기법

청소년지도사는 청소년지도에 영향을 미치는 특정한 행동을 이끌어 낼 수 있어야 한다. 그리고 상호작용을 특정 방향으로 인도하기 위하여 활동에 방해가 되는 의사소통을 제한 또는 차단하여야 하고, 참여도가 낮고, 소외된 청소년의 의사소통을 격려하여야 하며, 한 청소년의 의사소통을 다른 성원들과 연결시켜 주어야 한다. 이것은 역기능적 하위집단의 발달을 억제하고, 특정 문제에 대한 탐색 및 해결을 위한 상호작용을 증진시키며, 개방적 의사소통을 촉진시킬 수 있다.

(4) 지도활동 참여촉진 기법

청소년지도사는 침묵하거나 소외되어 있는 청소년들을 활동에 적극적으로 참여시켜야 한다. 이를 위해 그들에게 직접적인 방법으로 활동에 참여할 것을 요구할 수도 있고, 특정한 내용에 대한 의견을 물어볼 수도 있으며, 활동에 대한 개인적 느낌이나 활동에 대한 앞으로의 기대를 질문을 통해 물어볼 수도 있다.

(5) 개인 내적 수준에의 개입

청소년지도사가 청소년의 내적 변화를 일으키기 위해서는 먼저 사고, 감정, 행동의 특성과 그 연관성을 파악하여 사고와 신념의 합리성을 분석하고, 왜곡되거나 비합리적인 신념을 변화시킬 수 있도록 지도하여야 한다. 개인 내적 수준의 변화를 일으키기 위한 개입기법으로는 인지 재구조화법, 인지적 자기 지시법, 사고 중단법, 재정의법, 인지적 심상법, 점진적 이완법, 체계적 둔감법 등이 있다.

(6) 대인관계 수준에의 개입

대인관계 수준의 변화를 일으키기 위해서는 관찰학습이나 역할연기를 활용할 필요가 있다. 관찰학습은 지도사나 보조 지도사가 여러 가지 대인관계 상황을 설정해 두고, 각 상황에 따라 적합한 인간관계 행동을 보여줌으로써 청소년들이 그 행동을 관찰하고 모방하도록 하여 종국에는 내면화하도록 하는 방법이다.

역할연기는 어떤 특정한 사회적 상황을 가정하여 실제로 사회적 역할을 수행하게 함으로써 청소년의 대인관계에 대한 인식과 이해를 증진시키는 방법이다. 이 방법은 안전한 집단 환경 속에서 닥쳐올 행동을 미리 연습할 수 있는 기회를 제공함으로써 행동의 변화를 유도하기 위한 것이다. 역할극에서 활용할 수 있는 기법과 즉석면접, 독백, 보조자아, 거울기법, 공유 등의 보완적 역할극 기법이 있다.

(7) 청소년 환경 수준에의 개입

청소년이 자신을 둘러싼 사회 · 심리적 환경이나 물리적 환경을 수정할 수 있도록 지도하기 위한 것이다. 청소년을 특별한 자원과 연결시키거나, 청소년의 사회적 관계망을 수정하고 확대하거나, 청소년의 행동에 대해 환경에서 제공해 오던 보상이나 처벌 등의 강화물을 수정하거나, 청소년의 목적성취를 촉진시킬 수 있는 물리적 환경을 계획하는 기법 등이 이에 포함될 것이다.

4. 종결 단계

1) 종결 단계의 지도전략

종결 단계는 전 단계에서 지도하고 실시한 프로그램의 내용을 총괄하고, 조직하고, 결론짓는 총결산의 단계이다. 이 시기는 프로그램 활동의 최고 정점이며, 결과의 단계이다. 이 단계에서는 지금까지의 활동을 정리 및 발표하고, 비판하고 또 반성해야 한다. 종결 단계의 주요한 목적은 프로그램참가자들이 개인적으로 또는 공동으로 연구하고 활동한 결과를 심리적으로는 자기만족의 정서를 갖게 하고, 사회적으로는 이러한 개인적인 경험을 서로 교환하고 통합하는 기회를 갖는 것으로 프로그램활동 전체에 관련된 것을 이해하는 데 있다. 따라서 이 단계에서는 지금까지의 프로그램 참가에 대한 확신감을 갖게 하고, 그 결과를 강화할 수 있는 제반 활동을 강구하여야 한다. 이를 위해서는 필요하다면, 구술방법이나 기술방법 등을 통하여 개인이나 그룹별로 발표하고, 그에 대한 논의를 전개할 수 있는 기회를 보장할 수 있어야 한다.

특히 이 종결 단계에서는 청소년들에게 프로그램의 내용이나 방법 등에 대하여 간단한 질문에 답하도록 하는 것이 중요하다. 이를 위해서는 "오늘 실시한 것 중에서 가장 중요하다고 생각되는 것은 무엇인가?" 등과 같은 것에 대하여 말하거나 쓰도록 하는 것도 좋은 방법 중의 하나라고 볼 수 있다. 이것에 대한 정보는 얼마나 청소년들이 자료를 이해했는지 다른 주제로 옮겨갈 것인지 아닌지를 평가하는 데 매우 중요하게 작용할 것이기 때문이다. 그리고 최종 프로그램 지도 시간에는 기억에 남는 행동으로 프로그램을 끝내는 것이 좋다. 청소년들이 가방을 챙기고 의자에서 일어나는 소리로 인해 지도자의 목소리가 잠기게 되어 프로그램이 어떻게 끝났는지도 모르게 하지 않는 것이 중요하다. 청소년들이 혼자 문제를 해결할 때도 목적을 언급하거나 전체적으로 각 단계를 전체 수업의 목적에 맞도록 조정하거나 개방형의 질문을 하거나 참여자들 사이에서 질문된 것들을 대답하도록 한다.

한편, 프로그램을 통하여 경험되고 학습한 내용은 청소년들에게 보다 의미 있는 것일 때 더 효과적이다. 이는 곧 프로그램 내용이 실제 지향적이고 현실 지향적인 것으로 이루어져야 하고, 그 결과에 대하여 참가자들이 외적으로나 내적으로도 만족할 수 있어야 한다는 것을 의미한다. 이를 위해서는 무엇보다도 프로그램지도의 전 과정을 통하여 개개인의 행동 변화를 촉진하고, 지속시킬 수 있도록 끊임없는 피드백이 제공되도록 하여야 한다는 것이다. 프로그램에 참가하여 무엇인가를 배우고자 하는 자는 어떤 형태로든 프로그램 활동에 대한 피드백을 필요로 한다. 이러한 종결 단계에서 필요한 지도전략을 제시하면 다음과 같다(한국청소년개발원, 2005).

〈표 6-4〉 종결 단계의 전략과 과제

구분	목표	지도전략 및 과제
종결 부분 – 자질 형성	• 청소년의 확신감, 자아결정력 그리고 내적 동기를 높일 수 있는 방법에 대한 인식	1. 프로그램결과에 대한 숙지 · 진전 · 책임감 등에 관하여 지속적인 피드백을 제공한다. 2. 필요하다면, 건설적인 비판을 제공한다. 3. 참여활동에 대하여 효과적으로 칭찬하고 상을 준다. 4. 프로그램 과제의 성공적인 달성에 대하여 참가자의 중요성과 책무성을 인식 · 확인한다.

구분	목표	지도전략 및 과제
종결 부분 – 영향	• 참여활동에 대한 외적 보상 제공 • 참가자가 프로그램 행동에 대해 적극적인 변화를 인식하도록 도와줌 • 참여 및 프로그램 활동에 대한 지속적인 동기 유지	1. 초기에 부정적인 참여활동에 있어서 참여를격려할 수 있도록 유인책을 제시한다. 2. 참여결과를 일상생활을 통하여 발휘할 수 있도록 외적 강화방법을 고려한다. 3. 참가자로 하여금 참가결과에 대하여 명백히 인식하도록 한다. 4. 참여활동에 대한 의미 있고 적극적인 매듭을 위하여 강화요인을 제공하고 격려한다.

출처: 유진이 · 윤혜순(2020).

2) 청소년지도사의 과업

(1) 수행유도

전개과정에서 습득한 개념이나 원리, 새로운 경험 등을 실제 사태에 적용해 보도록 하거나 실행해 보도록 하는 것이다. 이는 청소년들이 학습한 내용을 완전히 자신의 것으로 이해하고 내면화하도록 하며 실생활에 적용하고 일반화하도록 하는 데 목적이 있다.

(2) 피드백 제공

청소년들의 수행에 대해 지도자는 적절한 피드백을 제공한다. 즉, 청소년들이 새롭게 획득한 행동의 정확성을 판단하고, 특히 부정확한 행동에 대해 그 원인을 분석하고 올바른 해결책을 유도한다.

(3) 수행평가

수행평가는 기본적으로 선택지에 의해 구조화된 선택형 검사와 달리 학생들의 자유로운 반응을 요구하는 평가 유형이다. 획일적인 하나의 정답만을 구하는 것이 아니기 때문에 선택형 검사와 차별된다는 점이 수행평가의 가장 큰 특징이기도 하다. 암기하고 있는 지식이 아니라 실제로 활용하여 문제를 해결해 나갈 수 있는 능력을 평가한다는 점에서 그 가치가 높다고 할 수 있다. 최근에는 수행평가의 개념이 자유반응형의 평가유형이라는 인식을 넘어 학생들이 함께 협력하고 의사소통하며 문제를 해결할 수 있는 역량을 알아볼 수 있는 형태로 변화하고 있다. 청소년지도활동 전반을 평가할 수 있는 가장 직접적인 방법은 지도자의 관찰이다. 이외에도 청소년의 자기관찰과 모의검증, 집단 외부인의 보고, 표준화된 평가도구를 이용하는 방법 등을 고려할 수 있다. 청소년집단에 대한 평가기법으로는 의미미분기법, 상호작용과정 분석기법, 사회측정법 등을 들 수 있다.

(4) 파지 및 전이

청소년들이 청소년지도자와 함께 활동에 참여하여 청소년지도자의 지도를 통해 학습하고 수행한 내용을 오랫동안 기억하도록 하기 위하여 반복연습이나 심상을 해보도록 하는 것을 파지효과라고 하며, 획득한 학습내용을 자신의 활동에 적용하여 자신의 역량을 향상시키는 등의 일반화 가능성을 증진시키기 위하여 이를 새로운 장면이나 상황 또는 유사 영역에 적용해 보도록 하는 학습전이 효과를 가져오게 하도록 지도한다.

(5) 종결 감정의 처리

청소년지도를 종결할 때 청소년들은 성취감, 유능감, 자부심, 만족감, 지배감 등의 긍정적 감정을 경험할 수도 있고, 부정, 분노, 슬픔, 거부, 등의 부정적 감정을 경험할 수도 있다. 뿐만 아니라 활동 종결 시에 청소년들은 긍정적인 감정과 부정적인 감정 사이를 왔다 갔다 하는 양가감정을 경험하기도 한다. 그러므로 지도자는 청소년들의 긍정적인 감정을 보다 강화하고, 부정적인 감정을 적절히 해결할 수 있도록 지도하여야 한다.

(6) 추후지도의 안내

청소년지도 활동은 1회에 또는 한 과정을 통해 완결되는 것이 아니라 자신의 일상생활중에서도 계속되어야 함을 강조한다. 뿐만 아니라 이번 지도활동 기간 중에 경험한 내용의 지속적인 효과를 보고하도록 하고, 지도활동의 문제점이나 상쇄효과에 대해서도 피드백을 제공해 주도록 요구한다. 그리고 언제나 청소년지도 활동이나 새로운 프로그램에 다시 참여할 수 있음도 설명한다.

5. 평가 단계

1) 평가의 의미

평가 단계는 이미 실시한 프로그램 활동의 과정 및 결과에 대하여 기록 · 정리하고, 평가 · 보고하는 것을 주로 하는 단계이다. 우리는 흔히 프로그램 활동을 실시하면 그것으로 프로그램이 종료된 것으로 생각하기 쉽다. 이것은 계획과 실시만으로 프로그램을 완결시켜 버린다는 것을 의미한다. 그러나 이와 같은 생각은 프로그램의 실시가 가져온 성과라든가 그것이 지니는 의미에 대한 판단을 결여한 것이 되기 때문에 문제가 있다고 볼 수 있다. 따라서 실시한 내용을 정확하게 기록·정리하고, 그를 통하여 체계적인 평가를 위한 자료로 활용할 수 있도록 관련 조치를 취할 필요가 있다.

지금까지 청소년기관이나 단체에서 실시하고 있는 정리방법을 살펴보면 대체적으로 두 가지로 구분할 수 있다. 먼저, 실적 보고서 등에 필요한 형식으로서 사업명, 대상인원, 실시횟수 및 시간수, 강사·자문가·자원봉사자, 내용항목, 경비 등을 주로 '양적 처리형'으로 정리하는 것이 있다. 이는 주로 실적 정리를 위하여 많이 사용하는 방법으로 실제로 이 방법에 의한 정리가 대부분의 기관에서 이루어지고 있다. 다음으로, 강사의 지도내용, 참여자의 감상문, 질문지 조사 결과표 등 '내용 나열형' 정리방법이 있다. 이는 당해 기관의 연도별 정리 및 평가, 다음 연도의 사업계획 실시를 하기 위한 기초자료로서 활용하기 위하여 정리하는 경우가 많다. 이와 같은 방법들을 통한 정리는 참가자의 목표달성에 어느 정도 공헌하였는가를 중심으로 정리하는 경우도 있고, 주최자 측의 사업실시 타당성 여부를 판단하기 위한 자료로 활용하기 위하여 정리하는 경우도 있다.

평가란 결국 한 마디로 행동변화의 증거를 수집하는 과정이며, 증거는 양적인 것뿐만 아니라 질적인 것까지를 포함한다. 그리고 질적·양적 증거는 행동의 변화, 즉 교육목표의 달성도와 목표 달성 과정에 관한 것이며, 이러한 증거는 곧 다음 활동을 위한 의사결정의 기초자료로 활용된다. 다시 말하면, 프로그램 목표 달성도에 대한 양적 분석과 질적 분석을 통하여 프로그램의 계속적인 개선을 이루어 나가는 과정이라고 할 수 있다. 이러한 관점에서 볼 때 평가는 청소년을 분류하고, 우열을 결정하고, 상벌을 결정하는 수단이 아니며, 또한 청소년들에게 시련과 중압감, 그리고 불안을 조성하는 것도 아니다. 평가는 청소년의 학습과 발달을 지원하기 위한 것이며, 더욱 적절하고 효과적인 교육의 방법을 탐색하고 처치하기 위한 것이며, 또한 청소년과 청소년지도자 모두에게 적절한 피드백을 제공하기 위한 것이다.

〈표 6-5〉 평가 단계의 전략과 과제

구분	기록	정리	평가
중점 처리 사항	1. 기록, 보고 • 내용 정리 • 참가자의 실태 파악 2. 기록의 방법 • 슬라이드, 사진, 문서	1. 장소, 강의실 기구, 게시물 점검 · 정리 2. 경비의 처리	1. 프로그램 성과 파악 2. 평가실시 및 분석 3. 결과보고

출처: 한국청소년개발원(2005).

2) 평가의 실천적 과제

(1) 규준지향평가와 준거관련평가

규준지향평가 혹은 상대비교평가란 집단의 규준에 기초하여 집단 내 청소년의 성취도를 상대적으로 판단하는 것을 말한다. 집단규준이란 일반적으로 그 집단의 실제 점수를 대표하는 값으로 비교하는 집단의 검사결과를 말한다. 이는 집단에 따라 또는 검사에 따라 차이가 있다. 지능검사와 같은 표준화검사에서 동일 연령집단의 평균과 표준편차를 계산하여 집단의 규준을 만들어 두고, 이에 따라 개인의 지능지수를 결정하고 해석하는 경우가 이에 해당된다. 이러한 과정에서 개인의 성취 수준과 우열은 집단의 규준에 따라 결정될 뿐이며, 개인의 성취 수준 자체에 대한 정보는 확인할 수 없다. 개인이 어떤 집단에 소속되는가에 따라, 그리고 동일 목적의 검사이지만 어떤 종류의 검사를 받는가에 따라 자신의 성취 수준은 달라질 수 있으므로 이를 상대평가라고 한다.

상대평가는 집단 내 변별과 개인차를 확인하는 데 목적이 있으며, 집단 간 비교를

용이하게 하고 서열을 결정하고 집단분포를 확인하는 데 유용한 방법이라고 할 수 있다. 그러나 개인의 성취 수준이나 서열이 상대적으로 결정되기 때문에 누군가 승자가 되기 위해서는 반드시 패자가 있어야 한다는 적자생존의 원칙을 전제로 한다. 이것은 지도교육에 심한 경쟁과 부정적 자아개념의 형성을 초래하고 있다. 상대평가의 또 다른 문제점은 지도목표 달성도를 확인할 수 없기 때문에 평가와 지도 간의 연관성이 무시되고 있다는 점이다. 여기서는 목표 달성도에 별 관심이 없고, 오직 집단 내 개인 간의 상대적인 차이에만 관심을 갖기 때문에 평가를 통한 지도의 개선은 기대하기 어렵다. 또한 평가와 상벌체제 사이에 괴리현상이 생겨 지도에 대한 불신이 생기에 된다는 점이다. 즉, 개인 내 행동변화의 과정과 정도를 확인하기보다 집단 내에서 비교적 안정적인 개인의 특성을 상대적으로 확인하는 데 초점을 두기 때문에 상을 받는 사람은 거의 매번 상을 받고, 벌을 받는 사람은 거의 매번 벌을 받게 될 수밖에 없다. 이렇게 될 때 자신의 능력에 따라 최적의 목표를 설정하고 주체적으로 성실하게 학습해 나가려는 많은 학습자의 사기를 저하시키는 결과를 초래할 수 있다.

반면, 준거관련평가는 교육의 준거에 기초한 평가로서 일반적으로 교육목표를 교육의 준거로 삼고 있다는 점에서 목표지향평가라고도 하고, 목표 또는 준거점이 집단에 따라 변화되는 상대적인 성질의 것이 아니라 어떤 집단에서도 동일한 속성을 갖는다는 점에서 절대평가라고도 한다. 이러한 평가를 위해서는 사전에 구체적이고 명세적인 목표를 설정하게 되는데, 이는 모든 집단 또는 개인들의 도달해야 할 절대적인 준거점이 된다. 따라서 평가준거로서의 지도목표는 구체적인 내용과 더불어 가시적인 행동적 동사를 사용함으로써 명세적 수준으로 진술되어야 한다.

그리고 평가방법은 지도목표를 점수로 전환하여 양적으로 확인할 수도 있고, 목표의 구체적인 내용과 행동을 질적으로 확인할 수도 있다. 그 결과 청소년이 목표에 도달하게 되면 도달 정도와 도달한 청소년의 수에 관계없이 모두 '통과(pass)'가 되고, 목표에 부분미달 또는 완전미달이거나 하면 '낙제(fail)'로 판정된다. 가장 엄격한 의미의 절대

평가는 이와 같이 통과와 낙제로만 분류될 수 있으며, 이 경우 모든 청소년은 동일한 목표를 가진다고 볼 수 있다. 그러나 목표 수준을 몇 가지로 구분하여 위계를 설정하고, 청소년의 수에 관계없이 최상위 수준의 목표를 달성하면 'A', 상위 수준의 목표를 달성하면 'B', 기준 목표수준을 달성하면 'C' 등과 같이 판정하기도 한다.

이러한 절대평가는 행동변화의 증거를 확인할 수 있고, 청소년지도의 질적 개선과 프로그램 설계에 기초를 제공할 수 있으며, 타당한 상벌체제를 가능하게 하고, 지나친 경쟁이나 부정적 자아개념 형성을 차단할 수 있는 효과를 갖는다. 반면에 절대 준거점인 지도목표를 누가 설정하며 어떻게 설정할 것인가에 대한 의문이 계속되고 있다. 현실적으로 가장 합리적인 대답은 교육적 경험과 평가에 대한 전문적인 능력을 갖춘 지도자들이 지도목표의 준거점을 설정할 수밖에 없다는 것이다. 지금까지 설명한 규준지향평가와 준거관련평가에 대한 장·단점을 비교하면 다음과 같다.

〈표 6-6〉 규준지향평가와 준거관련평가의 장·단점

구분	장점	단점
규준 지향 평가	• 객관적인 평가가 가능하다. • 학습자의 상대적 서열을 분명히 나타낼 수 있다. • 경쟁을 통한 외발적 학습동기 형성에 도움이 된다. • 측정이론의 발전에 기여하였다. – 개인차의 변별이 가능하다. – 객관적인 검사의 제작기술을 통해 성적을 표시하고 있기 때문에 지도자의 편견을 배제할 수 있다. – 학습자들의 경쟁을 통해서 동기가 유발되는 데 유리하다.	• 진정한 의미의 학습효과 판정이 어렵다. • 지나친 경쟁심 유발로 인성교육에 위배된다. • 교수학습의 개선에 의미로운 시사를 주지 못한다. • 암기 위주의 교육을 조장한다. – 교수–학습이론에 부적절하다. – 규준지향평가에서는 참다운 의미의 학습평가가 불가능하다. – 학습자 간에 학력의 상대적 위치나 순위를 결정하기 때문에 과다한 경쟁심리가 조장되며, 이로 인한 인성 교육의 문제가 발생할 우려가 있다.

구분	장점	단점
준거 관련 평가	• 교수-학습이론에 적합하다. • 교육목표, 교육과정, 교수법 개선에 용이하다. • 탐구정신 발휘 및 지적 성취감을 맛볼 수 있다. • 정의적 영역의 평가도 가능하다. • 상대평가에 치중하지 않음으로 이해, 비교, 분석, 종합 등의 고등정신 능력을 배양할 수 있다.	• 개인차 변별이 어렵다. • 평가의 준거를 설정하는 데 어려움이 따른다. • 검사점수의 통계적 활용이 불가능하다.

출처: 한국청소년개발원(2005).

(2) 진단, 형성, 총괄평가

평가를 지도과정에 따라 분류할 때 청소년의 출발점 행동을 평가하는 진단평가, 지도가 진행되는 동안 청소년의 학습 진도를 평가하는 형성평가, 지도의 마지막 단계에서 청소년의 성취도를 평가하는 총괄 평가로 나눌 수 있다.

진단평가는 청소년은 계획된 지도활동을 진행하는 데 필요한 지식과 기능을 소지하고 있는지, 계획된 지도목표를 이미 숙달하였는지, 청소년의 흥미와 학습습관 및 성격적 특성 등으로 보아 어떤 지도방법이 효과적이겠는지 등에 대한 질문을 답을 얻기 위해 실시한다. 이를 위해 자기보고법이나 관찰법 등을 이용하여 준비도검사, 적성검사, 프로그램 목표에 대한 사전검사 등 다양한 검사를 실시한다. 진단검사의 근본적인 목적은 청소년들이 제반 특성에 적합한 지도방법과 매체를 결정하는 데 있다.

형성평가란 청소년지도가 진행되는 동안 청소년들의 학습 진도를 탐지하고, 학습의 성공과 실패에 관해서 청소년과 지도자 모두에게 계속적인 피드백을 제공하기 위해 실시된다. 청소년에게 제공되는 피드백은 성공적인 학습을 강화하고 피드백을 제공하기 위해 실시된다. 청소년에게 제공되는 피드백은 성공적인 학습을 강화하고 학습결함을 교정해 주며, 지도자에게 제공되는 피드백은 지도의 일부를 변경 또는 수정하거나 집단과 개인의 보충학습에 필요한 정보를 제공해 준다. 형성평가는 지도과정을 개선하는 데 목적이 있고, 주로 지도자에 의해서 제작되며, 지도목표 달성도를 평가하고, 그 결과를 성적에 산입하지 않아도 되며, 학습의 결과보다 학습의 과정에 초점을 둔다.

총괄평가는 일반적으로 한 과정 전체를 끝마친 시점에서 시행되며, 지도목표의 성취 정도를 측정하여 성적을 매기거나 의도된 학습 성과의 성취 정도를 증명하기 위하여 실시된다. 또한 전체적인 지도과정의 효율성을 평가하여 다음에도 그와 같은 지도절차를 적용할 것인가를 결정하기도 한다. 그러므로 총괄평가는 일반적으로 성적을 산출하기 위한 목적으로 실시되지만, 프로그램의 적절성과 지도의 효과성을 판단하기 위해 실시되기도 한다. 그리고 총괄평가의 방법으로는 대체로 지도자의 자작 검사가 많이 사용되고 있지만, 이 밖에도 여러 가지 형태의 수행 능력에 대한 평정과 작품평가가 사용되기도 한다.

Chapter 07

대상별 청소년지도방법

청소년지도는 학습지도기법과는 다른 접근이 필요하며, 청소년들의 다양한 특성과 성질을 이해하고 파악함으로써 다양한 학습요구에 부응하는 방법을 제공해 주도록 한다. 유아나 아동일 때와 같이 수동적이고 추종적인 특성에서 벗어나 창의적인 창조성과 재능을 개발할 수 있도록 유도하는 동기유발의 기회를 제공하고 미래지향적인 사고를 할 수 있는 접근이 필요하다. 따라서 실제적 경험을 통한 실천적 학습기법으로 유도하며 반성적 사고를 할 수 있도록 개인이나 집단에 따라 다른 대상별 접근이 이루어져야 한다(성열준 외, 2015).

1. 개인중심 지도방법

1) 개인중심 지도방법의 필요성과 목표

(1) 개인중심 지도방법의 필요성

정보화 및 4차 산업혁명 시대의 인간관계는 빅데이터, 사물인터넷, 스마트폰 등을 통해 시간과 공간 그리고 표현수단의 제약을 극복한 인터넷이라는 사이버 공간에서 새로운 커뮤니케이션을 통해 형성되고 있다. 사이버 공간의 확대는 전통적인 지도방법인 대면적인 집단지도 방법과 함께 사이버 공간을 주목적으로 하는 개인중심의 지도방법이 개발되어야 함을 의미한다. 즉, 전통적인 직접적 대면지도방법과 달리 간접적 비대면 지도방법의 개발이 필요하게 되었다. 학교교육의 측면에서도 과거에는 학교 또는 학원의 공간을 중심으로 한 집단교육 형태로 진행되었다면, 최근에는 온라인 교육, 화상 수업과 같이 점차 개인화되고 있는 추세이다. 따라서 청소년 개인을 중심으로 한 지도방법을 이해하고 효과적인 방법을 개발하는 것이 중요한 의미가 있다고 할 수 있다. 또한 과거부터 청소년의 개인지도의 주체였던 가정의 교육기능이 사회환경 및 가족구조의 변화에 따라 축소되었다. 과거 가정교육의 개념은 가정이라고 하는 공간 내에서의 교육을 지칭하지만 오늘의 청소년들은 다양한 대중매체를 통하여 다양한 정보와 지식을 공유하고 습득하고 있다. 이처럼 각종 매체를 통한 교육적 기능이 전통적인 가정교육의 기능을 대체하고 있는 현실을 감안할 때 다양한 사회교육기관을 통해 청소년 대상의 교육을 추진하려는 노력이 활성화되어야 하며, 다양한 지도방법을 통한 교육적 접근이 진행되어야 한다(김창현, 2019).

(2) 개인중심 지도의 목표

청소년기에 두드러진 변화 중의 하나는 인성의 변화일 것이다. 인성은 사람이 여러 가지 환경에 대하여 제각기 나름대로 반응하는 일관된 행동의 구조와 역동의 특징을 말한다. 이러한 인성은 경험만이 아니라 생리적 특징이나 자질에 의하여 나타나기 때문에 하루아침에 만들어지는 것이 아니라 오랫동안 반복된 행동을 통하여 형성되기 때문에 이를 변화시키려 한다면 그만큼 오랜 시간이 필요하다. 어쩌면 거의 어려운 일인지도 모른다. 하지만 개인이 형식적 사고의 인지과정을 지각하면서 개인의 인성 변화 과정을 획득할 수 있는 유일한 기회는 또한 청소년기가 될 수 있다. 이 시기를 지내면 사실상 사람의 성격과 개인적 특질을 변화시키기는 거의 불가능하다. 이러한 점에서 청소년기에 청소년의 개인적 특성을 변화시키기 위한 필요는 다음과 같은 점들 때문에 더욱 중요하다(전희일 외, 2018).

① 자신의 감정과 자극 및 통제기술의 개선 필요

현실도피는 청소년발달이 가진 모든 위험 가운데 가장 심각한 것이다. 비록 그것이 많은 청소년의 발달에서 정상적인 면이라 해도 사회적 불안이 극심한 사람들, 즉 싹트는 감정들과 역할의 가능성에 대해 매우 갈등하고 불안정한 사람들이 꿈과 상상의 세계 속으로 도피할 가능성이 높다. 그렇게 함으로써 그들은 다른 사람들과의 접촉으로써 예상되는 불안, 공포, 그리고 고통을 피하고자 한다. 그러나 지나친 도피는 종종 해결책이 되기보다는 많은 문제를 야기하고 만다. 그것은 자기 변화의 쑥스러움을 경험하면서 현실도피의 극단성을 과감히 채택하는 경우가 많은데 여기에는 개인의 정신병리적 요인과 맥락주의적 측면을 동시에 고려하게 된다. 청소년 개개인들이 쾌락적 충동의 통제 부족과 신경질적 사고, 해소되지 않은 오이디푸스 콤플렉스(Oedipus complex) 등이나 낮은 자아개념 등 정서장애로 인한 내적 갈등이 항상 내재되어 있는 경우가 많다. 물론 이러한 사고는 아동기에 잠재의식 속에 오랜 동안 숨어 있고 억압된 상태로 유지되다가 청소년기에 스스로 사회를 인지하는 능력이 생기거나 또 이를 분출하려는 의지나 욕구가 약해지면 어느 때든 밖으로 나타날 가능성이 커진다.

② 자아존중감과 또래 사이의 관계 능력 개발 필요

청소년기의 형식적 조작기의 사고기술이 청소년이 스트레스를 해결하기 위해 상상을 만들어 내는 중요한 역할을 한다. 추상과 미래의 가능성을 다루는 능력, 자신의 생각을 객관적으로 다루는 능력 모두는 단순한 전조작기의 상상에 새롭고 중요한 요소를 추가해 준다.

③ 조직과 집단 사이의 질서유지 능력 개발 필요

어떤 사람들은 자율성을 타인으로부터 완전한 독립을 이루는 것으로 정의한다. 이것들을 청소년들은 반항이라는 것과 동일하게 취급한다. 그러나 청소년기 동안의 자율성 확립이라는 의미는 관계 내에서 독립성과 자기주도적 사람이 되는 것을 의미한다. 자율적인 청소년은 자신이 속한 의사결정을 통하여 결정하고 따르는 능력을 얻는 것을 말하며 옳고 그름의 원리에 대해 자신이 결정한 대로 삶을 유지하고 부모에게 덜 감성적으로 의존하는 것을 의미한다.

④ 친교성의 확립 필요

청소년을 포함한 대부분의 사람은 성에 대해 공정한 친교성을 가진다. 사실 친교성과 성은 같은 의미는 아니다. 친교성은 통상적으로 동성의 친구집단을 통해서 처음 배우게 된 다음 로맨틱한 관계로 발전하게 된다. 친교성은 사람들 사이에서 개방적이고 정직하고 돌보는 관계와 진실한 관계를 유지하는 데 매우 밀접한 관계를 가지게 된다. 우정은 청소년들 사이에서 그들의 사회적 기술을 수용하고 그들과 함께 공정한 관계를 유지하는 첫 번째 환경이다. 그것은 청소년 사이에서 그들의 관계를 어떻게 시작하고 유지하며 관계를 결정하고 사회적 기술을 수용하며 친밀하게 되는가를 배우는 능력을 말한다.

청소년지도방법론적 측면에서 본다면 청소년의 가치관 명료화는 가치를 절대적인 것이 아닌 개인의 경험과 삶 그 자체로부터 생성되는 상대적인 것으로 보고, 이미 선택된 기존의 가치를 주입하는 것이 아닌 새로운 가치의 생성과 가치의 획득과정에 보다 초점을 두어 학습자인 청소년이 스스로 자신의 가치를 확인하고 탐색, 선택, 존중, 행동화하도록 도와주는 가치화의 과정을 의미하도록 만들어 주어야 한다.

청소년 개인에게 제공되어야 하는 지도방법은 청소년들이 자신의 가치에 대한 확고한 이해를 하고 스스로 가치획득 과정을 통해 자신의 가치를 선택하고 이를 존중하며 행동하게 되는 것을 말한다. 이때의 가치화 과정이란 자유로운 선택, 충분한 대안 중에서의 선택, 선택에 대한 확신, 선택한 가치의 행동화, 행동의 반복 등의 기본 과정을 포함하는 선택, 존중, 그리고 행동화의 단계를 거치는 것을 의미한다. 특히 학습 효과를 제공하는 차원에서 가장 중요한 것은 어떠한 학습의 결과를 통하여 청소년이 얼마나 오랜 시간 동안 유지하고 그 결과를 지각하는 가일 것이다. 그것은 학습자인 청소년이 현실에 대한 지각을 기초로 학습과정을 거쳐 얻게 되는 산출 근거가 명확하게 나타나야 한다는 것이다. 개인중심의 지도방법에 있어서는 학습자 스스로 현실을 지각하여 개인의 인지과정을 통해 자신의 행동에 반응하며 스스로의 태도를 형성하는 방향으로 이해함으로써 궁극적인 자기 변화를 유도하는 것이 곧 개인중심 지도방법의 목표라고 할 수 있다.

〈표 7-1〉 청소년 개인 능력 개발을 위한 지도방법의 구분

발달요구	지도방향의 목표
육체적 활동 기회	• 새로운 육체적 능력을 시험해 보고 싶은 기회 제공 • 성장과 사춘기의 정상적 변화 이해 • 빠른 성장으로 정신적 혼란의 이완 기회 제공
능력과 성취 기회	• 개인적 인지를 위한 몰입 기회 • 성공을 위한 기회 • 급진적/문화적 정체성의 수용 기회 • 상상적 청중으로서 자기인식 기회 • 또래로부터 승인욕구 기회 • 책임성을 위한 기회 • 새로운 관심과 능력의 출현 기회 • 성적 정체감의 수용 기회 • 성인으로부터 승인욕구 기회 • 불확실한 자아존중감의 수용 기회
자아정의의 기회	• 이성정체감의 수용 기회 • 자신의 미래에 대한 감각인식 기회 • 감정주의적이고 분위기 중심의 수용 기회 • 자신의 긍정적 신체이미지 구축 • 타인으로부터 새로운 반응인정 기회 • 형식적 조작기의 징후인식 기회
또래, 성인 간 적극적 사회적 상호작용	• 부모와 다른 성인과의 상호작용 기회 • 또래의 중요성 인식 • 성인으로부터 승인기회 • 또래로부터 승인기회
의미 있는 참여 기회	• 실제의 성인세계의 한 부분에 참여 기회 • 생활경험의 결핍에서 탈피하는 기회 제공 • 사회적 기술의 성숙

출처: 전희일 외(2018).

2) 개인중심 지도방법의 유형

개인중심 청소년지도방법은 지도자와 청소년이 보조자나 기자재 없이 완전히 독자적으로 이루어지는 학습 형태, 학습보조자의 도움을 받는 형태, 교육자료나 기자재를 활용하는 형태가 있으며, 구체적인 내용은 다음과 같다(김정열, 2015; 오윤선 · 황인숙, 2021).

(1) 도제제도

주로 기술 습득과 관련된 영역에서 선택적으로 사용되는 개인중심 지도방법으로, 경험이 있고 숙련된 지도자로부터 오랜 시간 같이 지내면서 개별적인 기능을 전수하고 배우는 형태이다. 제자가 스승 밑에서 일정한 기능을 전수받아 독립할 수 있도록 하여 독자적인 영업을 하고, 그 역시 새로운 수련공을 두어 그 기능을 전수해 주는 제도로 수공업의 기능후계자를 양성하던 방법을 말한다. 이는 중세 유럽의 장인(master)과 도제(apprentice) 중심의 기술 전수형태의 교육에서 연유한 개인중심 지도방법이다.

(2) 컴퓨터 보조수업 CAI

컴퓨터를 직접 수업매체로 활용하여 많은 사람을 교육하면서, 동시에 개개인의 적성이나 이해력에 즉응하는 개별지도가 가능한 교육시스템을 말한다. 이는 컴퓨터의 대량 정보처리능력을 이용하여 교사의 역할을 대행하도록 하는 것으로, 1인 교사에 의한 집단 학습방식의 불편을 보완하는 것을 목적으로 한다. 컴퓨터 기술을 이용한 교육은 1980년대 시청각 교육을 시작으로 1990년대 CAI(computer assisted instruction), 2000년대 ICT(Information Communi- cation Technology) 활용 교육 등으로 계속 발전되어 교육패러다임 변화를 이끌었다. 청소년지도현장에서도 온라인 오리엔티어링 등에 응용되는 등 그 활용 정도가 높아지고 있다. 또한 자기 주도형 학습의 대표적 형태라 할 수 있다. CAI는 학습내용 구성에 따라 반복학습형, 개인교수형, 시뮬레이션형, 교수게임형, 혼합형 등으로 분류되며, 각 유형은 수업목표와 특성에 따라 독특한 기법을 사용하여 설계한다.

① 반복연습형

CAI 프로그램 중 가장 일반적으로 사용되는 방식으로 이미 습득한 지식이나 기능을 반복연습하여 정규수업을 보충하고 강화하기 위한 것이다.

② 개인교수형

교사와 학생이 1:1로 수업을 하는 것과 같이 컴퓨터가 교사의 역할을 담당하여 새로운 학습내용을 가르치고 확인하며 강화한다. 학습자에게 자세한 안내와 정보, 연습과 피드백이 제공되고 학습결과를 평가하여 학습자의 학습능력에 따라 각자의 속도로 학습할 수 있도록 한다.

③ 시뮬레이션형

시간적 · 공간적 · 경제적 제한으로 실제 경험할 수 없는 상황을 실제상황과 유사하게 컴퓨터로 모의하여 실제와 유사한 경험을 갖도록 한다. 시뮬레이션형은 비행기 조종훈련, 사업경영의 실습, 상황 판단 훈련, 과학실험, 인체 수술 등 자연과학이나 사회과학분야에서 정보, 사고능력, 문제해결능력의 적용을 촉진시키기 위해 활용된다.

④ 교수게임형

동기유발과 학습을 강화시키기 위해 오락적인 요소와 경쟁적인 요소를 가미하여 이미 습득한 지식, 기능 등을 강화하는 고도의 동기유발적 접근방법이다. 이 유형은 사실과 원리, 문제해결능력, 협동과 같은 사회적 기능, 태도형성 등에 사용된다.

⑤ 혼합형

하나의 프로그램에 두 가지 이상의 유형이 혼합된 형태를 말한다. 일반적으로 코스웨어를 개발할 경우 교수활동을 보다 다양화하고 학습을 증진시키기 위해 두 개 이상의 CAI 유형을 포함하는 것이 가장 흔하게 사용되는 방식이다.

(3) 원격교육

원격교육은 교육현장에서 가르치는 사람과 청소년 사이에 물리적인 거리가 존재할 때 이를 방송이나 통신수단 또는 기타의 방법을 이용하여 극복하고 개별적으로 학습하게 하는 방식이다. 청소년지도현장에서 응용하는 프로그램은 그리 많은 편은 아니지만 강좌형 프로그램과 지도자 전문성 연수 프로그램 등의 응용 가능성은 크다.

(4) 상담

개인적으로 어려움이 있는 청소년이 훈련받은 상담자의 도움으로 자신의 내적 문제를 치료하는 방법이다. 상담이란 도움을 필요로 하는 내담자가 전문적 훈련을 받은 상담자와의 안전한 대면관계 속에서 언어라는 매체를 통해 문제해결, 새로운 학습 그리고 전인적 성장을 경험하는 과정이라 할 수 있다. 청소년 상담자는 청소년과 수용적이고 구조화된 관계를 형성한 후 청소년이 자신과 환경체계에 대해 의미 있는 이해를 증진하도록 함으로써 청소년 스스로 효율적인 의사결정과 행동화를 통해 적응적인 정서를 갖도록 도울 수 있다. 이를 통해 청소년의 문제해결을 위한 지원은 물론 보다 적극적으로 정신질환 및 문제행동을 예방함으로써 청소년의 성장과 발달을 촉진한다.

(5) 직접개별학습

일정한 지도자에 의존하여 청소년이 수시로 직접 만나 커뮤니케이션을 통해 학습하는 방식으로 개인지도자 멘토링(mentoring), 코칭(coaching) 등이 여기에 속한다. 때로는 비용이 많이 들고 한 지도자를 한 청소년이 독점한다는 점에서 비효율적이라는 비판도 있지만, 교육학에서는 영재교육 또는 학습부진아 지도 등에서 매우 효과적인 방법이라는 평가를 받아왔다. 청소년지도현장에서 직업교육 및 진로지도 등에서 응용 가능한 지도방법이다.

(6) 현장경험학습

청소년들을 교외로 이끌어 현장에서 구체적으로 경험하고 학습하는 기회를 갖게 하는 실천적 학습방법이다. 현장경험학습의 종류는 크게 역할놀이 현장학습, 참여관찰, 현장학습 그리고 개인체험 프로젝트로 구분할 수 있다.

① 역할놀이 현장학습

역할놀이(role-palying)는 청소년들이 어떤 문제를 직접 역할을 수행해 봄으로써 그 문제를 밝혀내고 해결하여 그 결과를 논의함으로써 학습하는 형태이다. 역할놀이는 청소년들의 흥미를 유발하고 능동적으로 참여할 수 있도록 한다. 그리고 현장에서 일어날 문제를 사전에 경험함으로써 자신의 견해를 명료화할 수 있는 언어적 능력과 대화기술을 함양시키고 대처능력을 향상시킨다는 점에서 매우 효과적인 지도방법이라 할 수 있다.

② 참여관찰 현장학습

원칙적으로 관찰이 이루어지는 사건이나 현장에서 직접 눈으로 참여 · 관찰하는 방법으로 청소년은 기록을 재구성하여 실제 상황을 느낄 수 있게 해준다. 이는 현장견학 활동과 같이 직접적인 체험을 요구하는 학습과 동일한 효과를 가져올 수 있다.

③ 개인체험 프로젝트

특수한 목적을 달성하기 위하여 특정한 과제목표를 설정한 다음 이를 실천에 옮기는 방법으로 개인중심 학습방법에 있어 가장 전통적이고 보편적인 방식이다. 흔히 대안 교육 현장 등에서 많이 활용되는 지도방법으로 완전학습, 프로그램 학습, 프로젝트 학습 등이 포함된다.

(7) 인턴십

도제제도와 현장경험을 조합한 방식으로 과거 전통적으로 의사들의 현장교육 및 훈련 등에 많이 쓰여왔다. 최근에는 경영학적 기법이나 전문적인 역할 습득방법으로 다양한 영역에서 활발하게 사용되고 있다. 의사와 같은 전문적인 직무훈련, 전문적인 기능인이나 경영기술 습득을 위한 기초업무 습득에 유용하다. 기업체에서의 현장직무훈련이 이와 유사하다. 인턴십은 현재 예비 청소년지도인력 직무훈련과정에 응용되기도 하며, 실습과정과 연계하여 활발하게 적용하는 개인중심 지도방법이기도 하다.

2. 집단중심 지도방법

1) 집단중심 지도방법의 개념과 필요성

인간은 태어나면서 집단에 소속되며 집단을 통하여 성장과 발달을 경험한다. 넓은 의미로 인간의 집합체는 모두 사회집단이라고 할 수 있으며, 좁은 의미로는 공동의 목적을 성취하기 위해 구성원 사이에 분명한 기능적 상호 의존관계가 인증되는 이른바

조직적 집단에 한정된다. 특별히 청소년기는 신체적 성숙과정에서의 긴장과 부모에게서 독립하고자 하는 욕구, 그들이 갖고 있는 지위 역할의 모호성 등으로 인해 정서적 불안과 혼란을 겪게 된다. 이때 청소년들은 또래집단을 통해 서로에 대한 친밀감과 소속감을 가지며 또래와의 관계를 통해 문제를 해결하고 심리적 안정감을 유지하게 된다. 또한 집단에 참여하는 청소년들은 '함께 고민하는 사람'으로서, 자신의 상(image)을 인식하고 서로에게 도움이 되는 중요한 존재가 된다(Konopka, 1972).

집단지도는 바람직한 학습과 생활태도를 촉진하기 위해 주로 정보와 자료를 제공하는 예방적 접근방법이다. 즉, 집단원에게 필요한 정보를 제공하고 미래에 도래할 수 있는 어려움에 대한 방향 안내에 초점이 있다. 집단지도는 비교적 구조화되어 있고 논의되는 주제도 일반적으로 집단지도자에 의해 선정된다. 청소년집단이란 어떤 공통 목표를 달성하기 위하여 상호의존적 관계에서 작용하는 두 명 이상의 청소년으로 구성된 모임을 의미한다. 따라서 집단중심 청소년지도는 청소년지도자와 공통의 목표를 지닌 청소년 집단이, 집단의 역동성과 지도자의 리더십을 서비스 매개물로 하여 이루어지는 지도 형태로 청소년지도 현장에서 가장 빈번하게 활용되는 접근방법이라 할 수 있다(오윤선 · 황인숙, 2021).

청소년기에 집단지도의 방법이 중요한 것은 그들의 발달특성과도 매우 밀접한 관계를 갖는다. 또래집단의 영향이 커지는 반면, 사고의 폭이 좁은 경우 심각한 문제를 유발할 가능성이 큰 대상들이기 때문이다. 특히 대부분의 시간을 청소년들은 집단 속에서 구조화되기를 바라는 형태로 보내기 때문에 집단관계가 부적절하면 내적 리더십이나 자아의식의 정립이 불분명해질 우려가 크기 때문이다.

집단은 개인의 조합이 이루어진 집합체로서 조직학습의 개념에 도달하기 위해서는 개인의 학습을 이해해야만 한다. 학습이라는 것은 조직 내에서 개인이 경험하는 활동의 지각으로부터 나타난 것이다. 집단구성원 각자는 집단 내의 적응을 위해 활동과정에서 수용될 수 있는 적합한 기술을 가져야만 한다. 이 기술은 개인능력을 시험할 수 있는 가시적 기술로서 분류되어야 한다. 집단 내에서 개인이 발휘할 수 있는 외적 능력을 갖추고 있는가에 따라 초기에는 집단적응력이 쉽게 유지되거나 커짐을 의미한다. 집단 내에서 수용이 되면 개인의 감정적인 지능뿐만 아니라 성공적인 집단구조화를 위해 필요한 능력이 더욱 쉽게 장려된다. 초기에는 집단 내에서 가시적인 작업, 즉 프로그램, 설계와 같은 능력의 재구성에 따라 위계가 형성되지만 집단조직이 활성화될수록 또한 팀워크가 좋아질수록 개인의 감정의 발달로 이어지게 된다(김창현, 2019).

2) 집단중심 지도의 이해

(1) 집단지도의 의미

청소년활동에서의 집단지도의 성격은 다음과 같다. 첫째, 집단지도는 집단경험을 통해 집단구성원들의 공통된 목적달성과 함께 개개인의 필요와 욕구를 충족시키기 위한 수단으로서의 활동이다. 둘째, 집단지도는 집단역동이론을 바탕으로 한 집단의 사고과정을 방법상의 중책으로 하는 활동이다. 셋째, 집단지도는 집단 속에서 집단 내 구성원들 사이에 끊임없이 진행되고 있는 심리적 역동관계를 활용한다. 넷째, 집단지도는 집단성원의 공통적인 요구에서 출발한 집단 목표 또는 과제를 집단구성원들이 스스로 합리적이고 과학적인 방법으로 해결하게 한다. 다섯째, 집단지도는 전문가의 지도하에 이루어져야 한다(한국청소년개발원, 1994).

(2) 집단지도의 기본원리

집단지도의 준거틀을 형성할 수 있는 지침이 되는 집단지도의 원리는 다음과 같다(성열준 외, 2015).

① 각 개인의 고유한 상이성에 대한 인정

지도자는 집단을 이름 없는 군중으로 취급해서는 안 된다. 그의 책임은 개인을 이해하는 것이며, 개인의 특수한 욕구, 집단 전체의 욕구, 집단이 속한 지역사회의 욕구에 근거하여 개인을 지도하는 것이다. 이 원리는 진단의 기법과 집단에서 개인에 초점을 맞추는 복합적인 기법 등을 포함한다.

② 다양한 특성을 지닌 집단을 하나의 집단으로 인정

지도자는 집단이 개인의 집합이 아닌 각기 특별한 성격을 지닌 유기체이며, 그 특수성은 접속력의 유형, 성원 간의 상호작용, 하위집단 또는 지도력의 향상과 결여 등이 포함된다는 것을 인식해야 한다. 이 원리는 집단을 진단하고, 그에 따라 활동하는 기법을 포함한다.

③ 개인은 고유한 장점과 단점을 가진 존재임을 진정하게 수용

집단지도자는 개인에 개입하고 개인을 존경해야 한다. 집단지도자는 각 개인의 행동이나 그 행동의 질을 있는 그대로 다 인정해야 한다는 것은 아니며, 실제로는 장·단점을 사정하기 위하여 어떤 가치체계를 이용하게 된다. 따라서 집단지도자는 그 개인의 한 측면만을 수용하는 것이 아니고 전체로서의 개인을 수용해야 한다.

④ 집단 과정의 적절한 수정

집단과정은 집단성원 간의 상호관계, 하위집단형성, 결속력, 지도력 발달, 소외자 형성 등으로 나타난다. 집단지도자는 이러한 집단과정을 평가하고 집단과정에 따라 움직여야 할 경우와 후원해주어야 할 때, 변화시킬 수 있도록 지도할 때를 인식할 수 있어야 한다.

⑤ 문제해결과정에 성원들이 직접 참여할 수 있도록 지도

집단지도자는 집단을 위해서 직접 그 문제의 해결사로 나서서는 안 된다. 집단지도자는 집단구성원들로 하여금 문제해결과정에 참여하도록 독려하고 집단 속에서 상호간의 의사소통을 통해 문제를 해결할 수 있도록 지도해야 한다.

⑥ 개인과 집단발달에 대한 계속적인 평가

정기적으로 평가나 사정을 하는 것이 집단지도의 한 과정이며, 이것은 전문가의 노력을 의도적인 것이 되게 하고 융통성도 부여한다. 이 평가나 사정은 집단구성원들과 상의함으로써 개인이나 집단으로 하여금 자신들이 목표를 성취하는 방향으로 노력할 수 있도록 하는 기능이 있다.

(3) 집단지도의 목표

집단중심 지도의 목표는 청소년지도자가 구성한 집단의 종류에 따라 다소 달라질 수 있다. 토스랜드와 리바스(Toseland & Rivas, 1995)가 분류한 집단을 중심으로 청소년지도방법의 목표를 살펴보면 다음과 같다. 첫째, 지지집단의 목표는 청소년들이 스트레스를 주는 생활상의 사건을 잘 대처하고 효과적으로 적응할 수 있도록 돕는 것이다. 둘째, 교육집단의 목표는 청소년들의 지식, 정보 그리고 기술향상에 있다. 교육집단은 주로 강의기법을 활용하여 구조화되는 특징을 지닌다. 대표적인 예로 성교육을 받는 청소년 집단이 있다. 셋째, 성장집단의 목표는 청소년들에게 자신과 타인에 대해 그들의 생각, 감정, 행동을 인식, 확장, 변화시킬 수 있는 기회를 통하여 자신의 잠재력을 최대한 발휘하도록 하는 것이다. 대표적인 성장집단의 예로 청소년을 위한 가치명료화 집단이 있다. 넷째, 치료집단의 목표는 청소년들의 행동 변화, 개인적인 문제의 개선 또는 상실된 기능의 회복을 원조하는 것이다. 대표적으로 게임중독으로 인한 치

료를 받은 청소년 집단이 있다. 마지막으로 사회화 집단은 사회적 관계에 어려움을 가지고 있는 청소년을 중심으로 사회기술을 학습하는 데 목표가 있다. 이상과 같이 집단의 종류에 따라 목표에 차이가 있지만 공통적인 집단중심 지도방법의 목표는 청소년들이 집단 경험을 통해 궁긍적으로 학습자 자신의 내적 변화를 도모하는 것이다. 즉, 청소년 개인이 집단 간의 상호작용을 통해 자신의 문제를 객관적으로 검토하고 문제해결을 위한 행동을 습득함으로써 자기 관리 능력 향상 그리고 집단과정을 통해 대인관계 능력 및 사회적 기술을 발전시켜 궁극적으로 개인의 전인적 성장을 향상시키는 것이다. 이에 대한 구체적인 내용은 다음과 같다(오윤선 · 황인숙, 2021).

〈표 7-2〉 **집단중심 지도방법의 목표와 특징**

항목	정의	성공적인 집단구조형성	집단지도의 순기능	역기능의 집단구성
자기 인식	• 타인에 대한 효과뿐만 아니라 자신의 느낌, 감정, 동기를 인식하고 이해하는 능력	• 적극적 · 생산적인 집단기술을 가짐 • 집단구성원에 대한 감정의 영향요인을 이해하고 감정통제 • 자기 확신, 높은 자존감, 긴밀하고 통합적인 자아정체감 • 자신의 행복감을 포함한 심리적 건강상태	• 감정을 지각하고 그들이 집단으로서 가능한 영향을 제공함 • 집단구성원은 타인의 문제를 지각하고 그 문제를 추출하려 시도함	• 다른 집단구성원이 갖고 있는 행동에 영향을 주지 못함 • 문제발생 시 집단구성원은 개인적 문제에 관심을 갖는 형태로 바뀜 • 집단구성원은 타인의 환경에 조언을 못함
자기 조절	• 행동에 옮기기 전에 판단하는 능력 • 자신의 통제능력	• 자기 스스로 통제할 수 있는 감정의 자아 지각 상태 • 감정을 통제하고 집단의 과업을 우선시 하는 능력 • 갈등, 압력, 스트레스 등에서 감정을 조율 • 돌봄과 지원을 통한 좌절과 스트레스 대처	• 집단은 생산적 부분에 초점, 감정을 조율함으로써 그 결과에 대해 부정적 영향을 갖지 않음 • 집단은 과업의 촉진과 직무수행에 적극적인 관계형성	• 집단구성원은 또래의 인식이 부족하고 감정적 격정을 다스리지 못함 • 의사소통에 문제가 있어 집단구성원은 감정적 · 대인적으로 편향됨

항목	정의	성공적인 집단구조형성	집단지도의 순기능	역기능의 집단구성
동기 부여	• 외적 지위의 상승을 위한 열정 • 에너지나 열정의 추구	• 최선을 다해 타인의 집단구성원에 기여하는 동기 • 개방형, 유연성, 변화 동기, 혁신성, 창조성, 공통적 문제해결능력 • 새로운 일의 시도, 헌신, 목표지향성 • 개인 또는 집단목표의 성취를 위한 관심 • 집단의 도덕성이나 적극적 · 생산적인 환경유지 자세	• 집단구성원은 편안함을 느끼고 문제 발생 시 상호 논의를 통한 지원 • 동기화된 집단은 건설적 비평이 이루어지며 목표지향적이고 청사진에 관심을 가진	• 권력적 환경 창출이 어려우며 동기의 상실, 부정적 비판만이 난무 • 패배주의적 사고
대인 관계 능력	• 타인이 만든 감정을 이해하는 능력 • 타인의 감정적 반응에 따라 대처하는 기술	• 동료의 마음을 이해, 해석 • 타인과의 공통의 협력적 분위기 형성 • 협동적 관계를 잠재능력으로 전환 • 타인을 위한 관심, 안심시키는 감정 • 구성원들이 자신의 감정을 표현할 때 환경을 조성하는 능력	• 타인의 입장에서 직무수행을 통해 상대방 이해가 가능하고 갈등조율에 도움 • 집단토의가 서로를 도와준다는 의식이 강함 • 서로 다른 대인관계, 문화, 감수성 등의 이해	• 화가 나거나 폭력적이 됨 • 문제해결의 본질 파악 곤란 • 계획과정에 서로의 입장 이해가 어려워 통일된 의견제시가 곤란하고 상호불신
사회적 기술	• 상호 간의 지지망을 구축하고 관계를 유지하는 능력 • 협력적 분위기를 조성하는 능력	• 집단문화를 협력적이고 지원적이며 안락하게 하되 자기 판단적이지 않게 만드는 능력 • 다른 집단구성원과 적극적인 대인관계를 형성하는 전문적 능력 • 효과적인 의사소통과 사회적 기술을 통한 협동, 협력, 집단의 구축 • 타인에 대한 존경과 지원의 조장을 위한 적극적 집단분위기 형성 • 긴장완화, 갈등해소를 위한 집단 상호 간 교호능력	• 개인태도보다는 마지막 집단의 과업을 중시함 • 건강한 사고를 위한 의사소통 강화	• 집단 간 의사소통 결여 • 집단 간에 자신의 감정을 표출하지 않으며 동시에 타인의 감정도 수용되지 않음

출처: 오윤선 · 황인숙(2021).

3) 집단지도자의 이해

(1) 지도자의 품성

집단지도자가 지녀야 할 개인적인 품성으로는 다음과 같은 사항들이 있다(Corey & Corey, 1977; Stogdill, 1974)

첫째, 집단지도자는 그가 함께 일하는 집단과 집단구성원에 대하여 애정과 관심을 가져야 하며 그들을 원조하기 위해서 자신의 능력을 최대한 발휘해야 하고, 청소년의 눈높이에서 이해할 수 있는 안목도 동시에 가지고 있어야 한다.

둘째, 집단지도자는 자신을 개방하여 청소년들로 하여금 집단에 대한 접근성이 용이하도록 해야 한다.

셋째, 집단지도자는 집단구성원들의 느낌에 대하여 민감성을 소지하고 있어서 그들과 원만한 관계를 유지해야 한다. 또한 집단지도자는 집단구성원들의 행동이 다소 무의미하게 보이는 행동일지라도 그들을 수용할 수 있어야 한다.

넷째, 집단지도자는 자신에 대한 이해와 항상 새로운 것을 추구하려는 창의성과 의지를 바탕으로 사적 차원의 감정이 아닌 집단 및 집단구성원들과 함께 공감, 공명의식을 가질 수 있어야 한다.

(2) 집단지도자의 능력

집단지도자가 발휘해야 할 능력은 다음과 같이 구분된다(한국청소년개발원, 1994).

첫째, 상호수입 기술능력으로 확고한 전문가의 입장에서 청소년 집단과의 관계를 수립해 나가야 한다. 집단 내 각 개인이 서로를 받아들이고 서로 힘을 모아 청소년활동을 수행할 수 있도록 지도해야 한다.

둘째, 집단상환 분석기술 능력으로 집단지도자는 청소년들과 그들의 활동에 대한 관찰 및 경청을 통하여 집단활동의 발달단계, 청소년 집단욕구, 청소년 집단 구조 등을 파악하고 분석할 수 있어야 한다. 무엇보다도 청소년들이 자신들의 생각을 표명하고 집단이 가진 가능성과 한계를 인식할 수 있도록 지도해야 한다.

셋째, 집단감정 처리기술 능력으로 지도자는 집단활동에 대한 자신의 감정을 억제할 줄 알아야 하고 위기상황에서도 객관성을 견지할 수 있어야 한다. 또한, 청소년들의 긍정적 또는 부정적 감정표현을 돕고 집단 간 갈등이 생겼을 때도 청소년들 스스로 이를 분석 · 해결할 수 있도록 이끌어가야 한다.

넷째, 지역사회 자원 활용기술 능력으로 집단지도자는 청소년들의 프로그램 활동에 도움을 주는 자료와 정보는 물론 인적 · 물적 자원을 발굴하고 이를 제공할 수 있어야 한다. 그리고 만약 집단활동 내에서 문제를 가진 청소년이 있을 경우에는 다른 기관에 활동을 소개해야 한다.

다섯째, 자료수집 및 평가기술 능력으로 집단지도자는 정확한 지도를 위해 필요한 자료와 정보를 수집 · 분석하고 해석하여 청소년활동을 보다 효율적으로 지도하는 데 활용해야 한다. 그리고 청소년활동 수행에 관한 기록은 평가 및 발전수단으로 활용할 수 있어야 한다.

4) 집단지도의 과정

청소년활동에 있어서 집단지도자는 집단구성원인 청소년들을 처음 만나는 것에서부터 시작하여 청소년활동의 목적을 달성하고 집단활동을 종결하는 것으로 끝나는 일련의 과정을 거친다. 청소년 활동을 지도하는 과정은 사전 단계, 초기 단계, 중간 단계, 종결 단계의 네 단계로 구분되며 구체적인 내용은 다음과 같다(성열준 외, 2015).

〈표 7-3〉 단계별 청소년 활동지도 과정

구분	포함되어야 할 내용	
사전 단계	• 활동의 목표설정 • 청소년집단의 구성 • 집단활동에 대한 승인 등 • 잠재적 후원기관 및 청소년에 대한 사정	• 청소년들의 모집 • 활동환경의 준비 • 청소년들에 대한 오리엔테이션
초기 단계	• 안락한 활동분위기의 조성 • 집단목적의 설정 • 활동목표와 집단의 기능에 대한 설명 • 활동평가 등	• 집단의 구조화 • 집단활동에 대한 동기와 능력의 촉진 • 과업목표와 집단유지목표 간의 균형유지
중간 단계	• 활동의 준비 • 청소년의 목적성취 지도	• 활동의 구조화 • 활동 평가
종결 단계	• 활동에 대한 의존성을 감소시킴 • 활동종결에 대한 감정을 처리할 수 있도록 지도 • 청소년이 미래에 대한 활동 참여계획을 수립할 수 있도록 지도 • 실행된 청소년활동에 대하여 총괄 평가	

출처: 성열준 외(2015).

5) 집단지도방법의 유형

집단중심 청소년지도방법은 대부분 소집단을 대상으로 한 방법이 중심이 된다. 비교적 비슷한 성격의 구성원으로 조직된 소집단 지도방법에는 크게 강의기법, 토론기법, 브레인스토밍, 역할연기, 현장경험, 게임 및 시뮬레이션 기법 등이 있다. 반면, 대집단을 위한 지도방법에는 짧은 시간에 많은 정보를 다수에게 전달하기 위한 기능으로 회의지도기법, 강연, 매체 이용, 매스컴 활용 등으로 구분된다(김정열, 2015; 김창현, 2019; 오윤선 · 황인숙, 2021).

(1) 강의기법

교수기법 중 가정 전통적인 방식으로서 지금까지 학교교육에서 주된 방법으로 사용되어 온 지도방법 중 하나이다. 강의기법은 중요한 정보를 효율적이고 능률적인 교사의 언어로써 학습자에게 전달하도록 설계된 수업모형이다. 강의전달 방식으로는 낭독식, 암기식, 요점식, 즉흥식 등으로 구분된다. 강의기법의 근원은 고대 희랍시대의 철학자들이 서로의 지식을 공유하기 위한 방법으로 사용한 이래 지금까지 사용하고 있는 방법이다. 강의기법은 지도자가 다수의 청소년에게 비교적 단시간 내 많은 양의 지적 내용을 이해시키고 암기시키는 방법으로는 가장 적절하다는 장점으로 인해 지금까지도 널리 사용되고 있다. 그럼에도 불구하고 그 교육적 효과는 회의적이다. 그 이유는 일방적인 전달체계로 인한 학습자의 비동기화 때문이다. 후기 산업사회가 도래한 지 30년이 지났으며, 지식정보화사회가 등장한 지 20여 년이 지났다. 그리고 현재 4차 산업혁명의 사회를 지나고 있다. 이렇게 급변하는 사회에서는 지식 위주의 주입식 강의교육에서 벗어나 현장과 접목할 수 있는 창의적이고 실천적인 지도방법이 요구된다.

(2) 토론기법

토론기법의 가장 중요한 기능은 쌍방향 의사소통이다. 즉, 토론을 통해 자신의 견해를 밝히는 동시에 타인의 의견을 들음으로써 보다 활성화된 학습을 행할 수 있다는 점이다. 토론은 찬성과 반대 또는 긍정과 부정의 입장을 견지하는 사람들이 자신의 주장을 가지고 논리적으로 상대방을 설득하여 자신의 주장이 옳음을 입증하는 논의방식으로 다른 사람의 생각과 의견을 존중하며 문제의 해결방향을 모색할 수 있다. 넓은 의미에서 각자의 의견을 협동적으로 제시하는 토의의 한 과정에 속한다. 토론은 지도자의 독재를 방지하고 다양한 이해관계에 있는 집단의 의견을 수렴하여 올바른 정책을 꾸려나가는 민주주의 발전에 절대적으로 필요한 논의방식이라고 할 수 있다(천대윤, 2004).

우리나라에서 토론기법은 전통적인 수업방식인 지식 전달식 강의 수업의 한계를 극복하고 학습자의 참여를 이끌어 내고 학습의 주체가 되게 하자는 취지에서 여러 가지 수업 모델이 개발되던 중 발표식 수업 모델에 '반박'을 추가함으로써 청소년들 사이에 교차조사형 토론 형식의 대회가 치러지고 있다. 토론기법은 자신의 생각과 타인의 생각을 공유하며 사고력, 창의력을 기르도록 해준다. 또한 건설적이고 협동적인 과정을 통해 문제를 해결하고 아울러 민주시민으로서의 기본자질을 함양하도록 지도할 수 있다. 토론기법이 가지는 장·단점은 다음과 같다.

〈표 7-4〉 토론의 장·단점 비교

장점	단점
• 자신과 타인의 생각을 공유하며 사고력, 창의력을 기르도록 해준다. • 문제에 다각도로 접근할 수 있다. • 의사결정 과정에 직·간접적으로 참여함으로써 그 결정을 수용하는 것이 비교적 수월해진다. • 상호교류 및 협력학습을 통해 바람직한 사회성은 길러준다. • 토론하는 과정을 통해 민주적 소양을 함양할 수 있다.	• 다수의 논리가 소수를 억압하게 된다. • 신속한 의사결정과 행동이 어렵다. • 어떤 토론자나 파벌이 토론을 지배하면 자유로운 의사표현이 어려울 수 있다. • 차선책을 선택하는 오류를 범할 수 있다. • 의견 불일치가 팽팽히 맞서는 경우, 갈등이 생기고 서로에게 나쁜 감정을 가질 수 있다.

출처: 오윤선·황인숙(2021).

(3) 브레인스토밍

브레인스토밍은 1941년 미국의 한 광고회사(BBDO)의 부사장으로 있던 오스본(Osborn)이 광고 아이디어를 생각해 내기 위해 개발하였다. 브레인스토밍은 집단의 모든 구성원으로 하여금 특정 주제와 관련해 연상되는 생각들을 거리낌 없이 말하도록 격려함으로써 다양한 아이디어를 경청하는 방법의 하나이다. 이 방법은 주어진 문제나 관심 분야에 대하여 비교적 짧은 시간 내에 학습자들로부터 여러 가지 해결방안이나 아이디어를 얻어 내는 기법으로, 제안된 해결방안이나 아이디어는 질보다 양에 관심을 갖는 것이 특징이다(Osborn, 1963).

한편 브레인스토밍은 다양한 사고를 자극시키려고 새로운 아이디어를 짜내는 방법이다. 이 기법은 회의에 참가한 집단구성원들이 자유롭게 의제에 대한 접근을 한 다음 개방적 질문을 통하여 아이디어를 자극하고, 만약 상호 의견제시가 균등하지 않다면 차례차례 묻는 절차를 통하여 마지막에 평가하도록 하는 과정을 택한 것이다. 이러한 브레인스토밍의 기본 규칙은 다음과 같다.

① 표현하기

아무리 이상하고 다듬어지지 않아도 혹은 상상에 지나지 않을지라도 마음에 떠오르는 생각은 무엇이든 표현하도록 한다. 자유스러운 분위기에서 자신의 의견을 표현하는데 어떠한 제한도 받지 않도록 한다.

② 비평가적

아이디어를 내놓는 동안 어떠한 평가도 허용되지 않는다. 다른 사람에 대한 평가도 역시 마찬가지이다.

③ 아이디어의 양

아이디어가 많으면 많을수록 좋다. 양적으로 많은 것이 요구되기 때문이다. 양적인 증가는 훌륭한 해결책을 내놓을 가능성을 높인다.

④ 변경

타인의 아이디어를 수정하거나 확대시키는 것이 권장된다. 브레인스토밍은 집단에서 실시된다. 그래서 참가자들은 서로로부터 아이디어를 이끌어낸다. 전체적으로 회의 참가자들이 자유롭게 토론과정에서 제시한 모든 아이디어를 기록하도록 한다.

개방적 질문을 통하여 아이디어를 자극하고 상호 의견제시가 적절하지 않을 경우 차례차례 묻는 절차를 통하여 모든 사람의 의견이 자유롭게 수용되도록 하며, 궁극적으로 모든 사항이 최종적으로 평가되도록 한다.

(4) 역할연기

역할연기(role paly)는 인간관계의 일반 영역에서 어떤 상황이나 문제를 극화한 것으로 소집단구성원들에게 서로 다른 역할을 주고 어떤 가상적 상황에서 서로 협의하여 결정을 유도하게 하여 다른 역할을 맡은 사람들과 원만한 타협을 보도록 하며, 나 아닌 다른 사람들의 역할이나 기능을 이해하도록 돕는 기법이다. 특히, 학교폭력, 성폭력의 가해 청소년이나 피해 청소년들에게 그 효과를 입증받고 있는 방법이다(오윤선 · 황인숙, 2021). 역할연기는 다음과 같은 장점들이 있다.

첫째, 청소년 집단구성원 간의 친근감을 증대시킬 수 있다. 둘째, 운영에 융통성이 있고 연습이 가능하며 연습 자체가 교육적 효과를 가질 수 있다. 셋째, 집단구성원이 공유하는 경험을 갖게 됨으로써 서로 대화가 깊어질 수 있다. 넷째, 역할연기자는 다른 사람으로 변장하여 자신의 감정이나 태도, 신념 등을 자유로이 표현함으로써 심리적 억압을 해소할 수 있다.

반면, 다음과 같은 단점도 가지고 있음을 유념해야 한다. 첫째, 역할극의 내용을 계획하고 연출하는 데는 상당한 전문성과 기술이 필요하다. 둘째, 교육효과를 정확히 예측하고 평가하기 어렵다. 셋째, 역할연기자와 참여 청소년의 특성에 따라 경우에 따라서는 의도한 대로 교육효과가 나타나지 않고 결과가 달라질 수 있다. 넷째, 준비하는데 시간과 비용이 많이 든다.

(5) 현장경험

조직적인 계획에 의해 현장에서의 실제 경험을 통해 지도를 받는 방법이다. 단체견학, 수학여행 등 일종의 학습여행 프로그램을 통해 이미 오래전부터 시행되었으며, 청소년 봉사활동도 현장경험에 속한다. 청소년지도자는 현장경험이 반성적 사고를 통해 의미 있는 경험이 되도록 현장활동 후 주의를 기울여 지도해야 한다.

(6) 게임 및 시뮬레이션

게임이란 일정한 규칙을 정해놓고 승부를 겨루거나 즐기는 놀이를 말한다. 시뮬레이션은 복잡한 문제나 사회현상 따위를 해석하고 해결하기 위하여 실제와 비슷한 모형을 만들어 모의적으로 실험하여 그 특성을 파악하는 것을 말한다. 여기에는 실제로 모형을 만들어서 하는 물리적 시뮬레이션과 수학적 모델을 컴퓨터상에서 다루는 논리적 시뮬레이션 등이 있다.

게임이나 시뮬레이션은 인위적인 문제, 사건, 상황, 주제와 유사한 환경을 게임이나 시뮬레이션 프로그램을 통해 제공하는 것으로서 활동에 참여하는 집단에게 안정성을 보장하면서 직접적인 체험이 가능한 기법이다. 게임이 다소 저연령층 청소년들에게 사용되어왔다면, 시뮬레이션은 다소 연령이 높은 청소년이나 청년층에게 사용되어왔다. 게임과 시뮬레이션 기법은 아동의 사회화 훈련, 청소년의 가치관 교육은 물론이고 성인에게도 유용한 기법으로 제공되면서 그 활용도가 높아지고 있는 추세이다(오윤선 · 황인숙, 2021).

(7) 레크리에이션

레크리에이션의 어원은 라틴어 'Recrestio'에서 유래한 것으로 '신선하다' 또는 '재충전하다'라는 의미를 지니고 있다. 따라서 전통적인 의미의 레크리에이션은 산뜻하고 차분하면서 자발적으로 선택한 행동을 의미하며, 현대적인 의미에서 레크리에이션은 피로를 풀고 새로운 힘을 얻기 위해 여러 사람과 함께 놀거나 운동 등을 즐기는 일이다. 레크리에이션은 1930년대 이후 미국 경제불황으로 인해 청소년 일탈 및 범죄의 증가 등 사회문제가 크게 대두되자 이에 대한 해결방안으로 빈민계층의 아동청소년의 건전한 인격형성 및 여가선용을 위한 지역사회활동으로 레크리에이션을 활용하기 시작했다. 이후 우리나라에서는 1980년대부터 각 대학에서 교양과목의 하나로 레크리에이션 교육을 시작하였다.

레크리에이션은 청소년 여가선용을 통하여 심신의 피로를 회복시켜 주고 사회의 구성원으로서 사회성과 책임성을 길러주며 또한 활달하고 명랑한 성격을 갖도록 해준다. 또한 집단활동을 통하여 '나도 할 수 있다'라는 자신감을 갖게 해주며 청소년의 창의력 개발 및 대인관계능력을 향상시켜 주는 기능을 한다. 나아가 건전한 집단의 결속을 도모하여 청소년들이 바람직한 사회적 성취를 가능케 하는 원동력이 될 수 있도록 지도하는 방법이다.

Chapter 08

회의와 토의의 집단지도

집단은 모든 송신자와 수신자로서 비교적 쉽게 의사소통하기 위한 수적으로 최소한의 개인의 집합이라고 할 수 있으며, 소집단은 2인 이상의 구성원이 모여 토의 및 토론을 전개하는 것이 기본이지만 일반적으로 5~12명으로 구성되면서 다양한 개인들 사이에 의사소통이 불가능하지 않을 정도의 크기를 갖고 각 구성원이 수신자로서의 기능을 비교적 쉽게 수행할 수 있으면서 어떠한 방식으로든 집단구성원들이 서로 연관이 되어야 한다. 즉 소집단을 구성하는 개인의 행동은 소집단을 구성하지 않는 개인의 행동에 비하여 다른 구성원에 중요한 영향을 미치게 된다.

회의와 토의와 관련한 집단지도는 청소년의 사회성 개발을 위한 중요한 의미를 가지며, 인간관계의 개선을 통하여 청소년의 자아를 발견하기도 하며, 욕구를 행위로 표현하는 수단으로 적용될 수 있다. 이런 점에서 회의와 토의는 집단을 형성하고 상호작용의 과정 속에서 욕구를 만족시켜 나가게 되며, 이때의 상호작용은 주로 역할관계로 파악되면서 성원 간의 의사소통을 긴밀하게 해 주는 의미를 가지게 되므로 매우 중요한 집단지도방법으로 볼 수 있다. 여기에서는 회의와 토의에 관련한 집단지도의 실제를 이해하기 위해 회의와 토의의 종류와 유형 및 그에 따른 집단지도의 유형과 실시방법 등에 대해 알아보기로 한다.

1. 회의와 토의의 종류

1) 회의의 종류

회의에는 어떤 기준으로 분류하느냐에 따라 여러 가지 형태가 있다(윤재근, 1988: 12-19).

(1) 소집단 회의

일반적으로 15인 이내의 인원일 때 실시하며 대집단일 경우 개인의 그 집단에 대한 참여도나 공헌도를 높이기 위해서 최저 규모의 소집단으로 분산해 실시하는 원형토의이다. 분임토의, 분반토의 등이 가장 많이 쓰이는 방법이며 사회자와 서기를 선정해 주제에 따라 질서 있게 결론을 정리해 나간다.

(2) 버즈 회의(Buzz Session)

버즈(buzz)란 웅성거리는 토의 분위기를 벌의 붕붕거리는 소리에 본따 이름지었는데, 2명 내지 4명 정도의 작은 팀으로 나누어 제시된 문제에 대해 그룹별로 토론을 하여 결론을 내고 이어 그 중 한 사람이 그룹 의견의 결론을 발표한다. 강사는 결론을 정리하여 요약해 줄 수 있으며, 이어 전원이 자유롭게 의견을 제시하여 전체의 결론으로 정리한다.

(3) 필립스 66(Phillips 66)

이는 미시간대학교의 필립스(J.D. Phillips) 교수가 고안한 것으로 처음에 집단을 6명씩 소집단으로 나누고 하나의 의제에 관하여 각기 1분씩 총 6분간의 토의를 행하여 어떤 문제를 끄집어 내는 방법이다. 의제를 용어에 의해 주의 깊게 선정하고 충분히 설명해 줄 필요가 있으며, 이 방법은 참가자의 참여도와 흥미를 조장하는 데 효과가 크다. 버즈 회의(buzz session)과 마찬가지로 어떤 문제의 완전한 결론과 해결보다는 문제제기의 차원에서 많이 사용되며 6명의 인원과 6분의 시간은 상황에 따라 더 늘어나고 줄어들 수 있다.

(4) 패널 토의(Panel Discussion)

미리 4~6명의 패널 멤버를 선정하여 이들로 하여금 특정한 주제를 놓고 참가자들 앞에서 토의하게 한 다음 참가자들이 패널 멤버에게 질문을 하게 하고 답변을 하게 한다. 물론 사회자가 정해져 있어 토의하는 사람소개, 토론의 방법 소개 및 발표된 내용을 요약하는 역할을 한다. 청중인 청소년들은 간접적인 참여로서 직접적인 대화나 토론에 참여하지 않고 단지 패널구성원과 사회자 간의 대화와 의견교류과정을 경청한다. 사회자의 진행에 따라 몇 명의 학습자가 질문을 통해 참여하는 경우도 있으며, 패널 멤버가 서로 재차 토론을 하여 보충적인 의견을 말하고 끝내기도 한다.

(5) 심포지엄(Symposium)

심포지엄은 패널 토의와 비슷한 방법이지만 패널에서는 발표자와 상호토론이 이루어지지만 심포지엄에서는 발표자가 그 나름의 독립된 분야에 대해 독자적 견해나 전문적 의견을 밝히는 것이다. 이것은 해당 분야에 권위 있는 전문가 2~5명으로 발표자가 구성되고 특정 주제에 대해 각기 전문적 견해를 분야별로 발표하는 데 주로 많이 쓰이며, 토론자간의 의견충돌이 없고 청중으로부터의 질의도 개인을 향해 던져지며 답변도 마찬가지로 행하는 것이 일반적이다. 사회자는 발표자의 발표시간이 너무 길어지지 않도록 약 20분 정도로 제한하는 것이 좋으며 앞서와 마찬가지로 심포지엄의 발표가 끝나면 각 발표자의 발언을 간결하게 요약해서 참가자의 질의를 구한다.

(6) 콜로키(Colloquy)

패널 방식과 비슷한 대담 및 회담을 이야기하는데 여기에서는 정보제공자로서 몇몇의 전문가를 출석시키는 것이 추가된다. 사회자는 토의 도중 또는 토의가 끝난 후에 토론자 또는 청중의 양해를 얻어 전문가에게 의견을 들어 보도록 할 수 있다. 이 경우 전문가는 다만 전문적 지식을 제공하는 데 그쳐야 하며, 그로 인해 토론의 방향에 일방적인 영향을 미치거나 지배해서는 안 된다. 이 방법은 참가자들이 요구하는 각도에서 전문가의 깊은 의견을 들을 수 있다는 데 그 장점이 있다.

(7) 강연식 토의(Lecture Forum)

흔히 사용되는 강연회 형식으로 처음에 전문가가 특정 주제에 대해 강연하고 이것이 끝나면 질의 응답하고 전체 토의를 전개하는 방식이다. 사회자는 미리 강연자와 논의하여 강연의 내용을 검토하고 질문을 이야기할 때 사회자로서의 견해를 이야기하거나 어떤 중요한 사실을 지적하여 관심을 환기시키는 것이 좋다.

(8) 토론(Debate Forum)

특정 주제에 대한 찬성, 반대 또는 A안, B안 등으로 참가자를 두 그룹의 토론군으로 만들어서 서로 논쟁하게 하고 양자의 장단점과 우열을 검토·비판시킨다. 잘못하면 수습할 수 없을 만큼 토론이 완전히 분열될 위험성이 있으므로 사회자는 적절하게 양쪽 의견을 총괄하여야 한다.

(9) 포럼(공개토론)

25명 이상의 집단 구성과 1인 이상의 전문가 및 사회자로 구성되며, 사회자의 진행하에 15~60분간의 공개적인 토론을 진행하는 기법이다. 모든 구성원이 질의 응답형태로 자신의 의견을 발표하고 직접 토론에 참가하는 등 화발한 의사전달과정이 이루어지는 것이 특징이다(김정열, 2015).

(10) 필름 포럼(Film Forum)

이것은 강의와 영화 그리고 토의의 겸용 방식이다. 처음에 영화나 슬라이드를 상연한 다음 그 제시 내용에 대해서 청중과 질의 응답 및 토의로 들어간다.

(11) 워크숍(Work Shop)

앞서 언급한 소집단 회의에서의 분임토의, 버즈 회의(buzz session) 및 필립스 66(Phillips 66)과 비슷하여 구별하기 어려우나 어떤 규정된 의미로 사용되는 것은 아니며 대집단의 참여도를 높이기 위하여 몇 개의 소집단으로 나누어 소집단마다 리더를 정해 주어진 의제에 대한 토론을 행하게 하여 결론을 내리는 방법이다. 정해진 시간이 끝나면 소집단마다 각기 내놓은 결론을 대표 한 사람이 발표토록 하고 그 결론에 대해 대표간에 토론하거나 참석자 전원에게 질의 응답한다.

(12) 세미나

50명 이하의 소수집단을 참여자로 구성하며, 구성원은 대부분 당해 주제분야에 관한 권위 있는 전문가나 전문적인 연구 관련자로 구성된다. 세미나는 특정 전문연구사업과 관련하여 연구기관이 주도하여 수행되는 경우가 많으며, 발표자는 물론 참석자 전원이 당해 분야에 관한 지식과 정보 및 관심을 소유하고 있으므로 공식적 발제내용과 공개적 질의토론이 매우 전문적이고 활발하게 진행된다(김정열, 2015).

2) 토론

토론은 한 쪽이 다른 한 쪽을 공박하기 위한 것이 아니고 다음과 같은 의미를 갖는다(윤재근, 1988: 24-25). 첫째, 참석자 전원에게 의제 상정 이유에 대해 질의를 하게 하여 이해를 깊게 하고, 둘째, 회원 각자의 의견을 발표케 하며, 셋째, 상호 간의 의견을 비교 분석케 할 뿐 아니라, 넷째, 좋은 의견으로 정리 종합케 하여, 다섯째, 가장 좋은 의견을 전체의 뜻으로 결정하기 쉽도록 마련된 언어활동의 과정이다. 따라서 토론은 참석자 각자가 독단적으로 생각하는 것이 아니고 동일한 문제에 대해 관심을 가진 사람끼리 한 자리에 모여 함게 좋은 방안을 모색하고 연구하는 집단사고인 것이다. 그렇기 때문에 회의에 참석한 사람은 누구나 자신이 전체의 일원임을 자각하고 집단사고의 의의를 살리도록 최대한 노력해야 한다.

(1) 분위기

참석자는 회의에 협조적인 분위기를 유지해야 한다. 그렇다고 너무 소극적이서 토론에 아무 영향도 미치지 못한다면 참가 자체에도 별 의미가 없게 된다. 또 경쟁심과 공명심, 그리고 감정에 치우친 나머지 분위기를 해칠 위험도 없지 않다. 참석자는 분위기가 어떻게 흐르고 있는지 잘 파악해서 원만한 회의가 될 수 있도록 협조적이어야 한다.

(2) 활동상태

토론 참석자는 주어진 의제, 다루고자 하는 의제에 대해 연구해야 한다. 이와 함께 자신의 언행이 회의 진행에 방해가 되고 있지는 않는지 스스로 판단해 보아야 한다. 만약 방해가 되는 요인이 있다면 무엇이건 그것을 해소하기 위해서 어떻게 해야 할 것인가 모색한다. 한편 회의가 진행되는 동안 현재까지의 토론 결과 어떠한 성과가 나타나고 있는지 돌아볼 필요가 있다. 또한 참가자의 발언에는 요령이 있어야 한다. 참가자 전원이 자기 마음대로 두서없이 발언을 계속하면 원만한 토론을 기대하기 어렵다. 따라서 발언을 할 때는 다음과 같은 주의가 요망된다.

첫째, 발언하고자 할 때는 반드시 의장의 허가를 받는다.

둘째, 다른 참석자가 발언 중일 때는 발언을 하지 않는다.

셋째, 발언 제한을 지킨다. 일반적으로 회의에서는 한 참석자가 3회 이상 발언할 수 없으며, 한 번 발언할 때 10분을 초과하지 않는다. 자유토론의 경우 발언 횟수에는 제한이 없다 하더라도 한 사람이 발언을 너무 길게하는 일은 삼가해야 한다.

넷째, 발언은 의제의 범위를 벗어나지 않도록 해야 한다. 토론에 들어갔을 때는 의제에 대한 찬성이나 반대의 뜻을 먼저 밝힌 후 찬성 또는 반대의 이유를 조목조목 간결하게 말하는 것이 좋다.

3) 학술회의

일반적으로 보아 학술회의에서는 임원을 선출한다거나 의안을 결정하는 것이 아니다. 학술회의는 어떤 정책을 결정하기 위한 모임이 아니고 어디까지나 학술 탐구에 취지와 목적이 있다. 따라서 학술회의에서는 의안을 심의, 토론, 표결하는 일이 거의 없고 학술적인 연구와 모색이 이루어진다(윤재근, 1988: 25-26). 학술회의는 진행요령도 다를 수밖에 없다. 회의에 앞서 장소와 일시를 정하고 참석자들에게 이를 알리는 등 준비과정은 일반회의와 다를 바 없다. 그러나 실제 회의가 열리고 나면 진행순서는 달라질 수밖에 없다. 개회선언이 있고 나서 그 다음의 진행은 일반회의와 현격한 차이를 보여준다.

학술회의는 학문 연구에 목적이 있으므로 정족수를 확인할 필요가 없다. 정족수 확인이란 표결을 전제로 했을 때 중요한 의미를 지닌다. 만일 정관이나 규칙으로 명시한 정족수가 미달되었을 때는 회의 자체가 성립될 수 없을 뿐만 아니라, 설령 그러한 상황 아래에서 표결이 강행되었다 해도 그것은 당연히 효력을 갖지 못한다. 그러나 학술회의는 어떤 의결을 전제로 하지 않기 때문에 정족수 확인 절차는 생략되는 것이 보통이다. 다만 몇 명이 참석할 예정이었는데 참석자는 몇 명이고 불참가는 몇 명이라고 보고하는 정도에서 그친다. 이는 참석자에 대한 회의의 규모를 알려준다는 의미도 있을 뿐만 아니라 최초의 예정을 공지하는 효과가 있다.

또 학술회의에는 안건 대신 주제가 주어진다. 일반회의에서는 안건을 상정하여 심의 토론하고 표결에 들어가는 것이 순서이겠지만, 학술회의에는 다루고자 하는 주제가 있게 마련이다. 그렇기 때문에 학술회의에서는 의제, 안건, 동의안이라는 용어 대신 주제라는 표현을 쓴다. 개회가 되면 먼저 회의를 주재할 의장을 선출한다. 의장은 사회를 맡아 회의를 원만하게 진행하는 역할을 한다. 학술회의에서 의장은 조직이나 단체의 임원과 성격이 다르기 때문에 입후보자에 대한 표결보다는 추대 형식을 취하는 것이 거의 상식처럼 되어 있다.

의장은 사회을 맡을 뿐 회의의 진행이나 참가자들의 의견 발표에 결정적 영향을 미칠 수는 없다. 예컨대 표결을 전제로 한 회의에서는 가부동수가 나올 경우 의장의 한 표에 의해서 가부가 좌우되는 수도 있지만 학술회의에 있어서는 그런 예가 거의 없다. 때문에 의장의 역할은 회의를 물 흐르듯이 자유롭게 유도해 나가면 된다. 정기적인 회의에서 지난번 회의록을 낭독하고 그 기록내용을 인준받는 것이 상례로 되어 있으나, 학술회의에서는 토론 내용이 중요할 뿐 의결에 목적이 있지 않으므로 회의록은 일정한 격식에 얽매이지 않는다. 또 학술회의에서는 회의록을 낭독해 인준을 받아야 할 특별한 이유도 없다. 다만 기록자는 참가자들이 개진한 의견을 성실하게 기록함으로써 회의에서 거론된 의견이 잘 정리될 수 있도록 최선을 다하면 된다. 그러므로 학술회의 회의록은 결과적으로 학술적 연구의 산물로 남게 된다(한국청소년개발원, 1994).

의장이 선출된 다음에는 주제발표를 하게 된다. 이는 표결을 전제로 한 회의에서 동의, 발의, 의안에 해당하는 것인데, 발제, 문제제기와 유사한 의미로 통한다. 주제발표자는 이번 회의에서 다루게 될 연구주제를 발표한다. 그런데 회의가 열리기전 주제가 마련되면, 주제 발표자는 오랜 시간 이 과제를 연구하여 발표케 된다. 이때 주제발표자는 자기의 연구결과를 명쾌하게 밝히는 것은 물론 문제점을 제시하여 참석자들과 함께 공동연구하는 동기를 제공한다.

주제발표는 한 사람이 하는 경우도 있고 두 사람 혹은 세 사람이나 그 이상이 하는 수도 있다. 이에 대하여 참석자들은 각자 자기의 연구결과를 개진하여 회의에서 다루고자 하는 주제를 더욱 폭넓게, 그리고 심도 있게 토론하는 것이다. 이때 참석자들은 주제 발표자에 대하여 질의를 하게 되고, 주제 발표자는 질의자에 대하여 자기의 학술적 견해를 답변해 준다. 여기서 참석자 전원이 유의하여야 할 점은 상대방을 존중하는 자세다. 대개 학술회의 참석자들 사이에는 일정한 주제에 대하여 학문적 견해를 달리하는 경우가 없지 않다. 이럴 때 학문적 견해가 자신과 일치하지 않는다고 해서 주제발표자 또는 질의자를 일방적으로 매도하는 따위는 마땅히 지양되어야 하는 것이다.

한편 학술회의에서는 기록자의 역할이 매우 중요하다. 기록자는 주제발표 이후 참석자들 사이에 오간 질의, 답변은 물론이고, 토론 내용을 정확히 기록하여 회의록 자체가 하나의 연구 성과로 남을 수 있도록 최선을 다해야 하는 것이다. 이와 함께 사회자인 의장은 회의가 종결되기 이전 토론내용을 간단 명료하게 정리하여 참가자들에게 무슨

내용이 거론되었는가를 주지시킬 필요가 있다. 이는 회의에서 거론된 의견들을 재확인 한다는 의미 이외에도 회의 성과를 참가자 전원이 되돌아본다는 결론적 의미가 있는 것이다.

4) 토론회

표결을 전제로 하지 않는 회의 가운데 중요한 것으로 토론회가 있다. 토론회는 일정한 주제를 놓고 관계 전문가들이 자신의 견해를 개진하는 자유토론회가 있는가 하면, 특정 인사를 초빙하여 문답형식으로 회의를 진행할 때도 있다(윤재근, 1988: 26-27). 또 일정한 주제가 있다 하더라도 관계 전문가가 아닌 이해 당사자 혹은 그 이외의 사람들이 한 자리에 모여 토론을 벌이기도 한다. 이러한 토론회 역시 여러 사람의 지혜와 기술을 한 방향으로 모으는 데 큰 의의가 있다. 가령 한 조직이나 단체에 예기치 않은 문제가 발생했다고 가정했을 때 토론회를 통해 기발한 방안이 모색되는 경우도 많다.

한편 자문회의 같은 곳에서도 토론회 형식을 취하는 예가 많다. 특히 기술적인 자문회의에서는 표결에 의해서 결정할 수 없는 주제들이 너무 많다. 표결로써는 도저히 해결할 수 없고 한 사람의 지혜가 도리어 문제의 핵심을 송두리째 해결하는 사례도 얼마든지 있는 것이다. 이런 토론회에서는 일정한 순서나 절차에 의하지 않고 자유롭게 의견 개진을 하는 것이 보통이다. 각급 단체나 조직에는 자문위원회, 전문위원회 등의 상설 또는 비상설 기구가 있다.

의결기관은 중요한 의안을 심의 결정하는 기구이지만 자문기관은 의결기관이 요청하는 자문에 응하는 것이며, 일반적으로 의안의 결정권이 없다. 이처럼 의사결정권이 없는 자문회의의 경우, 격식을 갖춘 회의보다는 토론회를 통해 최선의 창의와 지혜를 도출해 내는 경우가 더 많다. 이와 함께 특정 인사를 초빙, 문답 형식의 토론회를 갖는 경우에는 그 인사가 평소 어떠한 소신을 갖고 있는지 알아보는 중요한 계기가 된다. 이 경우 진행자의 역할이 매우 중요하다. 특정 인사를 향해 참가자 전원이 무분별하게 질문을 행할 우려가 있기 때문이다. 그렇게 되면 회의 자체가 무질서와 혼란에 빠져서 당초의 목적을 기대하기 어렵게 된다.

이 때문에 특정 인사를 초빙하여 토론회를 가질 때는 질문자를 미리 선정할 수도 있고, 진행자가 참가자로부터 질의 신청을 받아 순서대로 답변자에게 다시 질문하는 방식도 있다. 때에 따라서는 이 두 가지 방법을 혼용하는 수도 있다. 그런데 이와 같은 토론회에서 유의할 점은 일정한 절차나 형식에 구애받지 않는다고 해서 참석자가 회의의 본질을 망각한다면 토론회는 성공할 수가 없다.

어떤 형태의 토론회가 되었든 참석자와 진행자는 진지한 자세, 자기가 지켜야 할 본분을 잊어서는 안 된다. 특히 진행자는 운용의 묘미를 십분 발휘하여 주제가 빗나가는 잘못이 없도록 막아야 한다. 일정한 주제를 놓고 각자 자기의 의견을 말할 때 주제와 거리가 먼 발언도 나올 수 있다. 이는 참가자의 소양이나 민주주의에 대한 훈련 부족에서 기인하는 것이지만, 진행자의 역량에 따라 적절히 통제될 수 있는 것이다.

또한 특정 인사를 초빙한 토론회에서는 질의자가 여러 사람인 반면, 답변자는 한 사람이기 때문에 여기에서 오는 어려움도 있다. 질의자가 한꺼번에 많은 것을 질문하면 답변자는 그것을 일일이 답변하지 못할 수도 있다. 가급적이면 간단명료한 질문으로 명쾌한 답변을 받아낼 수 있는 것이 현명한 방법이다. 그렇다고 진행자가 일방적으로 답변자만을 옹호한다거나, 질의자의 질문을 막는 일이 있어서는 결코 안 된다. 진행자는 참석자에게 골고루 자유로운 질문의 기회를 부여하되, 답변자가 성실히 답변할 수 있도록 최선을 다해야 된다.

5) 공청회

여러 사람의 지혜를 모으기 위한 회의 가운데 공청회가 있다. 공청회는 일정한 주제를 놓고 대중의 지혜를 수렴할 수 있는 대표적인 회의에 해당된다. 이 공청회 역시 표결을 전제로 하지 않는다는 점에서 일반적인 회의와 다르고 학술회의나 토론회와 유사한 일면이 있다(윤재근, 1988). 그런데 공청회에서는 여러 사람의 의견을 포괄적으로 수렴할 수 있다는 특징이 있다. 대체로 공청회는 참석자를 제한하거나 미리 정하지 않는다. 물론 주제 발표자는 해당 주제를 연구하여 발표를 하게 되고, 진행자도 개회 이전에 선정되는 것이 통례이지만, 관심 있는 사람이면 누구나가 참석하여 자기 의견을 자유롭게 개진할 수 있는 것이다.

다른 회의가 보통 회의 또는 소속 구성원에 한하여 참석권을 부여하고 그들에 의하여 토론이 이루어지는 반면, 공청회에는 아무런 제한이 없다. 공청회가 다루고자 하는 주제에 관심이 있으면 누구나 회의에 참여할 수 있다. 이 때문에 공청회는 시민 대중의 폭넓은 의견을 수렴할 수 있는 장점이 있으나, 각기 관심과 지식 수준도 다르고 이해관계에 얽힌 사람들이 참여할 소지가 없지 않다. 따라서 진행자의 역할이 어느 형태의 회의에서보다도 중요한 몫을 차지한다.

진행자는 참석자들에게 발언의 기회를 골고루 부여하되, 답변 자료를 충분히 갖춘 주제 발표자에게 답변하도록 교량 역할을 순조롭게 해내야 한다. 이와 함께 주제 발표자는 성실한 답변으로 질문자의 궁금증이나 의문을 풀어주고, 일반 참석자 중에서 좋은 의견이 나오면 기탄없이 수용하여 이를 미래에 반영하여야 한다. 장차 어떤 사업을 진행하기 위해 보다 많은 사람의 의견을 수렴하고자 하는 것이 공청회가 지닌 본래의 목적이라면, 마땅히 참석자들의 발언에 귀를 기울여야 하는 것이다.

그럼에도 불구하고 유의해야 할 것은 회의에 대한 훈련이다. 작게는 가족회의에서부터 크게는 국제회의에 이르기까지 각종 회의가 있지만, 이 회의를 어떻게 진행하느냐

하는 것은 참석자 전원의 성의와 태도 여하에 달려 있다. 그렇다면 원만한 회의를 통해 최선의 길을 가기 위해서는 각자 회의에 대한 깊은 이해와 함께 그 나름의 훈련이 있어야 할 것이다.

2. 토론의 특징과 진행법

1) 토론의 특징

첫째, 토론에는 공통되는 목적의식이 있다. 서로 찬반 논의가 오가고 있는 경우에도 그 사람들은 무엇인가를 달성하기 위한 노력을 하고 있는 것이어서 목적의식은 공통적인 것이다. 어떤 사람은 심심풀이로, 또 어떤 사람은 흥미본위이며, 또 어떤 사람은 의리로 그 모임에 참가하고 있다면 그것은 단순한 잡담이지 토론은 아니다. 토론이라는 것은 거기에서 어떠한 가치관을 찾으려는 서로 공통된 마음의 작용이 없어서는 안 된다(윤재근, 1988).

둘째, 토론에는 다양한 커뮤니케이션의 수단이 활용된다. 주된 수단은 언어이다. 그러나 언어의 표현력에는 한계가 있으며 보충수단으로 몸짓이나 손짓, 표정 따위로 의미를 전할 수가 있다. 그 외에 도형부호, 숫자를 커뮤니케이션을 보충하는 수단이 될 수 있다.

셋째, 토론은 사상의 상호작용이다. 토의는 한 사람의 발언이 다른 사람에게 영향을 주어 그 영향이 발언을 유발하고 그 발언이 다시 또 어떠한 영향을 불러 일으키는 것처럼 그 상호작용을 통하여 서로의 사상이 분석되고 혹은 종합되고 평가되며 지향되어 보다 높은 것으로 되어 성장한다(김정열, 2015).

넷째, 토론은 체계적 조직으로 진행된다. 토의에는 각자가 자기 멋대로 이야기하는 것이 아니라 토의의 규칙에 따라 일정한 체계아래 조직적으로 진행되어야 한다.

다섯째, 토론에 있어서는 특정한 테마가 의식되어 있으며 그 테마에 대한 규제의 제시, 사실의 수집, 분석, 평가, 제안, 결정 등의 행위가 일정한 통제 내지는 합의 아래서 체계적으로 행해져야만 한다. 따라서 이런 것을 합리적으로 진행시키기 위해서는 사회자를 둘 필요가 있다.

여섯째, 토론은 합리적 정신과 협조적 심리의 균형을 바탕으로 한다. 올바른 토의는 어디까지나 합리적인 정신에 의거하여 행해져야만 한다. 불합리한 감정이나 이기적인 독선주의 또는 개인적인 비난이나 강압적인 권력주의는 배척되어야 한다. 그러므로 공통된 목적의 행위이므로 당연히 결론을 구한다는 데 대한 협조적 심리가 작용되어야만 하며, 안이한 타협을 해서는 안 된다.

2) 토론의 진행법

첫째, 목적의 명시이다. 그룹 성원들에게 이제부터 자신들이 무엇을 해야 할 것인가를 이해시키고 토의에 대한 의욕을 일으키게 하며 협조하는 정신을 갖게 하는 일에서부터 시작된다. 그룹 사람들은 저마다 자신의 일을 생각하고 자유로운 생각에 잠겨 있을 것이다. 그 생각을 통일하고 주의를 집중시켜 토론에 들어가는 준비와 동기를 만든다(윤재근, 1988).

둘째, 주제를 제시한다. 모든 참가자에게 충분히 이해될 만한 방법으로 알기 쉽게 주제를 설명하고, 그것이 주제로 제출된 이유를 밝힌다. 주제의 이해가 충분치 못하면 목표가 명확하지 못하게 되어 토의가 혼란되기 쉬우며 도중에서 몇 번이나 뒤로 돌아가거나 해야 하게 된다. 주제의 제시에는 충분한 수단을 다함과 동시에 그룹의 반응에 주의하여 그 이해의 정도를 확인하는 것이 필요하다.

셋째, 사실을 모은다. 주제에 관련되는 사실을 수집한다. 사실을 모으는 데 있어서는 정확한 사실과 다른 사람의 의견이나 남에게 들은 소문의 구별을 분명하게 하고 사실만을 채택하는 노력이 필요하다. 사실과 사실의 상호관계를 될 수 있는 대로 분명하게 하여, 인과관계가 있는 것은 그것을 분명하게 한다.

넷째, 사실의 분석과 평가를 한다. 모아진 사실을 검토하고 분류하고 체계화하여 주제에 비추어 가치를 판단한다. 이 단계의 토론이 시작되어 점차로 문제의 실체가 명확해진다.

다섯째, 대책을 제안 및 비교 검토한다. 드디어 본격적인 토론으로 들어간다.

여섯째, 결론에 도달한다. 모든 사람이 저마다의 주장을 충분히 이해하고, 이상적이고 합리적인 판단에 서서 평가하여 어떤 결론에 도달하고 그것을 받아 들일 수가 있으면 토론은 성공이다. 그러나 모든 경우마다 결론이 나온다고는 할 수 없다. 정해진 시간 안에 결론에 도달하지 못했을 때는 결론이 나오지 않는 것을 결론으로 하여, 앞으로의 처리를 확인하는 것이 필요하다. 토의는 〈자유 · 평등〉을 기본원칙으로 하여 성립된다. 따라서 토의는 사회자가 없이 진행되어야 한다. 그런데 어떤 목적으로 특정된 테마에 대한 토론이 행해지는 경우에는 사회자를 정하며 그 사회 밑에서 토론하는 것도 좋다. 사회자는 필요에 따라 최소한도의 조절로 그쳐야 하며, 자기의 주관에 따라 토론을 의식적으로 어떤 방향으로 이끌어가려고 하거나 발언에 제한을 가하거나 해서는 안 된다(김정열, 2015).

인원수가 적은 경우에는 주제에 대하여 참가자들끼리 자유롭게 토의를 진행한다. 사회자는 탈선이라든가, 방향을 시정해 줄 필요가 있는 경우라든가, 침묵이 오래 계속되는 경우 이외에는 발언을 삼가하는 편이 좋다. 인원수가 많아지면 사회자의 개입은 빈도가 높아진다. 2~3명의 발언이 있으면 사회자가 이를 정리하기도 하고, 이야기가 일단락되면 또 그것을 정리하고, 혼란될 것 같아졌을 때면 다시 정리하기도 하여 토론의 혼란을 막는다.

3. 사회자와 참석자

1) 사회자의 책임

사회자의 기능은 무엇이고 어떻게 할 것인가를 알아보자. 토의에서는 가장 중요한 역할을 하는 사람이 사회자이다. 사회자가 잘하느냐 못하느냐 하는 것은 직접적으로 토의가 성과를 거두느냐 못 거두느냐와 결부된다. 사회자의 책임은 실로 중대하다고 해야 할 것이다(윤재근, 1988).

(1) 계획과 준비의 책임

토의의 성과 여부의 절반은 계획과 준비에 있다고 할 수 있다.

① 토의의 기능이나 목적을 명확하게 이해하고, 또한 참석자에게 제시할 방법을 생각한다.

② 필요하면 의제에 관한 정보, 전문가의 의견 등을 수집해 둔다.

③ 토의의 예정표를 만들고 시간 할당을 정한다.

④ 미리 생각하고 연구할 필요성이 있는 사항이 무엇인가를 분명하게 한다.

(2) 진행의 책임

① 의제의 설명, 제시방법은 적당한가?

② 참서자로부터의 질문의 조치는 적당한가?

③ 발언은 평등하게 빠짐없이 고르게 행해지고 있는가?

④ 특히 말이 많은 사람, 침묵은 지키고 있는 사람은 없는가?

⑤ 탈선하거나, 잡담을 하고 있지 않는가?

⑥ 특정한 사람들 사이에서만 논의되고 있지 않는가?

⑦ 여기저기서 사사로운 이야기를 하는 사람은 없는가?

⑧ 토의에 흥미를 나타내지 않고, 토의에서 생각이 떠나 있는 것 같은 사람은 없는가?

⑨ 사적인 개인 공격은 없는가?

⑩ 극단적인 자기 선전이 행하여지고 있지 않는가?

⑪ 토의 도중 가끔 종합 정리하여, 토의에 대한 이해를 돕고 있는가?

⑫ 대체로 예정대로 진행되고 있는가, 늦어지고 있는가?

⑬ 결론을 잘 이끌어 낼 수 있겠는가?

⑭ 어떠한 형식으로 결론을 확인할 것인가?

⑮ 자신의 의견을 발표하지 못하고, 불만을 갖고 있는 사람은 없는가?

⑯ 차분하고 즐거운 분위기로 회의를 끝낼 수 있는가?

(3) 결론의 책임

① 이 토의의 목적은 무엇이었는가를 다시금 확인한다.

② 토의의 결론을 사회자 자신의 말로 표현하여 전원의 생각과 엇갈리는 일이 없는가를 확인한다.

③ 결론은 기록 담당자에게 기록하게 한다.

④ 시간을 연장한다면, 몇 분 연장할 것인가를 전원과 의논한다.

⑤ 참석자 모두의 수고를 위로한다.

2) 질문의 형식

토의에서 질문을 던지고 답을 끌어내는 것도 사회자로서 중요한 책임이다. 질문의 형식에는 다음의 네 종류가 있다(윤재근, 1988).

(1) 지명질문

특정한 누군가의 이름을 불러 발언을 구하는 것 "ㅇㅇ씨, 어떻겠습니까?", "이런 겨우 우 어떤 조치를 하겠습니까? ㅇㅇ씨"와 같이 말한다. 지명질문은 특히 그 사람의 전문적인 입장에서의 의견을 듣고 싶다거나, 방관자적 태도를 취하고 있는 사람을 끌어내기 위해서라든가, 한 번도 발언하지 않은 사람을 발언케 하기 위해서라든가 하는 경우에 쓰여지는데, 이러한 특정한 목적이 있는 경우 이외에는 다음과 같은 전체 질문을 쓰는 것이 바람직하다.

(2) 전체질문

특정한 사람이 아닌 참석자 전원에게 던지는 질문인데, 누구나 대답해도 좋다. "이런 일에 대하여 여러분은 어떻게 생각합니까?" "누구 좋은 의견 없으십니까?" 하는 형식을 취한다. 전체 질문에 대하여 많은 의견이 자유로이 나올 수 있을 만한 상대가 바람직하다. 일반적으로 회의가 시작되었을 때, 처음에 지명 질문을 해 버리고, 그 뒤에 지명을 하지 않으면 의견이 나오지 않게 되므로, 처음부터 전체 질문을 하도록 하는 것이 좋다.

(3) 릴레이 질문

참석자 편에서 질문이 나온 경우의 조치법의 하나이다. 어느 참석자로부터 질문이 나왔을 경우, 사회자가 이에 답변을 하게 되면, 다른 참석자는 생각을 해보려 하지 않는다. 그래서 누군가가 질문을 했을 경우 “지금 ○○○씨로부터 …… 라는 질문이 있었습니다만, 여러분 어떻게 생각하십니까?” 하는 식을 전원을 대상으로 하여 릴레이 하는 방법과 “○○○씨의 질문에 대해 ×××씨의 의견은 어떻습니까?” 등과 같이 지명하여 릴레이 하는 방법이 있다

(4) 되묻는 질문

같은 참석자에게서 질문이 나온 경우의 처리로, 질문을 한 본인에게 되묻는 방법이다. “당신 자신의 의견은 어떻습니까?” “귀하께선 어떻게 생각하시는지 말씀해 주십시오.” 등과 같이 질문한 본인에게 대답하게 하려는 형식이다. 일반적으로 질문이란 모르기 때문에 나오는 것이지만, 개중에는 모르는 것이 아니라 어떤 의견을 갖고 있더라도 다른 사람의 의견을 들어 보고 싶은 마음에서 질문할 때가 있다. 사회자는 이상 네 가지 방법을 적절하게 섞어 되풀이 하면서 회의를 진행시켜 나간다. 질문할 때와 받을 때, 참석자가 질문에 답하고 있을 때, 사회자는 반드시 그 본인의 눈을 마주본다. 너무 뚫어지게 보아 상대에게 압박감을 주게 되어서는 안 되지만, 절대로 한 눈을 팔아서는 안 된다. 전체 질문일 때는 전원은 빠짐없이 둘러보게 되는데, 그 가운데서 특히 대답해 주기를 바라는 사람에게 눈길을 멈추면, 상대는 대답을 요구하고 있다는 것을 깨닫

고 발언하는 수가 있다.

3) 참석자의 책임

(1) 의제에 대하여

의제는 미리 참석자에게 알려지므로, 그에 관한 자료도 되도록이면 사전에 배포되어 있어야 한다. 따라서 참석자는 미리 알려진 의제에 대하여 자신의 생각을 종합적으로 이해 두어야 한다. 불쑥 생각난 발언은 토의를 혼란케 하기도 하고, 뜻하지 않았던 시간을 빼앗거나 한다. 물론 그 자리에서 생각난 발언이 아이디어로서 귀중한 것이 되는 경우도 없지는 않으나, 오히려 그것은 전화 위복이라 할 수 있다. 즉각적인 발상은 어디까지나 즉각적인 발상이어서 그 가부 및 가치에 대한 검토를 거치지 못하고, 검토과정을 거치지 않은 채 토론장에 내놓게 되므로 검토가 필요해진다. 미리 생각했으면, 회의라는 자리에서 발표할 수 있을 결론을, 회의하는 자리에서 모두와 함께 그 결과에 도달한 경과를 포함하여 생각하기 때문에 시간이 더 많이 걸리게 되는 것이다. 사전에 의제에 대해 생각을 정리했다면 회의에서 침묵을 지키는 일은 없을 것이므로 찬반 어느 쪽이건 발언할 수 있을 것이다. 회의장에 와서야 비로소 의제를 알고 거기서 다시금 생각을 하여, 그때 생각나는 것은 뜻밖의 시간이 걸리기 때문에 그런 일을 없애는 것은 참석자의 책임이다(한국청소년개발원, 1994).

(2) 다른 참석자에 대하여

회의는 공평, 평등을 첫째 원칙으로 한다. 참석자는 모두 공평하게 발언할 기회가 주어져야 하며 소수의 발언으로 독점되어서는 안 된다. 따라서 발언자는 언제나 다른 사람에게도 발언하게 할 기회를 주기 위해 오랜 시간을 독점하는 일이 없도록 배려해야만 하며 직제상의 압박이나 여러 가지 형태로 발언이 억압되는 일이 있어서는 안 된다. 개인 공격이나 감정적인 말은 피해야 하며 특정인까지만 논의한다거나 특정인을 무시하는 일이 있어서는 안 된다. 그것이 자기의 생각에 대한 반대론인 경우에는, 특히 이해하려는 태도로 열심히 귀를 기울여 듣는 자세가 필요하며 다른 사람의 의견의 상이점은 쉽게 타협하지 말고 철저하게 논의하여 올바른 결론을 찾고, 의견의 대립을 인간 관계에 결부시키는 일이 없도록 유지할 것도 중요하다. 토의의 목적이 올바른 결정을 구하는 데 있는 것이라면 의견의 대립이야말로 그 점에 이르는 과정일 수 있으므로, 인화를 내세운 타협이나 영합은 피해야만 한다.

(3) 회의진행에 대하여

회의진행의 주된 책임은 사회자에게 있지만, 사회자의 진행에 대한 의견을 내놓아 적극적으로 사회자를 보좌하는 것도 필요하다. 특히 회의를 중요 예정 시각에 끝낸다는 것에 대해서는 모든 참석자의 적극적인 협력이 필요하다.

(4) 결론에 대하여

오랜 시간을 들여 찾아낸 결론을 정확하게 이해한다는 것은 큰 책임이다. 이 점에 관해서는 한 점의 의문도 남겨서는 안 된다. 자기가 이해한 것과 사회자가 결론으로서 마지막에 발표한 것과의 완전한 동일성을 확인할 때까지 토의 장소를 떠나서는 안 된다. 그것은 그 회의에 참석한 것이 전혀 무의미하게 될지도 모르기 때문이다.

4. 회의와 토론의 집단지도 실시(예)

1) 패널 토론

패널(panel)이란 토론회나 좌담회 등에 예정된 사람들을 말한다. 따라서 패널 토론이란 어떤 의제에 관해 그 전문가 세 사람 이상이 행하는 토론 형식을 말한다. 보통 몇 명의 전문가가 청중 앞에 서서 차례로 의견을 말한다. 그 뒤 토의에 들어가서 각자의 의견에 대해 질문하고 반대 의견을 말한다. 일반 청중들의 질문이나 의견도 허용된다. 그러나 패널 방식은 교육적 색채가 강하여 전문가들의 의견이나 토론을 청중에게 들려줌으로써 계발적 의미를 갖게 되는 경우가 많다. 일반 청중이 질문을 하거나 토의에 참가하는 부분을 포럼(forum)이라고 하며, 포럼을 수반하는 패널 방식을 패널포럼이라고 한다(김정열, 2015).

패널 토론의 분위기는 형식적일 수도 비형식적일 수도 있으며 주제에 대한 다양한 태도, 다양한 사실, 다양한 견해에 노출되거나 초점을 맞출 수 있다. 패널구성원 사이의 상호작용이나 상호자극을 극대화할 수 있다. 또한 주제, 상이한 견해, 경쟁의 활력적이고 극적인 표출로 인해 주제에 대한 청중의 관심을 제고시킬 수 있으므로 주제에 대해 동일한 의사결정, 거부영역, 동의사항을 정의하는 유용한 방법이다.

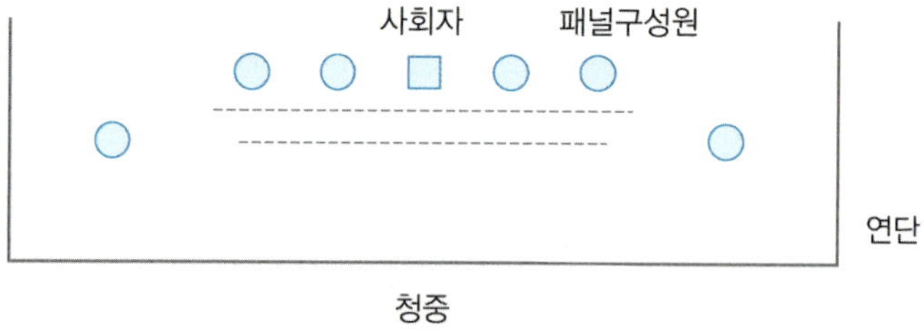

[그림 8-1] 패널 토론의 적용 예

패널토의를 적용하기 위해서는 토의의 목적을 분명히 하고, 토의의 적용과정에서 나타나는 대안적인 수단을 고려하여야 하며, 중요한 주제나 시간을 철저히 고려하여야 한다. 또한, 패널토의를 원활히 진행하기 위해서는 패널사회자와 그 구성원 각자의 역할이 중요하다고 할 수 있는데, 우선적으로 패널사회자의 역할을 제시해 보면 다음과 같다(한국청소년개발원, 1994).

① 토의 전에 패널구성원과 만나 프로그램 진행(토론영역에 대한 동의, 토론시간 이외의 시간 배분 등)에 대해 논의할 것
② 패널구성원들을 청중에 소개할 것
③ 주제를 청중에 소개, 집단의 관심 보호, 토론진행과정 설명할 것
④ 토론으로 들어가서는 질문내용의 명료화, 불확실한 의미의 해석, 주제 이외의 토론내용은 정비, 요약, 다음 질문에 대한 질의 등을 할 것(단 사회자는 자신의 견해를 나타내지 말 것)
⑤ 가 · 부를 묻는 질문보다 토의 가능한 질문을 제기할 것
⑥ 자유로운 참여를 유도할 것
⑦ 최종요약을 할 것

이 기법의 성패는 사회자와 패널 구성원의 역할에 달려 있으므로 사회자와 패널구성원의 선정에 유의하도록 하여야 하며, 토론이 한두 사람에 의해 독점되지 않도록 하고 패널토의에 적합한 시간은 30분 정도로 해야 한다.

2) 소집단 토의

소집단 토의방식은 인류의 역사상 가장 오래되고 전형적인 학습방법으로써 거의 모든 토의 및 토론과정에서 적용되고 있는 기법이기도 하다. 소집단 토의를 적용하기 위해서는 ① 집단에 대한 과정의 소개, ② 대집단의 소집단화, ③ 소집단의 유지, ④ 논의하는 시간, ⑤ 사실의 정리와 전체 집단에의 회부, ⑥ 소집단 토의의 적용시기 등의 몇 가지 측면을 이해하고 있어야 할 것이다.

소집단 토의는 5~20명 정도의 소집단구성원 간에 아이디어나 의견을 면대면(face-to-face)으로 상호 교환하는 방식으로 그 특징을 보면 되는대로(random), 산만한(desultory), 비구조적 대화양식(unstructured conservation)의 형식을 갖추고 있다. 특히 그 구조와 방법을 보면 [그림 8-2]와 같이 모든 측면에서 민주적이고 비형식적인 양식을 취한다.

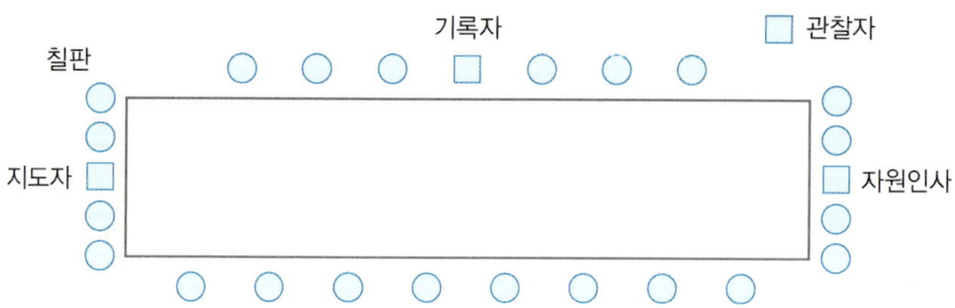

[그림 8-2] 소집단 토의의 적용 예

소집단 토의는 집단구성원들의 상호관심사, 주제, 문제 등을 탐색하거나 확인할 필요가 있을 때나 집단구성원들의 상호 관심 주제, 문제의 인지, 올바른 인식, 이해력을 증대시키고자 할 때 적용한다. 그리고 집단구성원들의 아이디어, 주제, 문제에 대한 관심을 제고시키거나 집단의 행동을 동기화하여 집단구성원을 문제해결과정에 포함시킴으로써 집단의견이나 공통된 견해를 형성하고 집단구성원들의 문제와 아이디어를 더욱 자세히 학습하도록 조장하고 자극하려 할 때 효과적인 방법이다. 또한 집단구성원들의 지도력 개발을 통해 핵심집단으로 개발하거나 비형식적이고, 허용적인 집단분위기를 개발하고자 할 때 적용가능한 방법이라고 할 수 있다(한국청소년개발원, 1994).

소집단 토의의 적용을 위해서는 모든 집단의 구성원이 참여할 수 있도록 소규모적이어야 하며 집단구성원은 문제에 대한 충분한 관심을 가지고 문제에 대해 보다 자세히 알기를 원하며 또한 해결하도록 해야 한다. 집단구성원은 주제의 전반적인 내용에 대해 기꺼이 청취해야 하며 주제의 동의, 이해, 해결을 위해 노력하여야 한다.

집단구성원이 의견을 충분히 교환할 때 심도 있는 문제의 탐색이 가능해지는데 집단구성원은 상호 집단구성원들과 기꺼이 의사소통기술을 발휘할 수 있어야 한다. 특히 집단구성원의 인간관계기술의 수준은 좋은 토론이 이루어질 수 있도록 유용하고 적절해야 하며 토의가 더욱 생산적이 될 수 있도록 집단구성원들은 차별적이며, 또한 이해력도 높아야 한다. 모든 것을 허용하는 집단의 분위기를 형성하여야 하고 토의는 지도자중심이어서는 안 되며 철저히 집단구성원들의 참여가 이루어져야 한다.

소집단 토의를 효과적으로 적용하기 위해서 집단은 집단의 목적을 충분히 이해하고 회합이나 분과별 토의 등도 병행하여 이용하기도 하는데, 소집단 토의 이외의 다른 토의기법은 전적으로 목적으로 수행하기 위한 수단으로 이용되어져야 한다. 토의 장소는 집단의 크기에 적합한 장소를 선정하여 참석자들이 서로 마주볼 수 있도록 자리를 배열함으로써 토론의 진행과정에서는 지도자를 포함한 모든 사람이 비형식적으로 자유스러운 분위기를 유지할 수 있도록 해야 한다. 또한 칠판, 종이 그리고 모든 가용한 토론에 적절한 장비를 준비하고 토론내용은 기록으로 남겨야 한다(한국청소년개발원, 1994).

그 밖에 소집단 토의과정에서 주의해야 할 점은 토론집단의 각자의 정보를 기꺼이 공유하도록 하여야 하며 비밀을 유지하는 자리배치가 되어서는 안 된다. 토론은 문제해결의 단계를 따라야 하며, 자신의 발표가 아닌 경우에도 청취는 토의과정의 활력을 증대시키는 데 가장 기본적인 요소이므로 각 구성원은 모든 다른 구성원의 말을 들어야 하며 자신이 무엇을 듣고 있는지에 대해 생각하는 자세를 갖추어야 한다. 그리고 한 사람이 여러 번 토론에 지명되지 않도록 하고, 참여한 모든 집단구성원이 의견을 충분히 제시하도록 하는 것이 중요하다.

Chapter 09

청소년자원봉사 활동지도

1. 자원봉사의 이해

1) 자원봉사의 개념과 특성

자원봉사활동이란 스스로 원해서 하는 활동으로 인간의 가치와 존엄성에 대한 신념을 강화해 주고 이웃, 지역사회, 나아가서는 전체 사회와 한 묶음이라는 공동체 의식을 체험할 기회를 제공해주는 활동이며, 활동에의 참가를 통해 개인의 자기 성장과 자아 실현을 구현하고 지역사회 공동체의 문제를 해결하여 더 좋은 공동체 건설을 추구하는 사회구성원의 자발적인 참여 행동이다(성영혜, 2001). 즉 자원봉사활동은 사람들을 도와주는 능동적인 행위이자, 사회 전반에 걸쳐 필요할 때 도움을 주어 사회구성원의 삶의 질을 높이고, 공동체 발전을 위해 함께 참여하는 것이다(구혜영, 2018). 자원봉사는 개인이 자발적으로 법이나 계약에 의한 요구, 금전적 보상, 학업상 필요에 의한 것이 아니라, 공익을 위해 하는 활동으로, 공식 단체에서 정기적으로하는 활동 이외의 활동도 포함한다(UN, 2011). 자원봉사자는 자원봉사활동에 자발적으로 참여하는 사람으로서, 그들의 시간과 재능을 자유롭게 사용하는 사람으로 정의할 수 있다(Manser & Cass, 1976).

봉사활동은 자발성, 공익성, 무보수성, 지속성, 이타성 등을 특징으로 한다. 자발성은 타인에게 억지로 강요를 받지 않고, 자유로운 의지로 선택하여 자주적으로 자원봉사에 참여하는 것을 의미한다. 공익성은 특정한 개인, 단체, 기관, 종교, 정당을 초월하여 개인이나 지역 및 공동체의 공익을 위하여 문제를 미리 예방하고 해결하며, 섬기는 것을 의미한다. 무보수성은 금전적인 어떤 대가 없이 활동하면서 활동과정에서 발생하는 여러 가지 비용을 스스로 책임지는 것을 의미한다. 지속성은 자원봉사활동에 참여함에 있어 일시적이 아닌 일정기간 정기적이고 지속적으로 봉사활동에 참여하는 것을 의미한다. 이타성은 본인의 이익이나 명예가 아닌 타인을 존중하고 배려하며 남을 돕고 싶어하는 마음으로 이루어지는 것을 의미한다. 이러한 특성 외에 학생 봉사활동이 갖는 특성으로 학습성이 있다. 학습성은 봉사자가 봉사활동을 통해서 자신의 내면적인 정신세계와 외면적인 행동을 변화시키는 학습 경험을 하게 되는 것을 뜻한다(오윤선 · 황인숙, 2018). 현대사회에서 자원봉사활동의 개념은 전통적으로 강조해온 무보수성, 자발성, 사회복지영역 위주의 개념에서 벗어나 개인, 민간기관뿐만 아니라 공공기관, 자조집단 등을 포함하여 광범위한 영역까지 확대되고 있으며, 필요한 경우 최소한의 경비를 지원받을 수 있다는 인식이 늘어나고 있는 상황이다(남미애, 2002).

〈표 9-1〉 자원봉사의 특성

고유한 성격	이타적 성격	공공적 성격	체계적 성격
자발성 공익성 (복지성, 공공성, 사회성) 무보수성	이타성 헌신성	연대성(협동성) 민주성 개척성 자아실현성	학습성(교육성) 조직성 전문성 지속성

출처: 어트겅 수흐바타르(2022). p.12.

2) 자원봉사의 이론

자원봉사와 관련된 이론으로 사회교환이론, 동기이론, 욕구위계이론 등이 있다(김남혜, 2020).

(1) 사회교환이론

사람들은 사회활동 과정에서 타인들과의 상호작용에 대한 대응이나 혹은 대가로써 다양한 형태의 사회교환을 하며, 봉사활동의 경우 사회교환은 빈번한 대인관계, 즉 동료 봉사자와의 관계나 봉사활동 대상자와의 관계, 봉사활동 관리자와의 관계 속에서 반복적으로 이루어진다. 자원봉사자의 첫 활동의 동기는 심리적 요인이 작동될 수 있으나, 일단 활동이 시작되면 그 과정을 통해 성취감, 소집단과의 관계, 물질적 보상과 인정, 칭찬, 존경 등 사회적 보상에 따라 자원봉사의 강도와 지속성에 영향을 준다. 사회교환이론에 따르면 자원봉사나 기부행위 등의 자선활동에는 반드시 보상요인이 수반되며, 이러한 보상은 심리적 보상(심리적 안녕감, 만족감), 사회적 보상(감사 메시지, 장소 및 물품 제공, 표창 및 인증), 경제적 보상(교통비, 식사비 제공, 유급 및 실비 지원)의 차원으로 나눌 수 있다.

(2) 동기이론

동기(motivation)는 개인이 원하는 목적이나 목표를 성취할 수 있게 하는 내적 추진력의 기저로 행동의 방향, 힘 또는 지속성과 관계되는 심리적 과정이다. 봉사활동에서 동기이론은 이타적 동기(타인지향적 동기)와 이기적 동기(자기지향적 동기)로 구분할 수 있다. 이타적 동기, 타인지향적(other-directed) 이론은 타인의 복지 또는 이익을 의도한, 외적 보상에 대한 기대에 동기화되지 않은 자발적 행동이라는 이타적 행동에 근거를 둔다. 이는 타인을 위한 배려와 헌신에 초점을 맞춘 것으로 타인의 도움 요청에 적극적으로 대응하며, 사회규범적인 태도를 보이기 때문에 보다 더 적극적이고 자발적으로 봉사활동에 참여하는 경향이 있다. 반면, 이기적 동기, 자아지향적(self-directed)이론은 자원봉사자의 동기가 건강한 자기이익(self-interest), 자기중심(self-centered) 동기 또는 이기적 동기들의 결합에 의해 이루어진다고 보는 입장에 있다. 이기적 동기는 자아실현 욕구, 성취욕구, 경험추구 욕구 등 자신 혹은 자신이 속한 그룹이나 조직의 복지에 보다 많은 관심을 기울이는 경향을 보인다.

(3) 욕구위계이론

인간은 위계상 상위의 욕구를 충족시키기에 앞서 그 이전 단계의 원초적인 욕구를 충족해야 한다. 즉, 단계별로 인간에게 동기부여할 수 있는 욕구가 계층을 형성하고 있다고 보고 생리적 욕구, 안전의 욕구, 사회적 욕구, 자존감의 욕구, 자아실현의 욕구로 구분하였으며, 이러한 단계별 욕구를 자원봉사의 동기와 연결하여 생각해 볼 수 있다. 첫째, 가장 낮은 차원에서는 식량 욕구를 충족시키는 보조 수단으로 자원봉사를 하는 경우, 둘째, 직장 일을 상실하지 않고 유지하기 위한 안전장치의 하나로 자원봉사를 하는 경우, 셋째, 사람들로부터의 고립과 외로움의 해소를 위한 방편으로 자원봉사를 하는 경우, 넷째, 사람들이 자신을 인정해주고 존중해주길 바라는 자존감의 욕구에서 자원봉사에 참여하는 경우, 다섯째, 자신의 재능과 특성을 살려서 타인과 이웃을 위해 발휘할 수 있는 자아실현의 욕구에서 자원봉사를 하는 경우로 구분한다.

2. 청소년자원봉사활동에 대한 이해

1) 청소년자원봉사활동의 개념

청소년자원봉사활동의 개념은 자원봉사활동의 기본적인 정신과 특성을 바탕으로 하면서도 활동의 주체인 청소년의 특성이 두드러진다. 청소년 자원봉사의 개념을 살펴보면, 체험학습을 통해서 개인적 만족감을 증진시킬 뿐만 아니라 사회참여의 기회와 사회적 책임을 실현할 기회가 되고, 학교에서 배우는 교과학습을 통하여 얻는 지식과 기술을 지역사회에 실천함으로써 그 지식과 기술을 보다 실제적인 것으로 만들 수 있는 활동으로 정의하고 있다(한국여성개발원, 1994). 학생들이 지역사회에서 벌이는 각종 자원봉사의 체험은 단순히 봉사가 아니라 교육 그 자체이며 자원봉사의 경험은 협동심, 정직함, 성실함 등 인성 개발은 물론 현장을 통한 학습내용의 정확한 이해라는 교육과정의 일부로 충분히 통합이 가능하다(한국청소년개발원, 1994).

청소년자원봉사활동은 청소년들이 사회문제의 예방 및 해결 또는 국가의 공익사업을 수행하고 있는 공식조직에 자발적으로 참여하여, 영리적 보상을 받지 않고서도 인간존중의 정신과 민주주의 원칙에 입각하여 낯선 타인들을 상대로 필요한 서비스 구현을 통해 자아실현을 성취하고자 하는 지속적이고 계획적인 활동이다. 청소년들은 개인, 가족, 동아리 · 단체 등의 유형으로 활동에 참여하며, 일손 돕기 · 환경미화 · 취약계층 활동 보조 등의 노력 봉사, 학습지도 · 멘토링 · 공부방 운영 지원 등의 교육 봉사, 지역행사 운영 · 보조, 캠페인 활동 등의 문화 봉사, 청소년들의 다양한 재능을 활용한 재능봉사 활동 등의 다양한 종류의 활동이 이루어지고 있다(여성가족부, 2022).

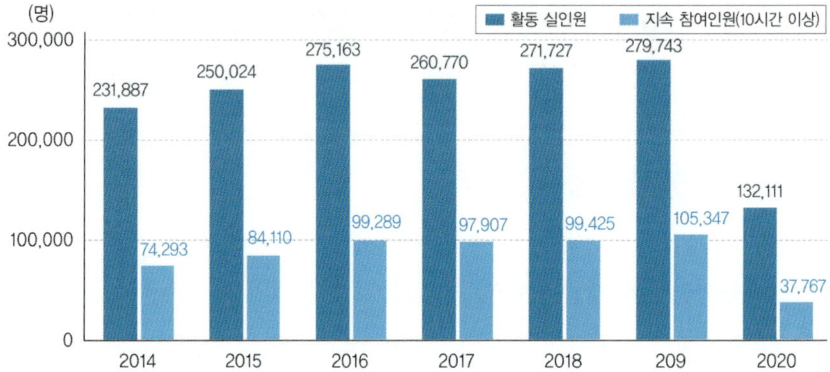

[그림 9-1] 청소년자원봉사활동 인원

출처: 한국청소년활동진흥원(2021).

2) 청소년자원봉사활동의 관점

청소년자원봉사활동을 바라보는 관점은 크게 3가지로 구분할 수 있다(전보향, 2010).

첫째, '학습'으로서 자원봉사를 바라보는 관점이다. 청소년이 봉사활동을 통하여 문제해결 방법을 스스로 구해 보도록 하여, 지역사회의 다양한 사회문제에 대하여 학교에서 배운 이론의 적용과 사회현실의 경험, 그리고 도덕적 가치의 체험까지 동시에 통합적으로 습득할 수 있는 과정을 배우는 것이 자원봉사활동이라고 본다. 이 관점에 입각하여 청소년자원봉사활동을 바라본다면 청소년 봉사활동은 점수 얻기식의 봉사활동이 아니라 학업과 연계한 봉사학습이 되어야 하고, 부여된 과제 완수 위주의 봉사활동보다는 봉사경험이 도덕적 가치를 체험하는 과정이 되어 인성발달과 교육적 측면을 중시하게 된다.

둘째, 자원봉사활동의 실행에서 나타나는 '활동의 방법'으로서 자원봉사를 바라보는 관점이다. 자원봉사가 시간과 장소를 불문하고 교육이 아닌 활동으로 이루어지기 때문에 참가하는 청소년들의 주체성 · 자발성이 중요시되고, 본인의 봉사활동 경험을 기초로 스스로 봉사활동을 작성하여 평가하며, 나아가 집단토의나 사례발표 등을 통하여 지식과 경험을 상호 교환한다. 이 관점에 입각하여 청소년자원봉사활동을 바라본다면 청소년 봉사활동은 수동적 · 타율적 봉사에서 주체적 · 자발적 봉사활동으로 전개되어야 하고, 보조적인 단순 노력 봉사에서 자원봉사는 창의력과 기술양성이 가능한 활동으로 이루어지게 된다.

셋째, '더불어 살아가는 생활'의 한 요소, 다시말해 생활구조로서 자원봉사를 바라보는 관점이다. 생활 주체자인 청소년의 가치 및 행위 방식이 이타적이며 적극적인 생활구조로 될 때, 봉사활동이 쉽고 가능케 할 수 있는 생활구조로 만들어질 수 있다. 즉, 생활주체자인 청소년의 가치 및 행위 방식이 이타적이며 적극형인 생활구조로 될 때 봉사활동이 쉽게 가능케 되며, 나아가 사회 환경이나 조건이 청소년자원봉사활동을 쉽게 가능케 할 수 있는 생활구조로 만들어져야 한다는 것이다. 이 관점에서는 사회정의를 위한 활동 전개와 상호협력, 그리고 청소년자원봉사활동을 지원을 아끼지 않는 동반자 관계로써 인식하고, 동시에 복지 공동체 사회를 구축하는 장기적인 계획으로 활동하는 것이 중요하다. 이 3가지 관점과 관련하여 청소년자원봉사활동에 대한 개인 및 사회의 태도 변화를 〈표 9-2〉와 같이 요약 · 정리할 수 있다.

〈표 9-2〉 청소년자원봉사활동의 관점과 개인 및 사회의 태도 변화

관점	청소년자원봉사활동에 대한 개인 및 사회의 태도 변화	
학습	• 점수따기식 봉사활동 • 부여된 과제 완수 위주 • 아무 것도 모르는 사람	⇒ 학업과 연계한 봉사활동(봉사학습) ⇒ 청소년의 인성적 발달과 교육적 측면 중시 ⇒ 무한한 잠재력을 지닌 사회구성원
활동	• 수동적 · 타율적 봉사활동 • 보조적인 단순 노력봉사 • 청소년을 위해서라는 자세	⇒ 주체적 · 자발적 봉사활동 ⇒ 창의력 개발과 기술 양성 가능한 임무 ⇒ 청소년과 함께 한다는 자세

관점	청소년자원봉사활동에 대한 개인 및 사회의 태도 변화	
생활구조	• 이기적이며 자기중심적 생활활동 • 사회 및 단체의 부담 또는 짐 • 단기적 문제해결 중심의 봉사활동	⇒ 이타적이며 사회정의적 생활활동 ⇒ 상호 협력과 지원을 통한 동반자관계 ⇒ 장기적 복지공동체 구축을 위한 봉사활동

출처: 류기형 외(1999). pp.278-279.

청소년자원봉사활동은 일반적인 자원봉사에 비해 상대적으로 교육적 성격이 강조되는 특성이 있다. 주요 특성을 다음과 같이 제시할 수 있다(박정남, 2009; 전보향, 2009).

첫째, 청소년자원봉사활동은 학교 내에서 경험적으로 체득할 수 없는 내용을 체득하게 하는 현장교육의 일환으로 학교의 의도적인 계획 아래 교육적으로 지도되고 안내되고 평가되는 활동이다. 교육적 목적으로 지도되는 체험활동으로서 학생 자원봉사활동은 개개인의 완전한 자유의지에 따른 자발적인 활동이라기보다는 교육적으로 지도되고, 안내되고, 조정되며 평가되는 활동이다.

둘째, 자원봉사 활동 중심에 입각한 활동이라기보다는 '학습의 과정'이 포함된다. 봉사활동을 통한 학습, 즉 봉사학습(service learning)의 개념에 더 가깝다. 청소년들 스스로가 학교에서 학습한 지식, 가치관, 기술을 바탕으로 지역사회에 대한 책임감을 갖고, 개인 또는 집단으로 행하는 학습활동이며, 청소년들의 이타성, 사회적 책임감, 협동심, 정직성 등의 인성을 개발하는 데 도움을 주는 활동이다. 청소년들의 성장을 돕고 사회에 기여할 수 있어야 하며, 교육적으로 의미 있는 활동이어야 한다.

셋째, 일반자원봉사자들에 비하여 청소년들이 할 수 있는 봉사활동은 보다 제한적이다. 청소년의 발달단계나 교육수준을 감안하여 청소년들에게 적절한 봉사활동 프로그램이 필요하다. 또한 발달단계를 고려한 적절한 활동안내가 필요하다. 청소년들은 각 연령에 따라서 신체적 · 지적 · 사회적 · 도덕적 측면 등에서 현저하게 다른 발달 상태를 나타낸다. 따라서 학교급별에 따라 봉사활동 지도에 초점과 활동 영역, 내용 등이 달라져야 한다.

3) 청소년자원봉사활동의 필요성

청소년 자원봉사의 필요성을 현장교육적 측면, 자아실현적 측면, 지역사회 발전의 측면에서 살펴볼 수 있다(조휘일, 1995). 먼저, 현장 교육적인 측면으로 외국의 경우를 보면 전반적인 학교 활동에서 자원봉사활동에 많은 비중을 두며 복지, 환경, 공해, 자연보호, 보건위생, 식생활, 주택, 인구, 전통문화, 국제 활동 등의 실천을 통해 학습이 이루어진다. 따라서 청소년은 학문과 지식을 현실에 활용하는 응용력을 몸에 익히게 되고, 지역사회에 살고 있는 인간으로서 함께 일하는 경험을 통해서 교실에서 얻을 수 없는 인간관계를 형성할 수 있다. 자아실현의 측면에서 보면 청소년이 자원봉사활동을 통해 자기가 속해 있는 사회에 대한 공동체 의식과 시민이 가져야 할 사회적 책임의식 등을 인식하고 평소에 익힘으로써 거시적인 자아의식을 함양하게 된다. 지역사회 발전의 측면에서는 청소년은 자원봉사활동을 통해 지역사회 발전에 큰 공헌을 하게 될 뿐만 아니라, 지역사회의 문제와 관련하여 새로운 지역사회 형성과 참신한 운영이 청소년 참여의 주도하에 이루어지는 계기를 마련할 수 있다.

한편, 청소년자원봉사활동의 필요성을 개인적 차원과 사회적 차원으로 구분하여 살펴볼 수 있다.

(1) 개인적 차원에서의 청소년자원봉사활동의 필요성

- 자중자애(自重自愛)의 정신을 함양해 준다.
- 사회성 발달에 도움을 준다.
- 지도력 향상의 기회를 가진다.
- 공동체 의식을 함양해 준다.
- 민주시민으로서의 자질을 갖추게 한다.

- 사회생활에 필요한 직업에 대한 탐색과 준비를 하게 한다.
- 학습내용을 확인하고 강화할 수 있는 기회를 제공한다.
- 청소년들의 취미향상을 도모하고 여가를 활용할 수 있다.
- 가치 있는 삶의 체험을 통하여 그 의미를 깨닫고 그 실천과정에서 기쁨과 보람을 체험하게 하고, 이상적인 공동체 삶에 대한 기초를 확립해 준다.
- 청소년들이 신체적 · 정신적 · 정서적 건강을 지닌 전인적인 인간으로 성장할 수 있게 도움을 준다.
- 사회적으로 필요하고 유익한 행위의 만족한 체험을 통해 지역사회를 올바로 이해하고, 불건전한 일탈행동을 예방한다.

(2) 사회적 차원에서의 청소년 봉사활동의 필요성

- 자발적으로 돕는 사회풍토를 조성한다.
- 지역문제를 자율적으로 해결하는 시민정신을 길러 준다.
- 유능한 사회지도자 양성에 도움이 된다.
- 소외된 사람들로부터의 신뢰받는 사회를 조성한다.
- 각종 범죄와 사고를 예방해 준다.

4) 청소년자원봉사활동의 가치

다음은 청소년이 자원봉사활동을 통해 얻을 수 있는 교육적 가치이다(전미향, 2009).

- 청소년의 기본적인 욕구충족과 건전한 인격형성 및 자기존재의 의미와 자기존

중의 정신을 깨닫게 하고 인간의 존엄성과 가치 인식과 타인과의 원만한 인간 관계를 유지하게 하여 사회화 및 자아실현을 돕는다.

- 청소년들이 취미향상을 도모하고 여가를 활용할 수 있게 도와주어 자발적인 선택에 의한 취미에 맞는 활동에 참여할 수 있다.
- 가치 있는 삶의 체험을 통해 그 의미를 깨닫게 하고 실천과정에서 기쁨과 보람을 체험하게 하며 공동의 삶에 대한 기초를 확립해 줌으로써 모든 일에 적극적으로 참여하는 자발정신, 협동, 책임감을 일깨워 주어 민주주의 정신을 함양하게 한다.
- 청소년 자신의 적성을 발견할 수 있는 기회를 제공하며 새로운 기술을 학습할 수 있게 하고 이미 가진 기술을 더욱 발전시킨다. 이로 인해 지적인 활동과 교육적인 활동이 자극을 받아 지식의 확장을 가져와 학생들의 장래 진로선택에도 도움이 된다.
- 특수한 분야의 전문지식과 타 분야의 일반적인 소양을 함께 요구하는 현대사회에 맞게 청소년들이 신체적 · 정신적 · 정서적 건강을 지닌 전인적인 인간으로 성장할 수 있게 도움을 준다.
- 집단 내에서의 자기 발전, 자기표현을 할 수 있는 많은 학습의 기회를 가지게 하여 자신감과 잠재적인 지도력을 개발하고 사회에 유익한 행위의 만족한 체험을 통해 지역사회 사회문제를 인식하고 참여능력을 향상시킨다. 불건전한 일탈행동을 예방하는 데 도움을 준다.

콘래드와 헤딘(Conrad & Hedin, 1989)에 따르면 청소년의 자원봉사활동의 경험은 〈표 9-3〉과 같이 3가지 영역에서 기대효과를 가진다. 첫째, 자원봉사 활동경험은 청소년의 개인적 성장과 발달에 긍정적인 영향을 주며, 둘째, 지적성장과 발달에 긍정적인 영향을 주며, 셋째, 사회적 성장과 발달에 긍정적인 영향을 줄 수 있다.

〈표 9-3〉 자원봉사활동의 기대효과 영역

영역	내용
개인적 성장과 발달	자아존중감, 개인적 유능감, 자아와 도덕발달, 새로운 역할과 관심의 탐색, 새로운 도전의 수용과 위험의 감수, 가치와 신념의 수정과 강화, 책임감의 향상, 자기행동과 결과에 대한 수용
지적 성장과 발달	기본적인 학업기술(생각의 표현, 읽기, 계산하기), 높은 수준의 사고기술(편견 없는 태도, 문제해결, 비판적 사고), 봉사경험과 직접적으로 관련된 내용과 기술, 경험으로부터 습득한 기술(관찰, 질문, 지식에 적용), 지식의 습득과 보유에 대한 동기, 책이나 강의를 통해서 설명할 수 없지만 꼭 알아야 할 통찰력, 판단 및 이해
사회적 성장과 발달	청소년으로 하여금 다른 사람의 복지에 대한 관심과 사회적 책임성, 정치적 유능성, 시민의 참여정신, 다양한 배경과 삶의 상황에 처해 있는 사람들에 대한 폭넓은 이해와 평가

5) 청소년봉사활동 유형

청소년의 봉사활동 유형은 크게 활동 분야, 활동 장소, 참여 경로, 참여 방식에 따라서 분류될 수 있다(김영인 · 김민, 2016; 오윤선 · 황인숙, 2021; 이혜경 외, 2020).

(1) 활동 분야별 봉사활동

활동 분야별 봉사활동 유형을 살펴보면 〈표 9-4〉와 같이 일손돕기, 위문활동, 캠페인, 자선 구호, 환경시설 보존, 지도활동, 지역사회 개발, 기타로 유형화된다.

〈표 9-4〉 활동 분야별 청소년봉사활동 영역

영역	주요활동 내용	활동 예시
일손돕기 활동	일손이 모자라는 공공기관, 복지시설, 병원, 학교, 농·어촌 등을 찾아 도움을 주는 봉사활동	• 복지시설 일손돕기 • 공공시설 일손돕기 • 병원 일손돕기 • 농·어촌 일손돕기 • 학교내 일손돕기
위문활동	사회에서 소외되어 외롭고 힘들게 살아가는 사람들을 방문하여 위로·위문하는 봉사활동	• 고아원 위문 • 양로원 위문 • 장애인 위문 • 병약자 위문 • 군부대 위문
캠페인 활동	특정 사안이나 사회적 이슈에 대해서 사람들에게 정보를 주고 계몽하기 위한 활동	• 공공질서 확립 캠페인 • 교통안전 캠페인 • 학교주변 정화 캠페인 • 환경보전 캠페인 • 각종 편견 극복 활동
자선 구호 활동	재난, 재해, 질병, 빈곤 등으로 어려움에 처한 난민, 병자, 노약자, 빈민, 고아 등을 돕고 구제하기 위한 활동	• 재해구호 • 불우이웃돕기 • 국제협력과 난민구호활동
환경·시설 보존활동	환경 오염과 파괴로부터 자연 환경과 동·식물을 보호하고, 주변 환경이나 시설들을 깨끗하게 유지·보호하기 위한 활동	• 깨끗한 환경만들기 • 자연보호 • 문화재 보호 • 저탄소 생활습관화
지도 활동	청소년들이나 성인들에게 운동, 문화, 레크리에이션 등을 지도하는 봉사 활동	• 학업지도 • 복지시설 아동지도 • 교통 안전지도
지역사회 개발활동	지역사회 주민의 요구를 파악하고 반영하여 지역사회의 환경을 개선하고 지역사회의 문화 활성화, 지역사회 주민 활동 프로그램 개발 등과 같은 지역사회를 발전시키기 위한 활동	• 지역사회조사 • 지역사회 가꾸기 • 지역사회정보화
기타활동	위 세부 내용으로 구별하기 어려운 활동	

2015 개정 교육과정의 봉사활동 분류에서는 약간의 차이는 있으나 비슷하게 유형을 구분하고 있다.

① 이웃돕기활동

(활동 목표) 타인을 이해하고 배려할 수 있는 공동체 역량을 함양한다.

(활용 예시)
- 친구돕기활동–학습이 느린 친구 돕기, 장애 친구돕기 등
- 지역사회활동–불우이웃 돕기, 난민 구호 활동, 복지시설 위문, 재능기부 등

② 환경보호활동

(활동 목표) 환경을 보호하는 마음과 공공시설을 아끼는 마음을 기른다.

(활용 예시)
- 환경정화활동–깨끗한 환경 만들기, 공공시설물 보호, 문화재 보호, 지역 사회 가꾸기 등
- 자연보호활동–식목 활동, 자원 재활용, 저탄소 생활습관화 등

③ 캠페인활동

(활동 목표) 사회 현상에 관심을 갖고 참여함으로써 사회적 역할과 책임을 분담하고 사회 발전에 이바지하는 태도를 기른다.

(활동 예시)
- 공공질서, 환경 보전, 헌혈, 각종 편견 극복 캠페인활동 등
- 학교폭력 예방, 안전사고 예방, 성폭력 예방 캠페인활동 등

(2) 활동 장소별 봉사활동

활동 장소에 따른 봉사활동 유형은 청소년들에게 봉사활동의 기회를 제공해 주는 시설과 기관, 지역사회, 산, 강, 들과 같은 자연환경을 포괄적으로 지칭한다. 이런 활동 터전에 따른 봉사활동의 유형은 공공기관 및 시설 봉사활동, 사회복지 시설 봉사, 행사장 봉사활동, 농·어촌 봉사활동, 하천·산 봉사활동 등으로 구분될 수 있다.

(3) 참여경로별 봉사활동

참여경로는 청소년들이 봉사활동에 접근하여 봉사활동을 하게 되는 통로를 의미하는 것으로 봉사활동 유형을 4가지로 분류할 수 있다. 학교를 통한 봉사활동, 청소년단체 등을 통한 봉사활동, 종교기관을 통한 봉사활동, 개인적 경로를 통한 봉사활동 등으로 구분한다.

- **학교를 통한 봉사활동:** 청소년의 90% 이상이 학생이므로 학교가 봉사학습 효과를 인정하여 활동을 권장함
- **청소년단체 등을 통한 봉사활동:** 청소년단체와 시설, NGO 등 시민단체 등과 같은 사회시설과 단체에 참여하여 봉사함
- **종교기관을 통한 봉사활동:** 교회, 성당, 사찰 등과 같은 종교 기관을 통해 봉사활동에 참여함
- **개인적 경로를 통한 봉사활동:** 특정한 매개 기관 없이 개인적으로 직접 봉사활동 분야와 터전을 물색하여 참여함

(4) 참여방식별 봉사활동

참여방식에 따라 직접 봉사활동, 간접 봉사활동, 옹호 또는 시민행동 등으로 구분할 수 있다. 직접봉사는 도움을 필요로 하는 사람과 개인적으로 직접적인 접촉을 하는 반면, 간접봉사는 도움을 필요로 하는 개인과 직접 관련을 맺지 않고 문제를 해결하는 자원을 조율하는 경우이다. 옹호 또는 시민행동은 문제의 원인을 제거하는 활동이나 사회적 현안을 공중(公衆)에게 알리는 활동을 의미한다.

- **직접봉사:** 환자의 보조, 자연보호활동(청소), 하급생 읽기지도 등

- **간접봉사:** 기금 모으기, 먹거리 모으기 등 음식이나 의료, 기금 등의 모집 및 전달활동
- **옹호 또는 시민행동:** 법률 개정을 위한 로비, 정치적인 변화를 위한 캠페인 조직 및 활동, 사회의식 개선 활동

3. 청소년자원봉사활동 지도방법

1) 봉사학습에 대한 이해

청소년 봉사활동은 제7차 교육과정 시기 초등학교에서 창의적 재량활동, 중 · 고등학교에서는 교과재량과 창의적 재량활동으로 편성되면서 본격적으로 학교교육과정체제에 진입하게 되었다. 2009 개정 교육과정에서 특별활동과 재량활동으로 구분되었던 비교과 영역의 활동을 '창의적 체험활동'으로 통합하고 학교수준에서는 자율적으로 교육과정을 선택하고 집중하여 운영할 수 있도록 하였다. 이후 창의적 체험활동(자율활동 · 동아리활동 · 봉사활동 · 진로활동)의 중요성이 점차 강조되고 학생들의 창의성 향상과 협력 및 공동체 가치 함양, 다양한 체험 기회 제공, 진로 탐색 기회 제공 등 창의적 체험활동의 긍정적 측면이 주목받기 시작하면서 창의적 체험활동을 학교현장에 도입된 하나의 교과로서 인식하여 창의활동에 관련된 모든 활동을 학교 내에서만 운영하기 보다는 학교와 지역사회와의 연계를 보다 효과적으로 확산시킬 수 있는 방안을 모색하기에 이른다. 청소년의 봉사활동은 교육과정과 결합한 창의적 체험활동의 한 영역으로 성인들의 봉사활동이 자발적 의지에 따라 이루어지는 것과 달리 학교의 의도와

계획에 따라 편성되어 운영된 것으로 볼 수 있으며, 청소년 봉사활동을 둘러싼 교육환경 변화와 봉사활동 내실화에 대한 요구는 봉사학습의 등장으로 이어지게 된다(최하영, 2020).

봉사활동은 개인의 능력과 자원, 시간을 활용하여 타인이나 사회를 위한 이타적인 활동을 자발적으로 계획, 수행하는 활동이지만, 청소년기 자원봉사활동은 자원봉사적인 특성에 특히 교육적 측면이 더해진 것이라 할 수 있다. 즉, 봉사활동의 주체가 청소년일 경우 봉사활동은 학교 내 · 외에서 배운 모든 지식을 활용할 수 있는 체험활동이면서 봉사학습이 되어 체험과 학습이 동시에 이루어지게 된다. 봉사학습(service learning)은 봉사(service)와 학습(learning)을 결합한 개념으로, 봉사 측면에서는 사회에 도움을 제공하면서 긍정적으로 자신을 인식하고 사회적인 책임감을 쌓는 것을 목표로 하며, 학습목표를 이해하기 위해 필요한 기술과 지식을 습득하고자 하는 교실에서의 목표가 결합된 학습활동이다(장정윤 · 이영선, 2013; Nelson & Eckstein, 2008). 봉사학습은 실천 위주 경험교육의 하나로서 청소년의 학문적 학습과 사회성, 시민성 및 인성을 향상시키기 위하여, 의도적이고 체계화된 봉사 기회를 통해 지역사회의 욕구 해결활동 및 활동 후의 성찰에 청소년들을 참여시키는 교육인 것이다(이강현 외, 2005).

청소년의 봉사활동은 활동의 수혜자가 얻는 혜택도 있지만 주체인 청소년이 배우고 성장하는 것에 초점을 맞춰 봉사를 통한 학습, 봉사학습이 이루어진다고 할 수 있다. 봉사활동학습에서 학생들은 관련 주제에 대해 학습하고 자신의 행동을 시민으로서 자신의 의무와 연결시키며 자신이 한 행동에 대해 고찰하게 된다. 봉사활동 경험으로부터의 학습을 통해 지적 · 개인적 · 사회적으로 성장할 것을 기대할 수 있다(현외성, 1996). 봉사학습은 다양한 봉사활동 가운데에서, 청소년들이 교과에서 성취 목표를 달성하기 위한 적용 활동을 지역사회에 도움을 제공함으로써 기여하는 방식, 교과 연계형 봉사활동으로 운영할 수 있다.

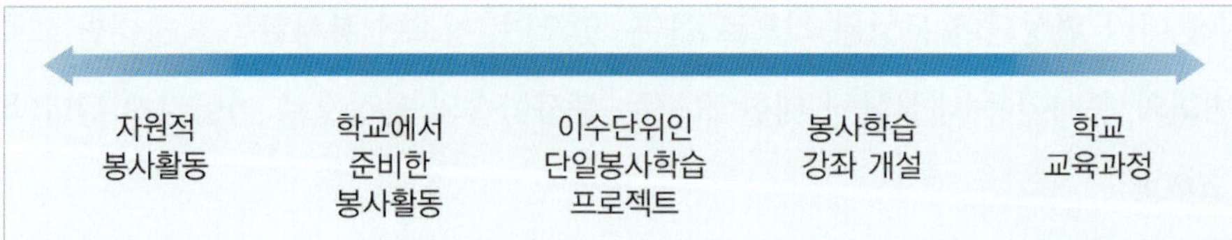

[그림 9-2] 봉사학습의 형태

출처: 박효종 · 손경원(2003). p.175.

[그림 9-2]와 같이 좌측의 봉사활동이 봉사활동의 계획과 수행의 책임을 전적으로 학생에게 맡기는 형태인 반면, 우측의 봉사활동으로 갈수록 교사의 적극적 참여를 요구하고 학생의 봉사활동 경험의 교육적 효과에 대한 책임을 학교와 교육기관에 더 많이 두는 형태라고 할 수 있다. 봉사시간만을 단지 의무화하는 좌측의 봉사활동으로부터 우측의 봉사학습에 이르기까지 봉사학습의 여러 형태를 볼 수 있다. 먼저, 자원적 봉사활동은 청소년들이 개인적으로 친한 친구, 동아리 친구, 가족 등과 함께 자발적으로 교외에서 참여하는 특정의 봉사활동이며, 학교에서 준비한 봉사활동은 학교와 월드비전과 같은 비영리기관이 협력을 맺어 실행하는 세계시민교육을 포함한 기아체험 프로그램과 지역사회 내의 소외이웃을 돕는 봉사활동 프로그램 등을 생각해 볼 수 있다. 이수단위 단일 봉사학습 프로젝트의 경우, 시(市) 교육청과 자원봉사센터가 협력하여 진행하는 동아리나 반별로 진행되는 연간 봉사학습 프로젝트가 있으며, 봉사학습 강좌 개설은 일반적으로 대학에서 전공을 활용한 재능기부 형식으로 이루어진다. 학교 교육과정은 중등학교에서 교육과정 내의 비교과, 즉 창의적 체험활동 중 봉사 담당 교사에 의해 설계되어 학생들이 참여하는 봉사활동이 해당된다(조성하, 2021).

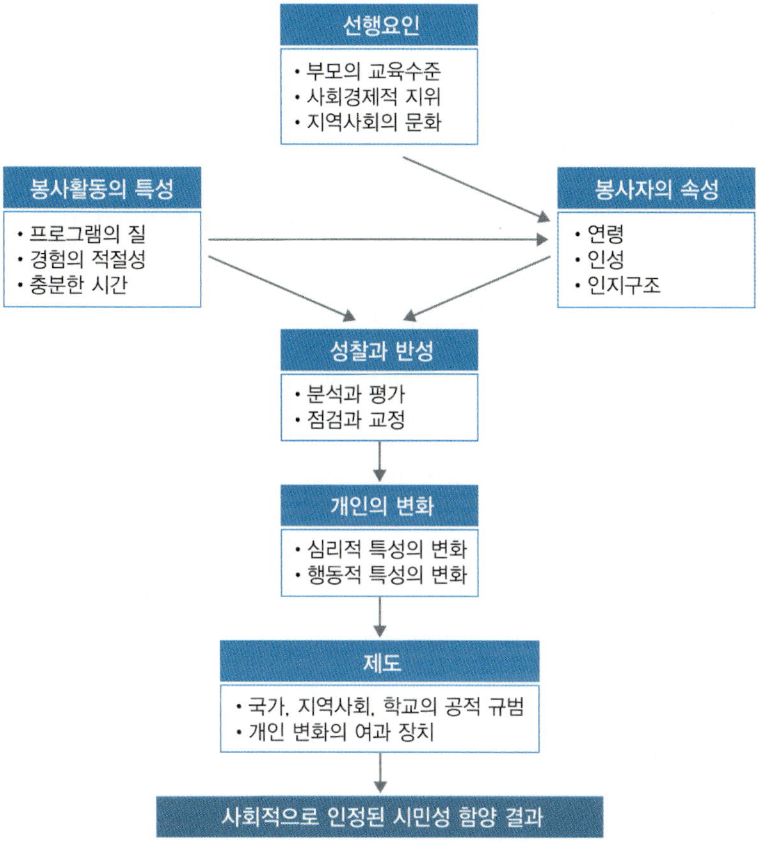

[그림 9-3] 봉사학습 구조

출처: 김영인 · 김민(2016). p.320 재인용.

2) 봉사학습의 과정

청소년자원봉사는 봉사학습적 관점에서 준비(preparation), 실행(action), 반성(reflection), 발표와 격려(demonstration and celebration) 등의 단계별 활동을 거치며, 이 과정이 적절히 이루어져야 한다. 자원봉사활동의 각 단계별로 수행해야 할 주요 과제를 제시하면 다음과 같다(김영인 · 김민, 2016).

(1) 준비 단계

준비 단계에서 수행해야 할 일은 문제의 확인 및 분석, 프로젝트의 선택, 봉사활동에 필요한 기술습득, 봉사활동의 계획 등이다.

첫째, 문제의 확인 및 분석을 위해서 새로운 프로그램에 관한 탐색이나 지역사회 여건에 관한 관찰, 토론활동 등이 수행된다. 청소년 봉사자들이 현장학습, 전문가 면담, 사회복지사, 경찰, 의료전문가 등의 역할을 경험할 수 있는 일일 실습활동 등을 통해서 봉사가 필요한 주제와 문제를 검토하고 확인, 분석할 기회를 갖도록 하는 것이 바람직하다.

둘째, 실제 어디서 어떤 유형의 봉사를 할 것인가에 관한 프로젝트를 선택하고 개발해야 한다. 예를 들어, 현재 인근에 있는 사회복지관이나 지원센터 등에서 봉사할 것인지, 아니면 도서관이나 학교내에서 할 수 있는 새로운 활동 프로젝트를 개발해야 할 것인지 결정해야 할 것이다. 또한 봉사활동의 유형을 수혜자에게 직접적인 신체적 도움을 주는 등의 직접 봉사와 간접적으로 모금이나 경제적 지원 등을 통해 도움을 주는 간접 봉사로 구분할 때 어떤 유형의 봉사활동을 선택할 것인가에 관한 것도 고려해야 한다.

셋째, 선택한 봉사활동을 수행하기 위해 필요한 기초적 기술을 습득해야 한다. 예를 들어 의사소통 기술, 문제해결 기술, 상대방 의견을 주의 깊게 청취할 수 있는 능력, 딱딱한 분위기를 부드럽게 한다든지 공격적이 아닌 수용적 태도를 갖추는 것 등이 기본능력 및 기술들이라고 볼 수 있다. 이러한 기술들을 습득하기 위해서 봉사활동을 수행할 기관에서 오리엔테이션의 기회를 얻거나, 각 분야 전문가를 초빙해 강의를 듣거나, 감수성 훈련, 심성계발훈련 등을 받을 수 있는 기회들을 청소년에게 제공하는 것이 필요하다.

넷째, 준비 단계에서 끝으로 할 일은 봉사활동을 어떻게 수행할 것인가에 관한 구체적이고도 체계적인 활동계획을 수립하고 세부적인 활동설계안을 작성하는 일이다. 학급에서 봉사활동 나가기 전에 수립할 수도 있고 봉사 대상기관에서 활동 시작 전에 수립할 수도 있다.

(2) 실행 단계

이 단계에서는 준비 단계에서 선택한 프로젝트와 수립된 구체적인 활동계획서에 따라서 봉사활동을 수행하게 된다. 청소년자원봉사지도자는 봉사활동의 필요한 세부지침을 마련하거나 활동에 청소년자원봉사자, 청소년자원봉사지도자, 보조지도자의 역할을 정확하게 해서 업무분담하고, 청소년자원봉사자는 준비 단계를 통해 학습된 지식과 기능을 봉사적 측면으로 적극 활용하여 성실한 자세로 임할 수 있도록 지도한다. 새로운 정보가 입수된다든지 새로운 상황이 전개되면 본래의 계획을 융통성있게 조정할 수도 있다. 다음과 같은 질문은 봉사활동을 학습과 연계하는 데 도움을 준다(이혜경 외, 2020).

- 청소년이 배운 것(기술, 지식)을 다른 사람에게 가르칠 수 있는가?
- 청소년의 노력이 누군가에게 도움이 될 수 있는가?
- 학습내용이 봉사에 적용되거나 실제 문제를 해결하는 데 사용될 수 있는가?

(3) 반성 단계

수행했던 봉사활동에 대한 반성은 청소년들로 하여금 자신의 봉사활동을 통해서 다양한 사실을 배울 수 있게 한다. 될 수 있는 대로 봉사활동이 끝난 직후 다양한 방법을 통해 반성과 평가의 시간을 갖는 것이 교육적 효과가 크다고 볼 수 있다. 반성의 방법으로 청소년 봉사자, 교사, 기관 실무자 등이 같이 모여서 평가를 갖거나, 청소년들로 하여금 자신의 경험들을 발표하거나 쓰도록하고 활동기록 자료들을 스크랩하게 하여 활동결과를 분석하게 하는 방법도 있을 수 있다. 이때 활동 관련 문서나 사진, 동영상 등 시청각 자료들을 활용하여 봉사활동 전반을 다시 차분하게 돌아볼 수 있는 기회를 청소년들이 갖도록 하는 것이 바람직하다. 다음은 평가할 항목의 내용에 대한 예이다(류기형 외, 2013).

- 자원봉사활동의 목표가 무엇인가?
- 목표를 달성하기 위해 활동내용(장소, 시간 등)이 효과적으로 기획되었는가?
- 청소년들의 욕구에 기반한 프로그램인가?
- 봉사자, 활동처, 대상자 모두 만족하는 활동이었는가?
- 활동과정 속에 부족한 점은 없었는가?
- 향후 이를 어떻게 보완할 것인가?
- 활동성과는 무엇인가? 목표를 달성하였는가?
- 목표를 달성하지 못하였다면 이유가 무엇인가?

(4) 발표와 격려 단계

봉사활동을 통해서 얻은 성과를 공중에게 알리고 공유함으로써 서로 인정하고 격려하는 마무리 단계이다. 봉사활동을 통해 얻은 생각과 마음을 구체적으로 이끌어낼 수 있는 소감문 작성, 봉사활동 후기, 봉사신문 만들기, 토론 및 토의 모두 가능하다. 봉사활동 성과에 대한 격려와 인정은 청소년들에게 자신감과 용기를 가지게 하여 다음 봉사활동에 대해 적극적인 동기를 가지도록 한다. 청소년자원봉사지도자는 청소년 각자의 봉사활동 성과를 부각시켜 많은 사람으로부터 격려와 인정을 받을 수 있도록 해야 한다. 청소년자원봉사자들이 봉사활동에 지속적으로 참여할 수 있도록 지도해야 하며, 습득된 기능의 구체적인 활용방법이나 방안을 제시해야 한다. 또한 청소년이 스스로 발전된 봉사계획을 수립하도록 진행해야 한다.

3) 봉사활동의 지도

(1) 학교교육 계획에 의한 자원봉사활동

교육과정에서의 학생봉사활동의 과정을 학교급별로 구분하여 살펴보면 초등학교는 학생들의 본격적인 봉사활동 실천을 지도하기보다는 봉사정신과 태도를 기르는 데 중점을 두고, 주로 교내 및 학교 주변을 중심으로 봉사활동을 하도록 한다. 중학교에서는 완전히 자발적인 봉사활동을 하기는 힘들지만 어느 정도의 봉사활동 실천은 가능하다. 따라서 봉사학습의 개념에 입각하여 학교에서 안내, 지도된 활동을 중심으로 실천하도록 하고, 학교 내외뿐만 아니라 지역사회의 공공기관에까지 활동 영역을 확대한다. 고등학교의 경우 자발적인 봉사활동을 권장하고, 지역사회의 다양한 부문으로 활동 영역을 확대한다. 특히, 학생들에게 자신이 장차 선택하려는 진로 영역과 관련하여 봉사활동을 실천하도록 지도함으로써 진로 선택에 도움을 얻을 수 있도록 한다.

- 학생이 봉사를 실천하기 이전에 관련 정보를 수집하고 실천 계획을 수립하는 등의 사전교육을 충분히 실시하여 봉사의 의미와 교육적 가치를 깨닫게 한다.
- 학생의 봉사활동 결과에 대한 사후 평가는 일상생활 속에서 봉사를 지속적으로 실천할 수 있는 태도를 기르는 데 중점을 둔다.
- 교외 봉사활동은 가급적 지역사회 유관기관과 연계하여 실시한다.

- 봉사활동은 학교나 지역 사회의 여건을 고려하여 자율활동, 동아리활동, 진로활동 등과 연계하여 실시할 수 있다.
- 초등학교의 교외 봉사활동은 학생의 발달 수준 등을 고려하여 실시 여부를 결정한다.
- 중·고등학교에서는 학생이 교내 봉사활동과 더불어 지역 사회와 연계된 교외 봉사활동을 자발적으로 계획하고 실천할 수 있도록 한다.
- 중·고등학교의 교외 봉사활동은 사전 교육과 사후 평가를 통하여 충분한 정보를 바탕으로 효율적이고 진정한 의미의 봉사활동이 될 수 있도록 지도한다.

〈표 9-5〉 학교교육계획에 의한 지도절차

구분	지도 내용
준비	• 봉사활동에 대한 문제인식, 사전학습, 실행계획 수립이 이루어진다. • 문제인식은 청소년이 봉사활동의 필요성과 활동 대상에 대한 이해를 하는 것을 의미하며, 이 과정을 통하여 구체적인 활동거리를 찾을 수 있다. • 사전학습은 구체적인 활동에 필요한 지식 또는 기능의 습득 과정이다. • 실행계획을 수립할 때는 사전조사, 실행 가능한 봉사활동 선정, 대상기관 담당자와의 협의, 활동 내용 및 준비물 점검 등이 이루어져야 한다.
실행	• 학교 내에서 또는 학교 밖의 봉사 대상기관이나 장소에서 실제로 봉사활동을 실행한다. • 안전사고 예방, 계획된 대로의 실행 여부, 상황 변화에 따른 대처, 활동 과정에서 인간관계 유지, 지도자의 지시에 잘 따르는지 여부, 봉사자 상호 간의 협조 등에 유의하여 실시하도록 지도한다.
평가 (반성 및 발전)	• 봉사활동의 교육적 성과, 청소년 및 봉사 대상의 만족도 등을 확인하고 활동 결과를 기록한다. • 프로그램 실행 직후에 실시하는 것이 효과적이다. • 봉사활동 프로그램의 학습목표가 어느 정도 달성되었는지를 평가하되, 소감문 작성, 면접, 설문조사, 간담회, 우수 사례 발표회 등 다양한 평가방법을 활용한다. • 지도교사는 모범적인 자세로 활동에 임한 청소년을 칭찬·격려한다. • 지도교사는 추수 지도를 통하여, 봉사활동이 청소년 개인에서 가족, 집단, 지역사회로 확대·발전될 수 있도록 한다.

출처: 이혜경 외(2020). pp.180-181.

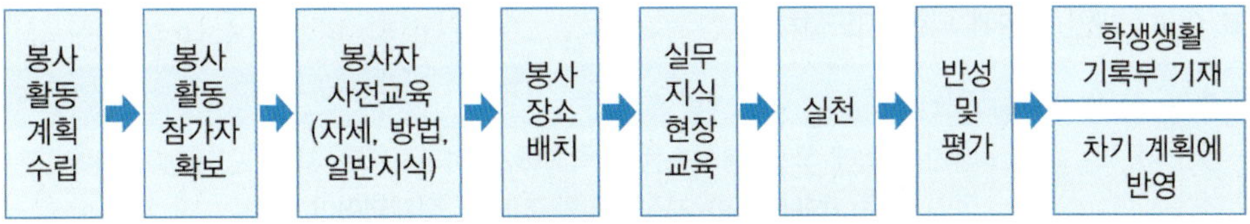

[그림 9-4] 학교계획에 의한 봉사활동 절차

출처: 대구광역시교육청(2022).

(2) 개인 계획에 의한 자원봉사활동

개인 계획에 의한 봉사활동 또한 준비(사전교육, 계획서 제출, 학교승인), 실행, 평가(반성 및 발전) 단계에 따라 지도한다. 개인계획에 의한 봉사활동이 이루어질 때는 학교의 지도과정에서 특히 다음 사항이 반영되어야 한다(남기철, 2022).

- 가정과 연계하여 가족 동반으로 봉사활동이 이루어질 수 있도록 지도한다.
- 개인계획에 의한 봉사활동 계획서, 확인서, 평가서 등 필요한 서식은 학교 차원에서 준비한다.
- 개인 차원에서 이루어지는 봉사활동에 대한 절차, 유의사항 등에 대한 사전교육을 실시한다.
- 개인계획에 의한 봉사활동은 가급적 봉사 관련 단체에서 실시하는 활동에 참여하도록 한다.
- 개인계획에 의한 봉사활동은 가급적 심화과정으로 활동하도록 지도한다.

〈표 9-6〉 개인 계획에 의한 지도절차

구분		지도 내용
준비	사전 교육	• 개인 계획에 의한 봉사활동도 학교에서 적극적으로 지원 · 안내해야 하며, 구체적인 프로그램에 대한 사전협의와 지도가 전제되어야 한다. • 봉사활동에 대한 사전 준비교육을 철저히 실시하며, 봉사활동 각 영역과 영역별 유의사항을 안내한다. • 봉사학습의 의미를 체험할 수 있는 곳인지 점검한다. • 안전사고가 발생하지 않도록 반드시 안전수칙을 교육한다.
	계획서 제출	• 활동 대상과 내용, 시간 등을 고려하여 구체적인 활동계획서를 작성해야 한다. • 봉사활동 대상을 물색하고 기관을 답사하여 자료를 수집한다. • 봉사활동 실행을 위한 구체적 프로그램에 대해 사전에 협의한다. • 발생할 수 있는 문제점을 검토하고 수정 · 보완한다.
	학교 승인	• 개인별 · 소집단별 봉사활동 계획은 사전에 봉사활동 계획서를 제출하여 학교장의 승인을 얻어야 한다.
실행		• 안전사고에 유의하여 봉사활동을 실행한다. • 봉사활동을 통한 학습의 효과를 거둘 수 있도록 한다. • 취미와 적성에 맞는 체험학습의 기회로 활용하고, 봉사활동이 습관화 · 내면화되도록 지도한다.
평가 (반성 및 발전)		• 봉사활동 실행 후 그 내용을 평가한다. • 청소년은 대상기관에서 발부한 확인서를 학교에 제출한다. • 담임교사는 봉사활동 확인서를 수합 · 정리하고 평가한다. • 청소년이 봉사활동을 통해 습득된 지식과 기능을 구체적인 방법으로 발전시켜 지속적인 봉사활동에 참여할 수 있도록 추수지도를 실시한다.

출처: 이혜경 외(2020). pp.181-182.

한편, 학생 개인의 계획에 의한 봉사활동은 1365 자원봉사포털이나 VMS, DOVOL을 이용하지 않고 계획을 만드는 경우와 이 시스템들을 이용하는 경우로 구분할 수 있다.

- 1365 자원봉사포털(나눔포털): 행정안전부에서 운영(한국중앙자원봉사센터 중앙관리)하고 있는 자원봉사포털 시스템(https://www.1365.go.kr)
- DOVOL: 여성가족부에서 운영(한국청소년활동진흥원 중앙관리)하고 있는 청소

년봉사활동포털 사이트(http://www.youth.go.kr)

- VMS: 보건복지부에서 운영(한국사회복지협의회 중앙관리)하고 있는 사회복지 봉사활동 인증관리 시스템(https://www.vms.or.kr)

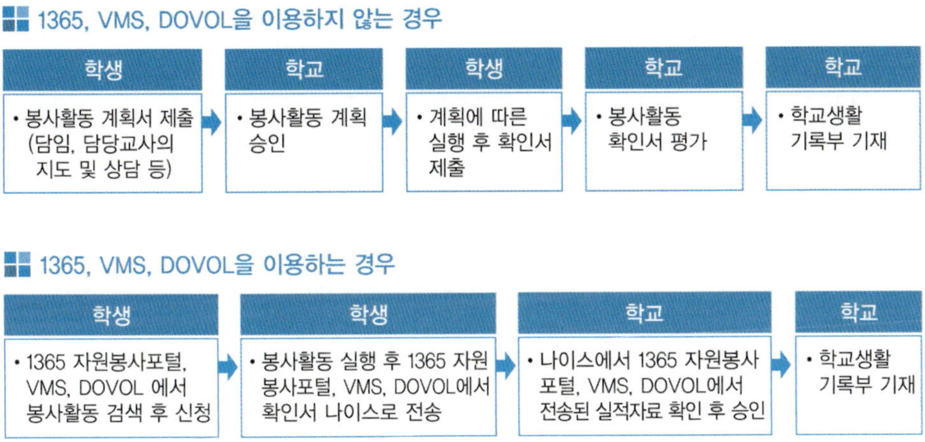

[그림 9-5] 개인계획에 의한 봉사활동 절차

출처: 대구광역시교육청(2022).

4. 청소년자원봉사 지도자

1) 청소년자원봉사 지도자의 역할과 자세

청소년자원봉사 지도자는 자원봉사활동을 통하여 청소년의 건강한 인성 함양을 꾀할 수 있는 활동터전의 현장지도자이다. 자원봉사 지도자는 자원봉사인도자, 교육자,

지도감독자로서 자원봉사활동조정자의 역할을 하며 봉사활동에 관한 전문가로서 자원봉사자를 연결시켜 주고, 지도감독하며, 다른 한편 자신이 속한 기관의 목표를 효과적으로 달성하게 하는 역할을 수행하는 사람이라 할 수 있다(현외성, 1996). 청소년자원봉사 지도자는 청소년 자원봉사자들을 모집 · 교육하고 활동터전과 연결시켜주는 일을 해야 하며, 때로는 청소년들의 활동결과를 평가하는 등 청소년자원봉사활동이 이루어지는 일련의 과정을 책임지고 인도해 나가는 일을 한다(조타순, 2002).

청소년자원봉사활동을 지도하는 지도자는 다음과 같은 역할을 수행해야 한다(전희일 외, 2018). 첫째, 성실한 안내자로서의 역할이다. 청소년자원봉사활동 지도자는 청소년이 봉사활동 현장에 나가기까지 성실한 안내자의 자세로 봉사활동 지도에 임해야 한다. 둘째, 책임감 있는 조력자로서의 역할이다. 지도자는 청소년들의 봉사활동을 지도해 나가는 과정에서 청소년들이 부딪히는 어려움과 문제를 직접 해결해 주기보다는 청소년 스스로가 문제를 해결해 갈 수 있도록 도와주는 역할을 수행해야 한다. 셋째, 균형감 있는 조정자의 역할이다. 지도자는 봉사활동에 참여하고 있는 청소년과 활동터전의 담당자 사이에서 이들이 원하는 바를 정확히 파악하여 갈등이나 문제를 최소화할 수 있는 조정자로서의 역할을 수행해야 한다. 넷째, 자발적인 사회계몽가의 역할이다. 자원봉사활동이라는 것 자체가 자발성을 원칙으로 하는 지역사회 활동으로 자원봉사 지도자는 청소년들을 지도함으로써 아래로부터 지역사회를 다시 회복하고 함께 더불어 살아가는 공동체를 건설하는 데 일익을 담당한다는 자세로 활동에 임하여야 한다. 다섯째, 청소년육성 전문가의 역할이다. 청소년자원봉사활동은 봉사학습이라는 말로 표현되듯이 청소년 봉사자들의 인성계발과 덕성함양에 일차적인 목적을 둔다. 봉사대상자들의 복지나 권익 못지않게 청소년 자원봉사자 자신에게 돌아가는 배움의 결과도 중요하다. 따라서 청소년 봉사자들을 교육적 차원에서 효과적으로 이끌어 갈 지도자의 역할이 중요하다고 할 수 있다.

한편, 청소년 자원봉사를 돕는 자원봉사 지도자의 자세 또한 중요하다(류기형 외,

2013). ① 청소년 자원봉사 지도자는 자원봉사활동에 대한 강한 신념과 비전을 가지고 있어야 하며, 청소년이 자원봉사 비전에 대한 공감을 갖도록 하고 비전이 성취될 수 있도록 해야 한다. ② 청소년 자원봉사 지도자는 자신 및 자신을 둘러싼 환경에 대한 충분한 이해와 더불어 자신의 리더십에 있어 장·단점을 인식할 수 있어야 한다. ③ 청소년 자원봉사 지도자는 자원봉사활동에 참여하는 청소년들의 동기와 욕구를 잘 파악하고 이것이 활동에서 적절히 충족될 수 있도록 해야 한다. 동기 고취를 위해 자주, 적절한 시기에, 다양한 방법으로, 정직하게 청소년 봉사자가 원하는 승인을 지속적으로 주는 것이 필요하다. ④ 청소년 자원봉사 지도자는 청소년이 자원봉사활동을 행할 때 스스로 영향력 있고 긍정적이며 실력 있다고 느낄 수 있도록 임파워먼트(empowerment) 해야 한다. ⑤ 청소년 자원봉사 지도자는 청소년자원봉사활동을 지원하는 긍정적인 집단 및 조직분위기를 조성해야 한다. ⑥ 청소년 자원봉사 지도자는 조직이나 집단 내에 자원봉사활동에 도움이 되는 적절한 체계를 구축해야 한다. ⑦ 청소년 자원봉사 지도자는 청소년, 클라이언트, 자원봉사조정자와 좋은 관계를 형성하고 유지, 발전시켜야 한다. ⑧ 청소년 자원봉사 지도자는 미래의 자원봉사자 리더가 될 사람을 발견하고 그가 잠재능력을 최대한 발휘할 수 있도록 그를 코치하고 힘을 얻도록 돕는 멘토링의 기술을 가져야 한다. ⑨ 청소년 자원봉사 지도자는 자기개발 및 성장에 힘써야 한다.

2) 청소년자원봉사 지도자가 유의할 점

청소년자원봉사활동 지도 시 청소년자원봉사지도자는 청소년의 봉사활동이 본래 추구하는 자발성과 교육적 지도의 측면이 갈등을 일으키지 않도록 다음과 같은 사항에 유의하여 지도할 필요가 있다(성열준 외, 2016 재인용).

(1) 자신의 역할에 대한 분명한 이해

자원봉사자는 개인의 자격이 아닌 기관의 한 구성원으로서 행동해야 하며, 자신이 해야 할 일과 할 수 있는 일, 해서는 안 되는 일의 경계를 분명히 할 줄 알아야 한다. 자원봉사 교육 시 이 점을 청소년 봉사자에게 분명하게 주지시켜야 한다.

(2) 청소년자원봉사자에 대한 지지

자원봉사지도자는 봉사활동 청소년이 자원봉사지도자에게 어떠한 기대와 욕구를 가지고 있는지도 알아야 한다. 청소년 봉사자가 지금까지 어떤 노력을 해 왔으며 그동안의 노력을 이해하고 그러한 노력에 대해 칭찬을 통해 적극적으로 지지해 주는 것이 필요하다. 이때 칭찬은 행위의 결과에 대해서가 아니라 과정에 대한 평가의 칭찬이어야 한다. 이러한 태도는 청소년에게 봉사에 대한 신뢰와 개방성을 가지게 할 수 있다.

(3) 공동의 목표선정 및 대안선택

청소년자원봉사지도자와 청소년 봉사자는 수평적이고 협력적인 관계이다. 청소년자원봉사지도자는 청소년 봉사자의 욕구를 고려하여 어떤 일을 할 것인가를 정하고 공동의 목표를 정한다. 이때 청소년자원봉사지도자 마음대로 평가하고 판단하거나 지나친 기대를 하게 되면 자원봉사의 효율성은 저하될 수 있으므로 가능한 한 모든 결정은 청소년자원봉사자의 수준과 욕구에 맞추는 것이 중요하다. 또한 문제해결에 대한 답을 일방적으로 요구할 것이 아니라 청소년이 자신에게 적합한 대안을 선택할 수 있도록 다양한 대안을 제시하고 그것의 장·단점을 알려 주어야 한다. 청소년 개개인의 독특함을 볼 수 있도록 노력해야 하며 이들이 지닌 능력 이상의 것을 요구하지 않도록 주의해야 한다.

(4) 활동과정에서의 안전문제

청소년자원봉사활동 과정에서 가장 주의해야 할 부분이 안전과 관련된 부분이다. 되도록 활동 전 치밀한 계획을 세워 계획대로 활동하는 것이 좋으며 활동을 하면서 생길 수 있는 안전사고에 대한 주의를 준다. 또한 개인적인 만남보다는 집단 속에서 함께 활동하는 것이 바람직하다.

(5) 활동 시작 전 및 종료 후와 관련된 사항

활동 시작 전에는 반드시 이번 시간에 해야 될 활동에 대해 미리 계획, 검토하여 준비하여야 하며, 활동 종료 후에는 반드시 활동에 관한 기록을 남기고 활동 시 의문시 되었거나 조정되어야 할 부분을 기관의 자원봉사담당자와 협의한다. 또한 활동에 대한 평가에는 자신의 평가와 청소년의 평가도 반영되어야 하며 다른 자원봉사자와 서로의 느낌을 나누는 것도 중요하다.

(6) 지속적인 자원봉사활동 독려

청소년들이 봉사활동에 대한 참된 의미와 가치를 제대로 인식하고 봉사활동이 수행될 수 있도록 프로그램의 기획 단계에서부터 평가에 이르기까지 청소년 자원봉사교육의 전 과정에 대한 이해가 선행되어야 한다. 봉사활동의 학습적 의미를 포함하는 등의 전문성을 갖추어 청소년의 책임감 있고 지속적인 봉사활동참여가 이루어지도록 해야 한다.

Chapter 10

청소년 인성교육 지도방법

1. 인성

1) 인성의 개념

인성은 인간이 지니는 특징적인 반응양식 내지는 행동양식의 개념으로 흔히 인격 혹은 성격과 혼용되기도 한다(장정현, 2017). 개인이 자신의 삶을 어떻게 엮어 나가느냐 하는 것은 바로 자신의 인성과 밀접한 관계가 있다. 왜냐하면 인성은 삶의 과정 속에서 인생의 방향을 조정하는 배의 키와 같은 역할을 하기 때문이며, 삶을 읽는 중요한 지표로서 개인과 타인이 어떤 인간관계를 형성하는가를 결정하는 데 중요한 역할을 하기 때문이다(이선영, 2016). 또한 인성은 사람이 살아가는 데 있어서 개인의 정신 건강과 신체 건강에 심각한 영향을 주기도 한다. 건강한 인성을 소유한다는 것은 학생들의 정신 건강은 물론 신체 건강까지도 바람직한 수준을 유지할 수 있게 함으로써, 결국 그들의 삶의 질을 높이게 함과 동시에 행복한 삶을 영위할 수 있게 해 주는 역할을 한다. 인성의 개념은 다양하게 제시되고 있으며 국내 연구자들의 인성에 대한 개념을 〈표 10-1〉과 같이 정리할 수 있다.

〈표 10-1〉 인성의 개념

연구자	인성 개념
황응연(1992)	환경에 응함으로써 나타나게 되는 행동 태도, 동기, 경향성, 인생 과정들의 총합, 사람들에게 있어 시간과 상황에 걸쳐 지속되는 독특한 구조
이근철(1996)	좁게는 도덕성, 사회성, 정서 등을 의미하지만, 넓게 보면, 인성은 지 · 덕 · 체이며 지 · 정 · 의를 모두 골고루 갖춘 것
조난심, 문용린, 이명준, 김현수, 김현지(2004)	사람이 태어나면서 가지고 있는 성격이나 특질의 개념이 아니라, 의도 교육이나 학습에 의해 습득하거나 변화가 가능한 인간의 성품
이영숙(2005)	인성은 2가지 기본덕목(공감인지능력, 분별력)과 12가지 성품(경청, 순종, 감사, 배려, 기쁨, 긍정적인 태도, 인내, 지혜, 정직, 창의성, 절제, 책임감) 교육으로 분류 가능
조연순(2007)	자신의 내면 요구와 사회 환경 필요를 지혜롭게 잘 조화시킴으로써 세상의 유익함을 미치는 인간의 특성
남궁달화(2010)	사람의 성품을 의미하는 것으로 성품은 사람의 성질과 품격으로 이루어짐. 성질은 마음의 바탕이고 품격은 사람됨임. 마음의 바탕은 지(知) · 정(情) · 의(義)로 구성되고, 사람됨의 바탕은 가치를 추구하고 실천하는 인간의 삶의 모습에서 찾아볼 수 있음
박성미, 허승희(2012)	인간이 개인적으로 갖추어야 할 바람직한 심성과 사회적으로 갖추어야 할 가치 있는 인격 및 행동 특성
정창우(2013)	내면의 건강함과 아름다움을 가꾸고 타인 · 공동체 · 자연과 더불어 살아가는 능력과 태도이고 인성교육이란 자신의 내면을 아름답고 건강하게 가꾸고 타인 · 공동체 · 자연과 더불어 살아가는 역량을 길러주는 것, 도덕성을 중심축으로 정서 · 사회성 · 자아정체성의 세 가지 차원을 포함하는 개념
황준성, 서경화(2015)	인간됨, 개개인이 고유한 존재로서 갖고 태어나는 개인적 인간으로서의 성품과 함께 사회화된 존재로서 요청받는 사회적 인간으로서의 성품이라는 두 축의 조화를 추구하는 역량

연구자	인성 개념
황미희(2016)	세세한 각 분야의 발달과 관련된 단계마다 총체적 행동 유형을 바탕으로 함. 특정 한 행동이라기보다는 어떠한 경향성을 의미하고, 고정된 것이 아니라 항상 발달하고 변화하는 것

출처: 강민수, 최지혜, 신창호(2020). pp.41-42; 조영범(2018). pp.13-14 재구성

이상과 같이 인성 개념은 기질, 성품, 성격, 사람됨, 인격, 도덕성 등 다양한 의미로 정의되어 왔음을 알 수 있다(강선보 외, 2008). 이와 같은 정의의 두 가지 흐름은 하나는 철학적 관점이고, 하나는 심리학적 관점으로 정리할 수 있다. 먼저, 철학적 관점은 동·서양의 전통 철학인 유가·도가·불교, 플라톤·아리스토텔레스·칸트부터 현대 철학인 덕 윤리학·인격교육·포스트모더니즘에 이르기까지 다양한 관점에서 인성을 정의하였다. 이러한 다양한 철학적 관점에 따른 인성 개념에는 한 가지 공통점이 있는데, 그것은 인성 개념에 인간이 지향할 이상적인 모습으로써 인간다움에 대한 가치판단이 내재하여 있다는 것이다(강선보 외, 2008). 즉 여러 철학적 관점에서 정의하는 인성 개념은 인간다움이 인간 내부에 이미 갖춰져 있는지, 혹은 외부에서 형성되는 것인지의 문제에서 차이가 있지만, 인간이 지향하고 성취할 인간다운 면모, 성질, 자질, 품성의 의미를 내포한다는 점에서 하나로 모인다. 철학적 관점에서 인성의 의미는 인격이나 도덕성과 거리가 가깝다.

심리학적 관점에서 인성은 성격과 유사한 의미로 사용되었는데 여기서 성격이란 지속성을 갖는 개인적 특징을 뜻한다. 이처럼 성격의 의미를 지니는 인성은 인격이나 도덕성과 달리 비교적 기술적이고 가치 중립적인 특성을 띤다(정창우, 2015). 심리학적 관점에서 인성에 관한 정의는 인성을 구성하는 하위요소들의 특성과 그 관계를 사실적으로 밝히는 데 집중된다. 정리하면, 철학적 관점에서 정의하는 인성은 가치 지향적 의미가 포함되어 있으므로 인성교육에서 궁극적으로 지향해야 할 인성이 무엇인지 파악하는 데 도움을 주는 것이라면, 심리학적 관점에서 정의하는 인성은 인성을 구성하

는 하위요소들과 각각의 특징, 그 관계에 주목하므로 인성의 실체를 명확히 드러내는 데 도움을 준다고 볼 수 있다.

2) 인성의 덕목

(1) 국내 · 외 학자들

인성의 덕목, 구성요소에 대한 연구자들의 설명은 다양하다. 국내에서 허경철과 조난심(1993)은 인간성 함양을 위해서 기본생활습관, 자아확립, 효도와 경애, 공동체 의식을 길러주어야 한다고 제안하였으며, 조연순 등(1998)은 민주시민의식과 타인존중의식, 자기존중의식을 주장하였다. 〈표 10-2〉는 인성덕목에 대한 요소들을 정리한 것이다.

〈표 10-2〉 국내 학자들의 인성덕목

학자	인성덕목
허경철, 조난심 (1993)	기본생활습관(규칙적인 생활, 정리정돈, 청결위생, 물자절약), 자아확립(근면, 성실, 자주, 정직), 효도와 경애, 공동체 의식(질서, 협동, 준법, 타인존중, 책임, 봉사, 정의감)
조연순(1998)	민주시민의식(준법정신, 봉사정신, 협동정신, 책임감, 정의감, 애국심, 환경보호의식), 타인존중의식(권위의 존중과 수용, 예의범절, 효, 사랑, 배려, 정직, 신뢰), 자기존중의식(자신감, 자아수용, 자기표현, 자기통제)
박효정(2000)	정직, 타인배려(연민, 관용, 양보, 친절, 봉사, 헌신), 공공질서의식(준법의식, 공공질서 준수), 경로효친, 생명존중, 환경보호의식, 성윤리, 정의(공공성, 용기, 민주성), 평등의식, 사회연대의식(책임과 협동, 공익 우선, 신의), 애국애족(나라사랑, 민족사랑, 인류애), 절제(절약, 자기통제, 인내)
천세영(2012)	정직, 책임, 공감, 소통, 긍정, 자율
현주 외(2014)	자기존중, 성실, 배려, 소통, (사회적)책임, 예의, 자기조절, 정직, 용기, 정의, 지혜, 시민성

학자	인성덕목
정창우 외(2014)	지혜, 용기, 성실, 절제, 예절, 효도, 배려, 존중, 책임, 협동, 준법, 정의
유병열(2015)	지혜, 성실, 자주, 협동, 절제, 존중, 협동, 배려, 책임, 정의

출처: 김서연(2019).

고대로 거슬러 그리스 철학자인 소크라테스는 정의, 지혜, 용기, 절제 등 인성덕목의 정의적인 부분과 인지적인 부분인 지혜를 제시하였고, 아리스토텔레스는 정의, 용기, 절제, 관후, 긍지, 건전한 야망, 공손함, 진실됨, 재치, 친절, 겸양, 의분 등의 정의적인 부분을 강조하였다. 국외 학자인 애이킨 등(Akin et al., 1995)은 인성교육으로 신뢰, 존중, 책임감, 정의감, 배려, 시민의식을 들고 있고, 레밍(Leming, 1993)은 자기통제, 건강, 친절, 스포츠맨십, 자신감, 의무, 신뢰, 진실, 장인정신(good workmanship), 협동이 인성교육의 내용이 되어야 한다고 주장하였다. 버코위츠(Berkowitz, 2000)는 자기통제, 감정이입, 사회적응, 사회적 기술, 자존감, 순종, 양심, 도덕추론, 정직, 이타심 등을 덕목으로 제시하였다.

한편, 인성의 구성요소에 대해 좀 더 체계적으로 설명하고 있는 리코나(Lickona, 1991)의 주장을 보면 인성이 도덕적 지식(maral knowing), 도덕적 감정(maral feeling) 그리고 도덕적 행동(maral action)으로 이루어져 있고, 이들은 서로 연관되어 있음을 알 수 있다. '도덕적 지식'은 인성의 인지적 측면이며, '도덕적 감정'은 인성의 정서적인 측면이다. 또한 '도덕적 행동'은 대체로 인성의 다른 두 측면 즉 도덕적 지식과 도덕적 감정의 결과로 드러나는 것으로, 무엇이 도덕적인가를 알고 느낀다면 사람들은 자신이 옳다고 믿고 느끼는 것을 행하려고 할 것이다.

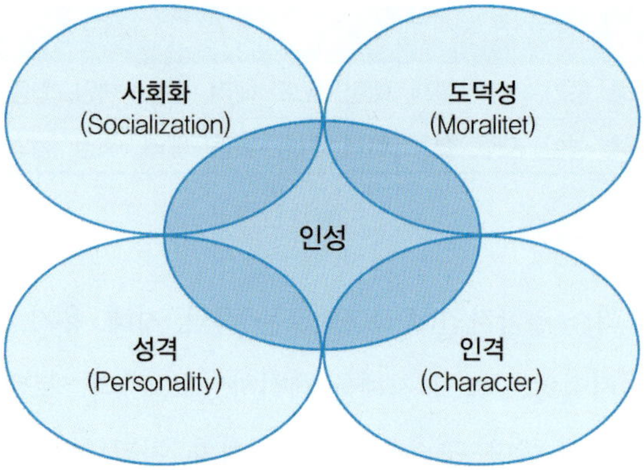

[그림 10-1] 인성의 다차원적 의미구조

출처: 손진희(2008). p.10

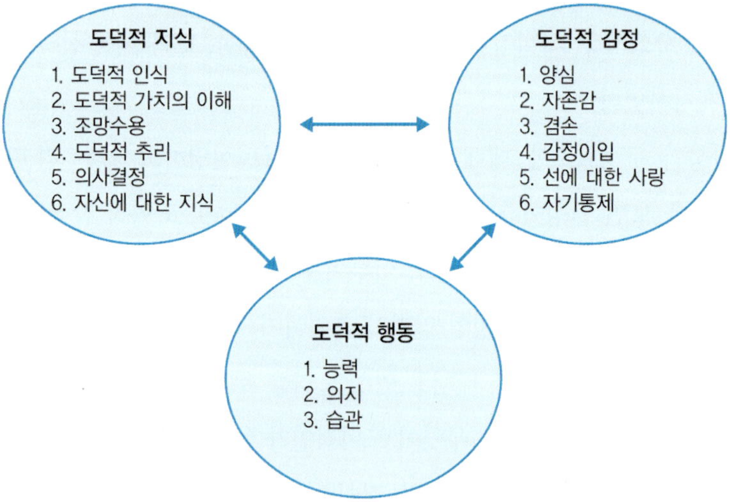

[그림 10-2] 리코나(Lickona)의 좋은 인격의 구성요소

출처: 조연순, 김아영, 임현식, 신동주, 조아미, 김인전(1998). p.140. 재인용.

(2) 교육부

교육부가 핵심 가치 · 덕목으로 제시하고 있는 것은 인성교육의 목표가 되는 것으로 예, 효, 정직, 책임, 존중, 배려, 소통, 협동 등의 마음가짐이나 사람됨과 관련되는 핵심적인 가치 또는 덕목이다. 아울러 핵심 가치 · 덕목을 적극적이고 능동적으로 실천 또는 실행하는 데 필요한 지식을 핵심역량이라 정의하고 공감 · 소통하는 의사소통 능력이나 갈등해결 능력 등이 통합된 능력으로 명시하고 있다. 핵심 가치 · 덕목 8가지의 구체적인 내용은 다음과 같다(안혜숙, 2018).

① 예

예란 '인간관계에서 사회적 지위에 따라 행동을 규제하는 규칙과 관습의 체계'로 예의에 관한 모든 절차나 질서를 준수하려는 마음과 태도를 말한다. 예는 일정한 격식을 갖춘 행동으로 나타나며, 생활방식 · 사고방식 · 사회 풍조에 따라 다르다. 예는 겸손의 기초가 되고 인간의 관계성을 한층 높일 수 있으므로 모든 덕목의 기초가 된다.

② 효

효는 사전적 의미로는 '부모를 섬기는 도리'로 효의 윤리적 의의는 '생명의 근원에 대한 감사', '부모의 신뢰에 대한 자녀의 진실한 응답'이라고 할 수 있다. 효는 전형적인 동양적 사고로 우리나라에서는 유교사상이 들어오기 이전부터 민족 고유의 정신으로 여겼다(김태훈, 2012). 효는 자식이 어버이를 섬기는 도리이며 유교의 기본적 윤리규범의 하나로 부모에 대한 자식의 경애를 바탕으로 성립하는 도덕이다. 진정한 효도 정신은 웃어른을 공경하고 아랫사람을 사랑하는 경애와 연관이 깊다.

③ 정직

정직의 사전적 의미는 '거짓이나 꾸밈없이 바르고 곧은 마음'으로 말이나 행동에서 거짓이 없음을 의미하며, 바르고 곧은 심성으로 자신의 양심을 속이지 않고 올바른 정신을 가지고 행하는 마음을 말한다(박효정 외, 2000). 인성교육을 통해 길러야 할 주요 덕목으로 학부모와 학생은 정직을 중요하게 생각했다(현주, 2014).

④ 책임

책임의 사전적 의미는 '맡아서 해야 할 임무나 의무', '어떤 일에 관련되어 그 결과에 대해 지게되는 의무나 부담과 제재'를 말한다. 책임은 자신에게 주어진 임무를 성실히 완수하는 것뿐만 아니라 행한 일의 의도와 상관없이 혹은 의도와는 다른 결과에 대하여 정신적 · 도덕적 · 법률적인 비난, 제재, 손해 등을 감수하는 것을 의미한다(조연순 외, 1998). 책임은 자신의 존재에 관한 책임뿐만 아니라 가족 및 지역 공동체, 인류 공동체 구성원으로서의 책임으로 확장될 수 있다.

⑤ 존중

자기존중은 자신의 사고, 감정, 행동을 객관적으로 인식하고, 자신을 긍정적으로 바라보며, 이는 자신을 가치 있는 사람이라고 생각하는 주관적 평가라고 할 수 있다(지은림 외, 2013). 자신을 수용하고 존중하며 좋아하고 자신을 가치있는 인간으로 생각하는 자기에 대한 평가이다. 자기에 대한 통찰이 높을수록 또래 관계에 대한 자기효능감이 높으며, 자기존중감이나 증진욕구, 스스로 문제를 해결하려는 욕구가 크다. 존중은 상대방을 귀하게 여기고 중하게 대하는 태도를 포함한다.

⑥ 배려

배려의 사전적 의미는 '도와주거나 보살펴 주려고 마음을 쓰는 것'으로 타인의 입장에 서서 여러 사람의 마음을 이해하고 골고루 마음을 쓸 수 있는 것으로 정의할 수 있다(조연순 외, 1998). 배려는 나와 타인의 관계 속에서 정의되는 것이고 나와 타인 사이의 상호의존적인 관계를 인식하는 바탕 위에서 타인의 필요와 행복에 책임을 느껴 그를 보살피고 돕는 도덕적 행동이라고 할 수 있다. 배려는 타인의 감정에 대한 공감, 타인에게 도움을 줄 수 있는 친절, 타인의 잘못에 대한 관대함을 필요로 한다. 배려는 남의 마음을 이해해주고 보살피려는 마음에서 비롯되므로 공감이 기초가 된다.

⑦ 소통

소통은 막히지 않고 잘 통함, 서로 통하여 오해가 없는 것을 의미한다. 사람들과 대인관계를 갖는 데 매우 중요한 요소이다. 인간은 언어를 통해 소통하므로 소통은 의사소통으로 표현된다. 의사소통은 자극에 대한 차별적 반응이라는 단순한 정의에서부터 상징을 통한 정보, 아이디어, 정서, 기능 등을 전송하는 능력으로, 개인적 · 사회적으로 효과적이고 적절하게 의사를 전달하고 받아들이는 능력이다. 자신의 의견을 언어로 표현하고 타인의 의견을 경청하므로 문제해결이나 갈등 조정이 가능하다. 사회공동체에서 모든 사람은 쉴 새 없이 자기의 생각과 의견을 표현하고 받아들이므로, 더불어 살아가는 공동체에서 아주 중요한 덕목이라고 할 수 있다.

⑧ 협동

협동 또한 더불어 살아가는 사회에서 아주 중요하고 필수적인 덕목이다. 협동은 어렸을 때 공동체 안에서 형성되는 습관으로 협동의 결과물은 삶의 질을 높이고 인간관계를 공고히 하는 기회를 만든다. 협동은 공동의 목표를 성취하기 위해 구성원들의 힘과 능력을 집약시키는 것으로 공동체가 발전하고 번영하기 위한 필요조건이다(신재한, 2016).

2. 인성교육

1) 인성교육의 개념

인성이 도덕적 가치가 개입된 인격과 개인이 지닌 독특한 특성의 총체를 가리키는 성격이 결합된 용어라면, 인성교육은 심리적 특성으로서의 성격적 윤리, 도덕적 특성으로서의 가치적 측면을 포괄적으로 추구하는 교육 행위라고 할 수 있다(이화국, 2015). 인성교육이란 개인의 인성이 교육에 의해 발달하도록 교육적 경험을 제공하는 일련의 활동이며, 학생의 인성은 지식(인지적 특성), 태도(정의적 특성), 행동(신체적 특성)의 순서로 발달된다고 본다(교육부, 2014).

인성교육의 다양한 개념들을 살펴보면, 첫째, 인간으로서의 성품을 길러주는 것을 강조한 것으로 인간성을 기르는 교육, 인격을 함양하는 교육, 사람을 사람답게 하는 교육(김명진, 2007), 사회적으로 바람직한 행위 규범을 내면화함으로써 인간으로서 갖추어야 할 최소한도의 품성을 형성하는 교육(신차균, 2000)으로 정의하였다. 이러한 정의는 인성을 인간이 지향하고 성취해야 하는 인간다운 면모, 성질, 자질로서의 의미를 포함한 것으로 본다(강선보 외, 2008). 둘째, 인지, 정서, 행동의 균형적인 발달을 강조하는 정의로, 학생들이 지 · 정 · 의를 조화롭게 발달시켜 마음을 통합할 수 있도록 도와주는 마음의 교육으로 인성교육을 정의하였다(남궁달화, 1999). 인성을 아는 것뿐만 아니라 느끼고 행동하는 차원을 모두 포함하는 것으로 바라본 것이다. 셋째, 개인과 사회의 조화를 강조한 정의로, 사람들로 하여금 가족, 친구, 이웃, 지역사회, 국가의 일원으로 함께 살고 일하도록 하는 데 도움을 주는 사고와 행동의 습관을 가르치는 것으로 정의하였다(현주 외, 2009).

한편, 인성교육을 전인교육과 동일한 개념으로 파악하여 교사와 학생들의 만남, 즉 상호작용을 통해 개인의 인격을 형성하고 문화를 전승, 재구성, 창조하는 가치 지향적 활동으로 규정하면서 인성교육의 세 가지 전제로 첫째, 교육은 인간 대 인간의 만남이란 점, 둘째, 교육은 가치를 추구하는 활동이라는 점, 셋째, 교육의 목표는 개인적 차원에서 인격형성이요, 사회적 맥락에서는 문화 발전이라는 점을 들고 있다(교육과학기술부, 2012).

또한 인성교육은 자신의 내면을 바르고 건전하게 가꾸며 타인, 공동체, 자연과 더불어 사는 데 필요한 인간다운 성품과 역량을 기르는 것을 목적으로 하는 교육이다(국가법령정보센터, 2015). 인성교육이란 인간의 지 · 덕 · 체를 긍정적으로 변화시켜 인간의 가치를 극대화하는 활동으로 인성교육을 통한 바람직한 인간상으로 주도적 · 도덕적 · 공동체적인 인간과 창조적이고 생산적이며 건강한 인간을 강조한다. 이는 이전의 인지적으로 편중된 교육 상황에서는 별로 다루지 않던 정의적 측면 및 인간의 본성과 관련된 것으로 학습자로 하여금 건강한 전인적인 민주시민으로 성장하고 생태적인 본성을 실현함으로써 보다 풍부하고 자유로운 삶을 살 수 있도록 하기 위한 교육적 경험을 제공하는 것이라 할 수 있다(한국교육학회, 1998).

청소년을 대상으로 한 인성교육의 궁극적 목표는 독립된 개인으로서 가치관을 정립하고 공동체와의 연대를 통해, 행복한 일상과 삶을 추구하도록 하는 데 있다. 현장에서의 인성교육을 통해 개개인의 자아정체감을 형성하고 또래들과의 원만한 관계를 이루며, 주변 환경과 긍정적인 상호작용을 증진할 수 있는 역량을 함양하는 것이 필요하다. 인성교육과 관련하여 문제로 제기되고 있는 몇 가지 특성들을 살펴보면 다음과 같다(안혜숙, 2018).

- 제도화된 교육에서 벗어나지 못한 상태로 수업이 진행되고 있으며, 인성교육이 생활에 녹아들기보다는 기존 교과목과 같이 구체적인 결과에 따라 관리되므로 학생들에게 또 다른 수행의 부담이 늘어나고 있다.

- 인성 전문가의 지도와 전문 프로그램 보다 교사의 재량에 의존한 프로그램 운영이 대부분이다. 인성 전문가 양성과 충분히 검증된 프로그램이 절대적으로 부족한 상태이다.
- 인성교육의 주요대상은 청소년에게 집중되어 있다. 사회문제가 발생할 때마다 그 원인이 청소년들에게 돌려질 때가 있다. 인성교육은 사회구성원 모두가 대상이 되어야 한다.
- 인성교육의 목적은 자신의 내면을 가꾸고, 더불어 살아가는 데 필요한 인간다운 성품과 역량을 기르는 것에 있다. 현재 인성교육 대부분은 구체적인 지도와 방법에 대한 정보가 부족한 상태로 이뤄지고 있어 인간다움의 성품과 역량을 기르는 것과는 다르게 진행되고 있다. 결국, 인성교육은 그 목적에 대한 깊이 있는 논의와 방향이 정해지는 것이 필요하다(유재봉, 2015).
- 현재 학교에서 진행하고 있는 인성교육 대부분은 여전히 관념적 윤리나 도덕적 행동을 주입하는 것에 치중되어 있다(정승화, 2015). 인성교육은 언어, 태도뿐만 아니라 내면의 감정, 동기, 무의식과 내면적 상태의 교육을 모두 포함하는 것이어야 한다. 이에 청소년들의 내면을 탐색하고 자기 치유적 요소를 담아낼 수 있는 청소년 인성교육의 새로운 접근법이 요구된다.

2) 인성교육에 대한 접근

1999년 미국 인성교육협회(Character Education Partnership, CEP)는 「Character education: The foundation for teacher education」의 국가인성교육위원회 보고서를 발간하고, 인성교육의 주요 접근을 전통적 관점(traditional perspective), 아동 발달적 관점(child development perspective), 배려 공동체 접근(community of care), 구성주의적

접근(constructivist approach to sociomoral development), 절충적 관점(eclectic perspective)의 다섯 가지로 제시한 바 있다(김수진, 2015 재인용). 전통적 관점에 따르면, 인성은 일련의 사건이나 상황에서 어떻게 행동할지를 결정하는 습관양식의 모음(profile of habits)이다(Williams & Schaps, 1999). 따라서 좋은 인성교육은 잘못된 것에서 옳은 것을 식별해 낼 수 있도록 좋은 습관을 형성하게 하는 것이며, 그러한 덕을 일상에서 실천하도록 하는 것이다. 따라서 학교가 학생들이 좋은 인성을 형성하는 데 길러야 할 덕목들을 구체화하여 명시적으로 가르치고 그것에 대한 습관을 발달시키는 것을 강조한다.

아동 발달적 관점은 인성교육의 핵심이 아동의 발달에 있다고 보며, 인성이란 개인의 능력과 도덕적으로 기능하는 성향에 영향을 미치는 일련의 심리적인 특징들을 의미하는 것으로 인성교육의 목적을 좋은 사람(good person)을 만드는 것으로 보았다. 또한 인성은 특정한 기간에 발달하여 그 상태로 고정되는 것이 아니라 오랜 기간 동안 단계적으로 발달하는 것이므로 교사는 아동의 발달을 깊이 이해해야 한다(Berkowitz, 2002). 학교 전반의 종합적인 변화를 위해 인성교육은 학교생활 전반에 스며들어야 하고 학교의 모든 이해관계자가 참여하는 것이어야 한다. 또한 인성교육은 직접적이면서도 학교 구성원들이 서로를 대하는 방식, 학교가 기능하는 방식(학교 정책이나 방침 등) 등을 통해 간접적으로 드러나야 한다. 학생의 긍정적인 인성 발달을 위해서 가정, 학교, 지역사회가 협력하는 파트너십이 중요하다.

배려 공동체 접근에서는 배려 공동체가 학생들로 하여금 좋은 인성과 관련된 가치들을 느끼고 형성할 수 있도록 이끌어 준다고 보며, 인성교육에 있어서 학교와 교실 내에 배려의 공동체를 구축하는 것이 중요하다고 주장한다(Williams & Schaps, 1999). 학생들에게 특정한 행동이나 이해를 직접적으로 일러주거나 강요하기보다는 배려 공동체를 통해 학생들이 교실에서 지속적으로 좋은 인성의 습관을 형성하고 실천할 기회를 제공받을 수 있기 때문이다. 배려의 학습 공동체는 학생들이 소속감과 유능감을 느낄 수 있도록 도와주며, 상호 협력하는 관계 속에서 학습함으로써 다른 사람을 대하고 교류하는 방식을 익히게 되고 교사와 또래 친구들로부터 존중과 친절을 느끼게 할 수 있다.

구성주의적 접근은 윤리적인 결정이나 행위가 절대적인 것이 아니라 맥락에 따른 것이라고 본다(Howard, Berkowitz, & Schaeffer, 2004). 교사는 상호존중을 지속적으로 실천해 볼 수 있는 대인관계적인 분위기를 형성하며, 구체적인 덕목들을 주입하고 강화시키는 것보다는 학생이 도덕적 딜레마에 대한 토의, 역할극, 협력적인 또래 상호작용, 민주적인 교실과 학교 문화를 통해 도덕적 사고와 행위에 참여하는 것을 강조한다. 즉, 좋은 인성은 교사를 포함한 성인들의 권위에 의해 이상적인 덕목들을 수동적으로 따르는 것이 아니라 교사와 학생 간, 학생들 상호 간에 서로 상호작용하고 의사결정에 능동적으로 참여하면서 형성되는 것이다.

절충적 관점은 인성을 상호 관련된 세 가지 부분, 도덕적 인지(moral knowing), 도덕적 감정(moral feeling), 도덕적 행동(moral behavior)으로 구성되어 있다고 본다(Williams & Schaps, 1999). 인지적 측면은 선을 아는 것, 감정적 측면은 선을 바라는 것, 행동적 측면은 선을 행하는 것과 관련되며, 이는 협력이나 의사소통, 갈등 해결과 같은 도덕적인 능력, 도덕적 의지, 도덕적 습관을 포함하는 것으로 이처럼 절충적 접근에서는 인성을 도덕적 인지, 도덕적 감정, 도덕적 행동을 아우르는 것으로 이해한다. 인지, 정서, 행동은 개념상으로 구분되는 것일 뿐, 실제로는 세 가지가 함께 통합되어 인성으로 발현되는 것으로 인지적·감정적·행동적인 측면을 아우르는 인성을 발달시키기 위하여 학교에서의 종합적 접근이 필요함을 강조한다.

한편, 최근 새롭게 주목받고 있는 인성교육에 대한 접근으로 배려윤리(ethics of care)와 사회정서학습(social and emotional learning)의 두 가지 접근이 있다(김수진, 2015 재인용). 배려윤리 접근은 정의와 권리, 자율성과 같은 합리성을 중시한 인지발달적 접근과 달리 배려와 관계성, 상호성과 같은 감정적인 측면을 강조한다(박병춘,

2005). 배려를 배려하는 사람(the one caring)과 배려 받는 사람(the one cared for) 사이의 관계적 개념으로 이해하고, 배려윤리의 핵심을 관계성(relatedness)에서 찾는다. 배려윤리 접근에 기반한 도덕교육은 다음의 네 가지 구성요소를 강조한다(Noddings, 2005). 첫 번째 요소는 모델링(modeling)이다. 교사가 학생들에게 원리나 그 원리를 적용하는 방법을 가르치는 것이 아니라 배려 관계를 형성하고 그 안에서 배려를 실천함으로써 배려하는 방법을 가르쳐야 한다고 보았다. 두 번째 요소는 대화(dialogue)이다. 여기에서 대화는 이야기를 주고받는 차원이 아니라 이를 통해 배려하는 사람과 배려 받는 사람이 연결되고 상호 간의 배려가 지속되기 때문에 중요하다. 세 번째 요소는 실천(practice)이다. 즉, 학생들이 배려를 실천해 볼 수 있는 기회가 중요하므로 봉사활동과 협동학습이 강조되었다. 네 번째 요소는 확증(confirmation)이다. 이는 다른 사람 안에 있는 최상의 것을 찾아서 인정해 주고 격려해 주는 행동을 의미한다. 즉, 학생들을 있는 그대로 받아들인다는 것과 동시에 학생들이 잠재적으로 가지고 있는 더 훌륭한 자아를 찾아서 그 자아의 발달을 격려해 주는 것이다.

사회정서학습 접근은 인성의 함양을 위해 인지적 측면뿐만 아니라 지식을 행동으로 옮기는 데 있어 가교 역할을 할 수 있는 사회정서 능력의 발달을 함께 강조한다. 사회정서학습은 그동안 인성의 개념이 도덕성 차원에 국한되어 논의되던 것에서 벗어나 사회성과 정서를 포함한 다차원적인 측면에서 인성을 이해하고자 하였다. 사회정서학습 접근에서는 자기인식(self-awareness), 자기관리(self-management), 사회적 인식(social-awareness), 대인관계기술(relationship skills), 책임 있는 의사결정(responsible decision-making)과 같은 5가지 핵심 요인을 제시하고 있다.

3. 인성교육의 현실

1) 한국

(1) 인성교육진흥법

2012년 겨울 대구 중학생의 학교폭력에 의한 희생 자살 사건과 2014년 4월의 세월호 참사 사건 이후 인성교육의 필요성과 중요성이 범국가적으로 심각하게 부각되면서 만들어진 「인성교육진흥법」은 2015년 7월 21일에 시행되어 「헌법」에 규정된 '인간으로서의 존엄과 가치'를 보장하고, 「교육기본법」에 따른 교육이념을 바탕으로 건전하고 올바른 인성을 갖춘 국민을 육성해 국가 · 사회 발전에 이바지하는 데 목표를 두고 있다. 또한 「인성교육진흥법 시행령」은 「인성교육진흥법」에서 위임된 사항과 그 시행에 필요한 사항의 규정을 목적으로 하며, 마찬가지로 2015년 7월 21일에 시행되었다. 그리고 2015년 12월 10일에 시행된 「인성교육진흥법 시행규칙」은 「인성교육진흥법」 및 「동법 시행령」에서 위임된 사항과 그 시행에 필요한 사항을 규정하고 있다.

〈표 10-3〉 인성교육진흥법령 조문

인성교육진흥법 [시행 2015.7.21.]	인성교육진흥법시행령 [시행 2015.7.21.]	인성교육진흥법 시행규칙 [시행 2015.12.10.]
제1조(목적) 제2조(정의) 제3조(다른법률과의관계) 제4조(국가등의책무) 제5조(인성교육의기본방향) 제6조(인성교육종합계획의 수립등)	제1조(목적) 제2조(인성교육종합계획의 수립등) 제3조(인성교육시행계획의 수립등) 제4조(공청회의개최등) 제5조(인성교육진흥위원회의	제1조(목적) 제2조(인성교육프로그램의 인증 절차 및 기준 등) 제3조(인증 업무의 위탁) 제4조(인증 유효기간의 연장) 제5조(인증 등의 공개) 제6조(교원의 연수 등)

인성교육진흥법 [시행 2015.7.21.]	인성교육진흥법시행령 [시행 2015.7.21.]	인성교육진흥법 시행규칙 [시행 2015.12.10.]
제7조(계획수립등의 협조) 제8조(공청회의 개최) 제9조(인성교육 진흥위원회) 제10조(학교의 인성교육기준과 운영) 제11조(인성교육지원등) 제12조(인성교육프로그램의 인증) 제13조(인증의 유효기간) 제14조(인증의 취소) 제15조(인성교육예산지원) 제16조(인성교육의 평가등) 제17조(교원의 연수등) 제18조(학교의 인성교육참여 장려) 제19조(언론의 인성교육지원) 제20조(전문인력의 양성) 제21조(권한의 위임) 제22조(과태료) 부칙 〈제13004호, 2015.1.20〉	심의사항) 제6조(위원회의 구성 및 운영 등) 제7조(위원회의 회의등) 제8조(위원의 제척등) 제9조(위원의 해촉) 제10조(위원회운영세칙) 제11조(학교의 인성교육기준과 운영) 제12조(인성교육지원등) 제13조(인성교육의 평가등) 제14조(교원의 연수등) 제15조(인성교육전문인력양성기관의 지정 및 지정 기준 등) 제16조(전문인력양성기관의 재지정 등) 제17조(전문인력양성기관에 대한 보고 요구 등) 제18조(전문인력양성기관지정 등의 공개) 제19조(과태료의 부과기준) 부칙 〈제26403호, 2015.7.20.〉	제7조(인성교육 전문인력 양성기관의 지정 및 지정기준 등) 부칙 〈제81호, 2015.12.10.〉

「인성교육진흥법」 제2조에서는 인성교육을 자신의 내면을 바르고 건전하게 가꾸고 타인 · 공동체 · 자연과 더불어 살아가는 데 필요한 인간다운 성품과 역량을 기르는 것을 목적으로 하는 교육으로 정의하고 있다. 「인성교육진흥법」은 인성교육의 개념 외에도 인성교육의 목표가 되는 핵심 가치 · 덕목, 핵심 가치 · 덕목을 적극적이고 능동적으로 실천하는 데 필요한 핵심역량, 인성교육이 이루어지는 학교에 대한 규정을 포함하고 있다. 또한 인성교육을 위한 국가와 지방자치단체 등의 책무를 규정하고 있으며,

인성교육의 기본방향과 인성교육종합계획의 수립에 관한 사항, 학교의 인성교육 기준과 운영, 국가 및 지방자치단체, 교육감, 학부모 등의 인성교육 지원에 관한 사항, 인성교육프로그램의 인증 및 유효기간, 인증의 취소, 인성교육 예산 지원, 인성교육의 추진성과 및 활동 평가, 관련한 교원의 연수, 학교의 인성교육 참여 장려, 언론의 인성교육 지원, 인성교육의 확대를 위한 전문 인력의 양성 등이 제시되어 있다.

(2) 인성교육 5개년 종합계획

인성교육 5개년 종합계획은 「인성교육진흥법」에 의거하여 5년간의 인성교육 종합계획 수립을 목적으로 만들어진 것으로서 「인성교육진흥법」의 후속조치로서의 성격을 지니고 있다. 이 계획에 따르면, 미래인재는 삶의 불확실성을 감내하고, 과거와 현재에 대한 이해를 바탕으로 자신의 미래를 주도적으로 만들어갈 수 있어야 하며, 이를 위해 창의적 문제해결을 위한 고차적 인지능력과 공감을 기반으로 한 대인관계 능력과 자기관리 능력을 아우르는 사람이다. 이러한 행위와 판단 그리고 가치관은 결국 인간이 가진 종합적 성품을 의미하는 인성으로 귀결된다는 점에서 인성교육의 강화와 새로운 패러다임의 창조는 현재의 문제를 해결하기 위한 수단일 뿐만 아니라, 그 수준을 넘어서서 성공적 미래사회로의 진입을 위해 필수적인 조건으로 이해된다(김동일 외, 2015).

먼저 2016-2020년 인성교육 5개년 종합계획에서는 인성교육의 추진 목표를 공동체와 더불어 살아가는 데 필요한 성품과 역량을 갖춘 인재 양성과 가정, 학교, 사회와 함께 "인성을 깨우치는 교육" 실현으로 제시하며 5개의 추진과제를 소개하고 있다. 학교 교육활동 전반을 인성 친화적으로 바꾸고 학생의 인성을 깨우치는 교육 활성화, 교원의 인성교육 역량 확산 · 지원, 가정 · 학교 · 사회의 연계 지원체제 구축, 대국민적 인식제고 및 공감대 확산이 추진과제에 포함되었다. 청소년지도와 민주시민교육과 마찬가지로 종합계획에는 자유학기제와 창의적 체험활동 같은 교육과정과의 연계 방안 및 프로그램에 대한 내용이 포함되어 있는 것이 특징이다. 또한 가정 · 학교 · 사회와의 연계 지원체제 구축을 위해서 범부처 인성교육 지원 · 협력을 강화하겠다는 내용을 담고 있다. 인성교육 5개년 종합계획에 정부 부처 간 협력체계구축을 제시하고 청소년정책기본계획에 인성교육을 필수적으로 반영할 것을 적시하고 있다. 또한 인성교육 프로그램 인증제를 도입하고 정착시키는 내용을 담았다.

2021-2025년 인성교육 5개년 종합계획은 책임 있는 사회참여를 위한 시민적 인성의 함양, 그리고 타인, 공동체, 자연을 존중 · 배려하는 도덕적 인성의 함양을 목표로 학교 교육과정 내 인성교육의 안착, 인성교육 친화적 학교 환경 조성, 가정 · 지역사회와 함께하는 인성교육, 제도 및 평가 · 환류 개선 등 4개의 과제를 제시하였다. 특히 추진체계에서는 교육부와 시 · 도교육청 등의 각 수준에서 제도정비와 계획수립, 네트워크를 운영하고 지역사회와의 협력을 제안하였다. 또한 학교 교육과정과 연계하여 학교 수준의 인성교육 계획을 수립하고, 국가 · 지방자치단체 · 지역사회의 자원을 적극적으로 활용하여 교과와 창의적 체험활동을 통해 정규 교육과정 중심으로 인성교육을 실시하도록 하였다. 이 밖에도 인성교육 전문가 양성은 체험 · 활동 중심으로 개선되고 대학, 정부출연 연구기관, 비영리법인 등이 전문인력 양성기관으로 지정되며 교사들은 매년 1시간 이상 인성교육 연수를 받도록 하였다. 아래 내용은 2022년 인성교육지원센터 홈페이지에 공개된 인성 교육 프로그램의 인증 사업 목적과 주요 내용이다.

◈ 인성교육 프로그램 인증 사업의 목적과 주요 내용

① 사업 목적

- 우수한 인성 교육 프로그램의 개발을 촉진하고, 운영을 장려하여 인성 교육의 활성화 및 인성 교육의 질적 수준 향상 도모
- 우수 인성 교육 프로그램을 국가가 평가 인정하여 인성 교육에 대한 학습자의 신뢰와 선택권 증대

② 주요 내용

- 인증 분야: 유아, 초등학생, 중학생, 고등학생 대상 인성 교육 프로그램
- 인증 대상: 초·중등학교 및 대학교, 출연 기관, 공공기관, 비영리법인, 개인 등이 공익 목적으로 개발·운영 중인 인성 교육 프로그램
- 인증 방법: 공모를 통해 접수된 프로그램을 대상으로 인증위원회 및 인증실무위원회를 구성·심사하여 인증 대상 프로그램으로 선정

③ 추진방법

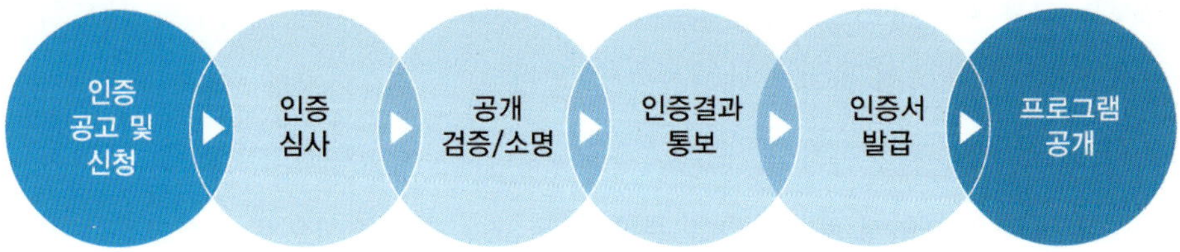

출처: 인성교육지원센터 홈페이지(2022).

2) 미국

미국의 경우, 교과교육에 인성교육(character education)을 통합해야 한다는 주장이 제기되어 왔다. 통합적 접근은 정규 교육과정 내의 각 교과 수업에서 수업 내용을 통해 자연스럽게 인성교육이 이루어진다는 점을 강조한다. 즉 인성교육과 교과교육을 통합하는 방안으로, 별도의 인성교육 교육과정을 개발하는 방안, 교과 교육과정에 인성교

육의 요소를 통합시키는 방안, 그리고 수업을 계획할 때 인지적 측면과 정의적 측면을 함께 고려하는 방안 등 3가지를 제시하였다(Stiff-Williams, 2010). 미국 인성교육의 핵심적인 동향은 5가지로 압축될 수 있다. 첫째, 학교환경의 변화를 강조한다. 즉, 미국의 학교들은 긍정적인 사회적 행동을 규범으로 하는 학교환경을 조성하고 이러한 환경에 학생들을 적응케 하는 방향으로 인성교육을 도모한다. 여기서 학교환경이라 함은 학교 및 학급의 풍토, 그리고 운영 등을 포함하는 개념이다. 둘째, 학생들 개개인의 행동변화에 초점을 맞추고, 특히 긍정적인 행동을 강화한다. 셋째, 관찰과 모방에 기초한 사회학습 기법을 인성교육에 활용한다. 넷째, 직접적 지시(direct instruction)에 의한 인성교육을 강조하는데, 이는 주로 수업이나 독서 등을 통해 이루어진다. 끝으로 학부모와 지역사회의 참여유도를 중시한다(Flay, Berkowitz, & Bier, 2009). 이를 토대로 미국 인성교육의 구체적인 내용을 살펴보면 다음과 같다(이성호, 2014).

① **전국적인 교육개혁 운동으로서의 인성교육:** 미국 학교에서의 인성교육은 모든 학생들을 대상으로 하는 교육의 핵심으로 사회 전반의 관심을 토대로 추진되는 교육개혁 운동으로서, 그 기저에는 인성교육을 학교교육의 중요한 부분으로 보는 관점과 다각적이고 지속적인 인성교육의 필요성에 대한 인식이 전제되어 있다.

② **덕목교육의 강화:** 인성교육은 보편적인 덕목과 가치를 전수하는 것으로 구체적인 덕목의 내용은 주(州)별로, 학교별로 다양하다. 학교에서 사용하는 인성교육 프로그램들은 대부분 덕목의 전수와 더불어 도덕적 사고의 훈련을 병행한다. 그리고 개별 학교에서 가르치는 덕목이나 가치는 일방적으로 부여되는 것이 아니라 교사, 학부모, 학생 등을 포괄하는 학교공동체가 추구하고 규정하는 것이 일반적인 추세다.

③ **도덕적 인성(moral character)과 수행인성(performance character):** 인성의 외연(外延)이 가치와 인격은 물론 태도나 행동특성에까지 확대된다. 인성을 "도덕적(moral)"인 것과 "수행적(performance)"인 것으로 분류하고, 전자에 공정성 · 관용 · 공감 · 박애 등의 윤리적인 가치를, 후자에 근면 · 노력 · 절제 · 인내 등의 수행가치를 포함시키고 있다.

④ **인성교육과 학업성취의 연계:** 인성교육을 통해 학업성취도를 향상시키려는, 즉 학업성취의 증진을 인성교육의 중요한 효과로 제시한다. 정규교과의 수업을 통해 교과교육과 인성교육을 연계하는 시도로, 예를 들어 과학교사는 환경문제를 주제로 다루고, 사회교사는 문화적 다양성에 대해 언급하고, 역사교사는 역사적 인물과 사건의 도덕적 교훈을 강조함으로써 교과와 인성을 동시에 가르치는 효과를 보고 있다.

⑤ **개인과 사회의 조화를 강조:** 개인적 삶의 효능감과 사회적 기술을 동시에 강조함으로써 개인과 사회 간의 조화와 균형을 추구한다.

⑥ **단위 학교 중심의 인성교육:** 인성교육을 제대로 할 수 있는 기관은 학교 밖에 없다는 공감으로 인성교육의 효과를 극대화하기 위한 교장의 리더십 강조, 인성교육의 중요성을 강조하는 학교의 분위기 조성(월별로 인성교육주제어 선정, 인성교육을 위한 도서관 활용, 학교별 윤리강령 제정), 인성교육을 위한 학교풍토의 조성을 위한 학생들의 참여(학급회의, 학생자치기구, 학생으로 구성된 인성교육위원회) 등을 적극적으로 권장한다.

⑦ **인성교육을 위한 교사의 역할 증대:** 이야기 들려주기(story telling), 독서활동 등 교사들에 의한 직접적 지시(direct instruction)가 인성교육의 방법으로 두드러지고 있으며, 이는 교사의 일방적인 지시나 훈계 혹은 덕목의 무비판적 주입이 아니라 교사의 주도적이고 적극적인 역할을 강조한다.

⑧ **학부모의 참여**: 학부모들의 자원봉사를 통해 학교와 가정 간의 원활한 의사소통 체제를 구축하고 학부모들의 자발적인 참여를 유도하기 위해 학교는 미리 학부모들이 선호하는 시간대와 주제를 파악하여, 거주지역을 중심으로 학부모들끼리 소규모의 집단을 형성, 정기적인 모임을 가진다. 이 경우 각 그룹의 대표들을 대상으로 인성교육에 대한 전문훈련을 실시하고 이들을 통해 학교와의 소통을 도모한다.

⑨ **봉사학습을 활용하는 인성교육**: 기존의 지역사회봉사가 노숙자나 무의탁 노인 등과 같은 사회적 보호 대상자를 위한 봉사 지향적인 활동인데 비해 인성교육을 위한 봉사학습은 그 우선적인 목적이 교육에 있으며 봉사의 대상자들은 물론 봉사에 참여하는 학생들 모두 수혜자가 된다.

⑩ **스포츠활동을 통한 인성교육**: 체육활동이 상호존중, 참여와 책임감, 자율성 등을 증진시킨다는 신념이 확산되어 이를 인성교육에 활용하며, 특히 스포츠 활동을 통한 인성교육은 학생들의 관심과 흥미를 유발한다.

⑪ **인성교육 결과에 대한 경험적 연구 증가**: 인성교육 결과에 대한 양적인 평가, 즉 객관적이고 가시적인 평가를 위한 경험적 연구들이 증가하고 있다. 인성교육의 결과를 체계적으로 확인 · 점검 · 분석하고 이를 차후의 교육에 반영한다는 측면에서 평가는 매우 중요하게 인식된다.

⑫ **인성교육 전문기관의 활동**: 인성교육을 위한 다양한 사설 전문기관들이 존재한다. 가장 대표적인 것은 인성교육 연합(Character Counts Coalition)과 인성교육동반자(Character Education Partnership)이다.

4. 인성교육과 청소년

1) 인성교육과 청소년정책

「청소년기본법」에 나타나 있는 청소년지도는 인성교육이라는 직접적인 표현을 쓰고 있지 않지만, 국가가 매 5년마다 수립하고 있는 청소년정책기본계획은 청소년의 다양한 역량강화와 그 안에 청소년의 인성 및 민주시민교육 강화를 중점과제로 다루고 있다. 제4차(2008~2012), 제5차(2013~2017) 청소년정책기본계획에서는 인성교육이 본연의 개념에 충실하여 학교교육 위주로 전달하려는 단편적인 방향이 아닌 보다 다면적이고 적극적인 형태로 청소년 대상의 인성교육을 포함하고 있다. 제4차 청소년정책기본계획이 국가 성장 동력으로서의 청소년 역량개발을 중요하게 다루면서 인성을 청소년이 내면화해야 할 덕목이 아니라 청소년시기에 갖추고 개발해야 하는 역량의 형태로 제시하였고(임지연 외, 2015), 특히 제5차 청소년정책기본계획은 미래인재로서 필수적인 핵심역량 중의 하나로 청소년의 건전한 성장을 위한 인성교육을 강조하고 있다. 이는 청소년지도가 인성교육을 위한 플랫폼이자 적극적이고 구체적인 실천 방법이 될 수 있음을 보여주는 것이다. 그러므로 제4차, 제5차 청소년정책기본계획은 청소년지도를 통한 인성교육 활성화 및 실행을 중요한 추진방향으로 삼고 있다고 간주할 수 있다(박선영, 2018). 제6차 청소년정책기본계획(2018~2022)에서는 청소년이 민주시민으로 성장할 수 있는 역량이 인성교육과 맞닿아 있다는 취지에서 민주시민교육과 인성교육을 상호보완적으로 추진하는 것을 확인할 수 있다. 즉 '청소년 민주시민 성장지원' 중점과제 아래 청소년 인성 함양을 위한 지원 강화를 위해 ① 청소년 활동과 연계한 인성함양 프로그램 개발 · 운영, ② 청소년 인성교육 우수사례 확산 및 보급, ③ 청소년 생활지도 및 인성교육을 위한 부모 · 교원 · 청소년지도자 연수 실시, ④ 청소년 언어문화

향상을 위한 노력(미디어 리터러시 교육실시, 언어순화 저해 매체환경 대응 강화, 청소년 주도의 언어문화개선 프로그램 지원) 등의 세부 사항들을 제시하였다(여성가족부, 2022).

인성교육에 대한 최근 정책 동향을 살펴보면 다음과 같은 방향들을 공통적으로 추구하고 있음을 알 수 있다(김수진, 2015). 첫째, 인성을 도덕적 차원에 국한하지 않고 개인, 타인, 사회의 다양한 차원과 관련되는 것으로 바라보고 있다는 점이다. 둘째, 관계성에 초점을 둔 가치를 주요하게 다루고 있다는 점이다. 즉, 정직, 책임과 같은 가치와 함께 배려, 나눔, 공감, 소통, 존중과 같이 긍정적인 관계를 형성하고 유지하는 데 필요한 가치를 모두 인성교육의 핵심 가치로 내세우고 있다. 셋째, 학교교육 전반을 통한 인성교육을 추구하고 있다는 점이다. 단지 교과만이 아니라 체육 · 예술 교육, 체험활동, 수업의 과정, 학교 문화 등에 이르기까지 학교교육의 모든 장면에서 인성교육이 지속적으로 실천될 수 있어야 함을 강조하고 있다. 넷째, 실천 중심의 인성교육을 강화하고 있다는 점이다. 이는 기존의 성적 · 경쟁 위주의 학교 풍토, 지식 중심의 교육, 행사나 캠페인 등 일회성 위주의 인성교육에 대한 반성을 바탕으로 한다. 마지막으로 인성교육을 위해 학교뿐만 아니라 가정, 사회, 국가의 역할을 적극적으로 강조하고 있다는 점이다.

2) 인성교육과 청소년활동

청소년활동과 수련활동은 그 자체로서 학교 밖에서 이루어지는 청소년 인성교육이라고 볼 수 있다. 학교 인성교육과 청소년활동이 가진 여러 가지 측면에서의 유사성과 차이점을 살펴보면 다음과 같다(임지연 외, 2015).

- 청소년활동과 학교 인성교육이 추구하는 지향점이 일치한다.

  청소년활동은 제도적으로 정착하는 과정에서부터 '학교교육과 상호보완'하거나 '학교교육을 보완'하는 교육적 성격을 가지며, 청소년정책에서의 수련지표, 청소년 생애핵심역량의 하위지표 등에 포함된 가치와 덕목들은 인성교육이 지향하는 가치 및 덕목과 유사하다.

- 청소년활동은 그 자체로서 청소년의 인성함양에 긍정적인 효과가 있다.

  청소년 체험활동 프로그램의 가치(성은모 외, 2012), 청소년수련활동인증제 프로그램의 효과성(임영식 외, 2012), 청소년활동과 청소년 역량계발과의 관계(김현철 외, 2013) 등 많은 연구는 다양한 활동이 청소년의 인성함양에 매우 효과적이라는 분석결과를 제시하였다.

- 청소년활동과 학교 교육활동의 연계를 위한 노력이 지속적으로 이루어졌다.

  학교교육에서 인성교육을 강조하여 자원봉사활동과 특기적성교육을 강화했고 학교의 교과를 제외한 특별활동이나 창의적체험활동 등과 같은 비교과영역이 청소년시설 프로그램과 연계되어 추진되었다.

- 청소년활동은 학교내 교육활동보다는 지역사회의 실제 생활세계에 보다 밀접한 활동이다.

  청소년활동은 프로그램 운영과정에서 지역사회를 무대로 지역사회의 다양한 실제 삶의 현장과 연계된 활동을 지향한다. 청소년들이 실제적인 지역사회 생활의 일부로서 청소년활동을 경험하게 되는 실천적 과정을 통해 인성을 함양한다는 점에서 학교 내 인성교육과 차이가 있다.

- 청소년활동은 다양한 운영방식과 체계를 갖추고 있다.

  학교 내 인성교육이 크게 교과 내 인성교육과 창의적체험활동에서의 인성교육으로 진행되는 반면, 청소년 활동분야에서는 교육강좌, 동아리활동, 현장체험, 기획단운영, 지역사회연계 활동 등 다양한 방식으로 이루어진다. 그러나 학교

교육처럼 전국적으로 통일성 있게 이루어지지 못하며 각 청소년시설마다 프로그램의 운영방식이나 형태가 매우 다양하게 나타난다.

- 이상의 점들을 종합할 때, 청소년활동 그 자체가 인성교육을 지향한다고 볼 수 있다.

  청소년활동이나 프로그램들이 인성교육이라는 용어에 맞추어 인성 관련 프로그램을 개발하거나 운영하지는 않지만, 대부분 청소년들의 인성이나 사회성의 함양을 목표로 운영되고 있다.

(1) 단체수련활동

청소년 수련활동은 청소년이 생활권 또는 자연권에서 심신단련 · 자질배양 · 취미개발 · 정서함양과 사회봉사로써 배움을 실천하는 체험활동이며(청소년기본법, 2022), 학교의 교과활동 이외 주로 야외 중심으로 심성계발과 모험 및 극기 훈련 등으로 이루어지는 청소년시설 또는 단체중심의 집단 활동이다. 청소년수련활동은 교육이 원하는 인성의 지향점을 가장 근거리에서 청소년 스스로가 자각하고 느끼도록 하는 배경을 직접 제공해 주는 활동이다. 청소년 수련활동의 목적은 청소년지도자가 수련 활동을 통해서 청소년들로 하여금 바른 인성, 창의적 사고력, 배려와 존경 등을 경험하게 하되, 미래지향적 역량을 개발하고 이끌어내는 균형적 능력을 갖추도록 돕는 것이다(권일남, 2016). 청소년수련활동은 대체로 공동체 활동의 형태를 보이고 있기 때문에 이 활동의 가장 중요한 목표는 청소년들이 올바른 행동과 습관을 갖도록 지도하고 건강한 사회구성원으로 성장시키는 것에서 찾아볼 수 있다(한국청소년단체협의회, 2016).

청소년의 자발성과 능동성에 바탕을 둔 청소년 수련활동을 통해 청소년의 전인적 성장, 호연지기, 모험과 도전정신 배양 등의 교육의 목적과 목표를 달성한다. 청소년 수련활동은 청소년의 자발성을 바탕으로 실시되며, 참여하는 청소년들이 직접적인 체험을 통해 청소년 시기에 요구되는 다양한 기술을 습득하고 심신을 연마할 수 있는 활동이다. 청소년의 잠재되어 있는 역량을 보다 긍정적인 방향으로 성장시키고, 발전시키기 위해 청소년활동 핵심 8대 역량(자아, 시민성, 신체건강, 리더십, 대인관계, 성취동기, 문제해결, 갈등조절)을 포함하여 수련프로그램을 제공하고 있으며, 청소년수련시설에서의 체험중심의 활동이 학교교육의 연장선상에서 제도적으로 정착되어 교육적 효과를 거두고 있다.

수련활동의 필요성은 첫째, 청소년의 인간관계를 개선시킨다. 입시에서 오는 과중한 압박감으로 인해 청소년들은 또래관계뿐만 아니라 여러 유형의 타인들과의 관계성을 형성하는 데 장애를 가질 수 있다. 청소년들은 수련활동을 통해 해방감을 느껴 더 좋은 인간관계를 형성하게 된다. 둘째, 청소년들의 자아인지를 확대시켜 주는 수단으로 자연이라는 야외환경에서의 경험을 통해 개인이나 집단으로서의 욕구를 충족시켜준다. 청소년 수련활동의 목적은 청소년의 조화로운 성장을 도모하는 것이므로 생활권 또는 자연권에 위치한 각종 수련시설의 효율적인 운영과 이들 기관이 제공하는 프로그램이 청소년에게 관심과 흥미를 제공하여 건전한 육성이라는 기본이념을 달성하게 된다.

수련활동은 청소년의 인성 함양에 도움을 주는 것으로 보고되고 있다(조영범, 2018). 청소년 수련활동은 청소년들의 가치를 확립할 수 있는 길을 만들어 주고, 자신이 누구인가에 대하여 수동적이 아닌 능동적으로 자아를 찾아낼 수 있는 수련을 도와주게 된다. 특히 청소년에게 필요한 의지력, 협동심, 인내심, 집중력, 예절 등을 교육하고 수련하기 위해 청소년 수련활동의 중요성과 필요성이 확대되고 있다. 청소년단체 활동 참여에 따른 청소년의 인성을 비교한 결과에 따르면 청소년단체 활동을 한 청소년들은 안정성, 지배성, 사회성, 책임성, 우월성에서 상대적으로 높으며, 수련활동을 통해 가치관이 긍정적으로 변화하는 것으로 나타난다. 청소년 수련활동은 청소년들의 자존감을 증가시킴으로써 삶의 확신을 갖게 하고 친구와의 유용한 관계를 통해 청소년기의 사회성을 크게 증가시키는 의미가 있으며, 동시에 리더십과 독립심을 증가시킴으로써 새로운 일을 위한 모험심과 도전감이 증진되는 효과가 있음을 보고하였다(편문평, 2003; ACA, 2004).

(2) 창의적 체험활동

창의적 체험활동은 비교과 활동으로 교과와 상호보완적 관계에 있으며 앎을 적극적으로 실천하고 나눔과 배려를 할 줄 아는 창의성과 인성을 겸비한 미래지향적 인재 양성을 목적으로 한다. 창의적 체험활동은 기존의 창의적 재량활동과 특별활동을 통합한 것으로 교과 이외의 모든 활동을 종합한 것이다. 초등학교의 창의적 체험활동에서는 학생의 기초생활습관의 형성, 공동체 의식의 함양, 개성과 소질의 발현에 중점을 둔다. 중학교의 창의적 체험활동에서는 남과 더불어 살아가는 태도의 확립, 자신의 진로에 대한 탐구, 자아의 발견과 확립에 중점을 둔다. 고등학교의 창의적 체험활동에서는 학습자의 다양한 욕구를 건전한 방향으로 유도하고, 원만한 인간관계를 형성하며 진로를 선택하여 자아실현에 힘쓰도록 하는 데 중점을 둔다.

자율활동, 동아리활동, 봉사활동, 진로활동 등 창의적 체험활동의 4가지 영역별 내용을 보면 자율활동은 학생 중심의 자율적 활동을 추진하여 학생이 다양한 교육활동에 능동적으로 참여하게 하며, 동아리활동은 자발적으로 집단활동에 참여함으로써 협동하는 태도를 기르고 각자의 취미와 특기를 신장한다. 봉사활동은 이웃과 지역사회를 위한 나눔과 배려의 활동을 실천하고 지역환경을 보존하며, 진로활동은 자신의 흥미, 특기, 적성에 적합한 자기계발 활동을 통하여 진로를 탐색하고 설계한다(교육과학기술부, 2009).

(3) 역량개발

청소년기에 획득되는 인성은 정서적 · 인지적 · 심리적 · 관계적 측면을 포함하는 역량으로, 바람직한 인성과 도덕적 가치관을 바탕으로 개인의 창의성을 발휘하는 글로벌 인재의 핵심 역량이다(최준환 외, 2009; 한국과학창의재단, 2010). 인성이 핵심역량으로 주목되는 이유는 개인의 창의성이 사회의 맥락에서의 보편성과 조화를 이룰 수 있어야 하며, 이를 위해서 소통과 배려, 나눔을 가능하게 하는 인성 계발이 수반되어야 하기 때문이다.

5. 청소년 인성교육의 실제

1) 인성교육의 원리

인성교육은 어떤 관점과 방식이 적용되더라도 그 모든 것이 사람답기를 기대하는 바람직한 인성 자질과 역량이 우선되어야 한다. 보다 발전된 인성교육을 위한 실행원리에 대해 리코나(Lickona)는 절충적 관점에 기반한 인성교육 사례를 바탕으로 11가지의 원리를 제시하였다(Character Education Partnership, 2010; 김수진, 2015 재인용).

① 학교공동체는 좋은 인성의 기초로서 핵심이 되는 윤리적, 수행가치들을 고양해야 한다.

- 학교공동체의 이해관계자들이 핵심 가치들을 선정하거나 승인한다.

- 학교생활의 모든 측면에서 핵심적인 윤리적 수행가치들이 적극적으로 이끌어져야 한다.
- 학교공동체는 핵심적인 윤리적 수행가치들에 대해 시각적으로 보일 수 있도록 인성과 관련된 목적과 기대를 분명히 표현해야 한다.

② 인성은 사고, 감정, 행동을 포함할 수 있도록 통합적으로 규정되어야 한다.

- 학교는 학생들이 일상적인 행동에서 핵심적인 가치들이 무엇을 의미하는지 발달단계에 맞게 이해를 할 수 있도록 도와주어야 하고, 왜 특정한 행동이 좋은 인성과 그렇지 않은 경우를 나타내는지 이유를 파악할 수 있도록 도와주어야 한다.
- 학교는 학생들이 핵심 가치들에 대해 반성하고 그것을 인식하며, 행동으로 보이고자 하고 그것에 전념할 수 있도록 도와주어야 한다.
- 학교는 학생들이 습관을 형성할 수 있도록 핵심 가치들을 실천해 보게 도와주어야 한다.

③ 학교는 인성교육에 대한 통합적이고 의도적이며 계획적인 접근을 활용해야 한다.

- 학교는 모든 학년에 대해 인성을 다루는 데 있어서 의도적이어야 하며 사전에 계획을 수립해야 한다.
- 인성교육은 교과 내용과 수업에 통합되어야 한다.
- 인성교육은 교사들이 학급을 지휘하는 데 있어서 우선적인 것이다.
- 인성교육은 교실, 스포츠 활동, 회의, 특별활동을 통해 학교생활 전반에 스며들어 있어야 한다.

④ 학교는 배려를 조성해야 한다.

- 학교는 학생과 직원들 사이의 배려 관계를 촉진하는 데 우선순위를 두어야 한다.
- 학교는 학생들 상호 간에 배려 관계를 형성할 수 있도록 돕는 데 우선순위를 두어야 한다.
- 학교는 학교폭력을 예방하고 그것이 발생했을 때 효과적으로 대처하는 데 앞장서야 한다.
- 학교는 학교 공동체 내의 구성원들 간의 배려 관계를 촉진하는 데 우선순위를 두어야 한다.

⑤ 학교는 학생들에게 도덕적 행동을 위한 기회를 제공해야 한다.

- 학교는 학생들이 좋은 인성을 발달시키고 보여줄 수 있는 행위들에 참여할 수 있도록 명확한 기대를 수립해야 한다.
- 학교는 모든 학생에게 학교 내에서 긍정적이고 책임감 있는 행위에 참여할 수 있는 다양한 기회를 제공해야 하며, 학생들은 이러한 기회들에 참여하고 그것에 대해 반성해 보아야 한다.
- 학교는 모든 학생들에게 지역사회에 기여할 수 있는 다양한 기회를 반복적으로 제공해야 하며, 학생들은 이에 참여하고 반성해 보아야 한다.

⑥ 학교는 모든 학습자를 존중하고, 그들의 인성을 발달시키며, 그들이 성공할 수 있도록 돕는 의미 있고 도전적인 교육과정을 제공해야 한다.

- 교육과정은 모든 학생에게 의미 있고 적절한 도전을 제공해야 한다.
- 교직원들은 모든 학생의 다양한 관심, 문화, 학습에 대한 필요를 확인하고 이해하며 수용해야 한다.
- 교사는 학생들이 지적 성장, 학업 수행, 자주성과 팀워크 능력을 지원하는 인성

을 발달시킬 수 있도록 촉진해야 한다.

⑦ 학교는 학생의 내적 동기를 길러 주어야 한다.

- 좋은 인성을 바탕으로 한 행위에 대해 물질적인 보상으로 칭찬하기보다는 그것이 가져오는 유익한 결과에 대해 인식하고 가치 있게 여겨야 한다.
- 학생들의 인성 발달을 촉진하기 위한 기회로서 특히 핵심 가치들에 대한 이해와 헌신을 증진시키기 위해 행동 관리의 모든 측면(규칙 수립, 규칙 강화 등을 포함)을 활용한다.

⑧ 교직원은 인성교육을 위한 책임을 공유하고 학생들을 이끄는 동일한 핵심가치들을 지키는 윤리적인 학습 공동체이다.

- 교직원은 학생들과 서로 상호작용하는 데 있어서 핵심 가치들에 대한 모범이 되며, 학생과 학부모들은 그들이 하는 것을 인지한다.
- 학교는 인성교육에 대한 직원들의 전문성 발달을 계획하고 제공하며 학교 전반에 걸쳐 인성교육을 실시하는 데 있어서 모든 교직원을 포함한다.
- 학교는 교직원들이 인성교육에 대하여 계획하고 반성해 볼 수 있는 시간을 제공해야 한다.

⑨ 학교는 인성교육을 위한 공유된 리더십과 장기적인 지원을 조성해야 한다.

- 학교의 인성교육을 위해서는 학교장을 포함하여 인성교육에 대한 노력을 옹호하고 리더십을 공유하며 장기적인 지원을 제공하는 리더가 있어야 한다.
- 직원, 학생, 학부모를 포괄하는 리더십 그룹이나 조직은 인성교육의 지속적인 계획과 실행을 이끌어야 하며, 인성과 관련된 활동에 학교 전체가 참여할 수 있도록 장려해야 한다.

- 학생들은 공동체 의식을 조성하고 유지하는 데 직접적으로 관련되어야 하며, 인성교육에 기여할 수 있는 다른 리더십 역할도 수행해 볼 수 있어야 한다.

⑩ 학교는 가정과 지역사회 구성원들을 인성교육에 동반자로서 참여시켜야 한다.

- 학교는 인성교육에 가정을 참여시켜야 한다.
- 행정가와 직원들은 핵심가치들을 강화시키는 데 도움을 줄 수 있는 활동들이나 제안들을 제공하면서 학부모들에게 공식적·비공식적으로 학교 인성교육의 효과성에 대해 조사해야 한다.
- 학교는 지역사회의 도움을 구해야 한다.

2) 인성교육을 위한 프로그램

청소년 인성교육은 청소년들이 한 개인으로서 사회, 국가, 세계적 영역과 연계한 삶을 이해하고 점진적으로 자신의 인성을 함양하고 발달시킬 수 있도록 그 내용과 실천적 방법을 구체적으로 제시할 수 있어야 한다. 인성교육의 토대가 되는 가치, 태도, 행동뿐만 아니라 시대적 변화를 반영하며 모든 인성덕목을 체계적으로 정리하여 내용을 구성하고, 교육방법에서 개인 영역, 사회 영역, 국가 영역, 국제 영역에서의 인지적 차원, 사회정의적 차원, 행위적 차원이 상호 연계될 수 있도록 계획하여야 한다(오해섭 외, 2019).

〈표 10-4〉 인성교육 및 프로그램 개발 가이드라인

영역	인성발달 단계	인성의 3차원 및 핵심요소		
		인지적 차원 ⟷	사회정의적 차원 ⟷	행위적 차원
개인 영역	↓	자기이해, 정체성, 타문화 이해, 개인의 장점과 단점 파악 등	효, 정직, 자기존중, 자기조절, 생명존중, 관용, 공감, 의리, 배려 등	타인존중, 소통, 성실, 책임, 실천, 리더십, 창의력, 도전정신 등
사회 영역		예절, 규칙, 규범, 법질서, 자유, 인권, 주인의식	소수자/약자 보호, 동료애, 다양성, 개방성, 공정함, 안전성, 신뢰감, 상호존중, 지역공동체성, 공공성, 소속감, 시민성, 인권, 평등 등	봉사, 협력, 법과 질서, 실천과 참여, 혁신, 환경운동, 문제해결력, 지도력, 인권운동, 사회정의 실현 등
국가 영역		국가 내 법과 질서, 책임과 의무, 민주주의 원리, 도덕성 관련 이슈나 사건 이해 등	애국, 헌신, 충성심, 희생, 국가공동체성 등	국가에 대한 봉사, 의무, 참여, 민주주의 실현 등
국제 영역		국제사회에 대한 이해, 세계 공동체 사회위협요인 파악, 국가간 불균형 발전, 국제이주와 난민 등	인류애, 공존, 평화, 다양성, 상호존중, 생태계보호, 환경보존, 지구촌, 공동체성, 세계 시민의식 등	협력과 네트워크 형성 노력, 국제적인 시민 봉사 활동 등에 참여

출처: 오해섭 외(2019).

Chapter 11

청소년지도자의 안전의식과 청소년 안전지도

1. 안전사고와 청소년 안전

1) 안전사고

(1) 안전사고의 개념

매슬로우(Maslow, 1943)는 인간의 욕구를 '생리적인 욕구, 안전의 욕구, 소속의 욕구, 자존의 욕구, 자아실현의 욕구'라고 규정하고 인간의 가장 기본적인 욕구인 생리적인 욕구와 안전의 욕구가 충족되어야 삶의 질을 보장받을 수 있다고 하였다.

표준국어대사전에 의하면 '안전'이란 위험이 생기거나 사고가 날 염려가 없음 또는 그런 상태를 말하고, '사고'는 뜻밖에 일어난 불행한 일, '안전사고'는 공장이나 공사장 등에서 교육의 미비, 또는 부주의 따위로 일어나는 사고'로 정의하고 있다. 세계보건기구(WHO)에서는 사고란 '알아볼 수 있는 상처를 입히는 우발적 사건'으로, 미국안전협회(NSC)는 '인간에게 상처 또는 사망이나 재산의 손실을 가져오는 예측하지 못한 사건의 결과'라고 정의하고 있다.

각종 화재 및 재난·재해 관련 안전사고로부터 시민의 생명·신체와 재산을 보호하기 위해 안전사고 발생원인에 대한 철저한 조사와 재발방지에 필요한 사항을 규정함을 목적으로 제정된 「서울특별시 안전사고 조사 및 재발방지에 관한 조례」 제2조(정의) 제1호에서 "안전사고"는 안전교육의 미비, 안전수칙 위반, 부주의, 시설물의 결함 등으로 인해 인적·물적 피해를 발생시키는 모든 화재 및 재난·재해 관련 사고로 규정하고 있다. 「재난 및 안전관리 기본법」에서는 국민의 생명·신체·재산과 국가에 피해를 주거나 줄 수 있는 것을 재난으로 규정하고 자연재난, 사회재난으로 분류하였으며, 「학교안전사고 예방 및 보상에 관한 법률」 제2조 제6호에서는 학교안전사고를 교육활동 중에 발생한 사고로서 학생·교직원 또는 교육활동참여자의 생명 또는 신체에 피해를 주는 모든 사고 및 학교급식 등 학교장의 관리·감독에 속하는 업무가 직접 원인이 되어 학생·교직원 또는 교육활동참여자에게 발생하는 질병으로 정의하고 있다.

안전과 사고의 관계에서 '안전' 개념은 위험이 배제된 개념이고, '사고' 개념은 안전 상태가 훼손되어 발생한 불행한 일을 의미하므로 따라서 안전하지 않은 상태라고 해서 반드시 사고로 이어지는 것은 아니다(김용문 외, 2016).

〈표 11-1〉 사고에 대한 용어 정의

법률/사전	용어	정의
표준 국어대사전	사고	뜻밖에 일어난 불행한 일
	안전사고	공장이나 공사장 등에서 안전 교육의 미비, 또는 부주의 따위로 일어나는 사고
서울특별시 안전사고 조사 및 재발방지에 관한 조례	안전사고	안전교육의 미비, 안전수칙 위반, 부주의, 시설물의 결함 등으로 인해 인적·물적 피해를 발생시키는 모든 화재 및 재난·재해관련 사고

법률/사전	용어	정의
학교안전사고 예방 및 보상에 관한 법률	예방 및 보상에 관한 법률 학교 안전사고	교육활동 중에 발생한 사고로서 학생·교직원 또는 교육활동참여자의 생명 또는 신체에 피해를 주는 모든 사고 및 학교급식 등 학교장의 관리·감독에 속하는 업무가 직접 원인이 되어 학생·교직원 또는 교육활동참여자에게 발생하는 질병
재난 및 안전관리 기본법	재난	국민의 생명·신체·재산과 국가에 피해를 주거나 줄 수 있는 것

(2) 안전사고의 원인

하인리히(Heinrich, 1987)의 연구결과에 의하면 일반적으로 안전사고의 원인은 인적요인, 물적 요인, 환경요인으로 구분할 수 있는데 사고의 88%는 인적 요인에 의한 것이고, 나머지 10%가 불완전한 물적 요인에 의한 것이며 어쩔 수 없는 환경요인에 의한 것은 단지 2%에 불과하다고 하였다.

박종희(2007)는 안전사고의 대부분이 부주의와 불안전한 행동에서 발생하며, 〈표 11-2〉에서와 같이 사고 발생 시점에서 '자신은 경험이 있기 때문에 절대로 안전하다', '다소 위험을 느꼈으나 염려 없다', '위험하다고 느끼지 못했다', '제3자의 과오 때문'이라고 생각하거나 〈표 11-3〉에서와 같이 '잊어버림', '거칠고 난폭한 동작', '해서는 안될 일'을 하거나 '위험상태를 초래하는 작업'들을 하는 불안전한 행동이 안전사고로 이어진다는 것이다.

이와 같이 사고는 부주의와 불안전한 행동과 같은 인적요인에 기인한다고 볼 수 있으므로 안전생활습관이 형성된 사람들이 많아질 때 우리 사회의 사고율은 크게 감소될 것으로 예측할 수 있다.

〈표 11-2〉 사고 발생 시점에서의 보편적 인간 심리

대분류	소분류
자기는 경험이 있기 때문에 절대로 안전하다고 생각하고 작업했다	• 점검이 불충분해서 돌발 사태에 대응할 수 없었다. • 작업 방법에 잘못이 있다고 느끼지 못했다. • 이상함을 느꼈으나 적절한 조치를 취하지 않았다.
다소 위험을 느꼈으나 염려 없다고 생각하고 작업을 계속했다	• 규정대로 하면 작업이 까다롭다. 귀찮다. • 자기의 기능을 믿는다.
실제는 위험하였으나, 그때는 위험하다고 느끼지 못했다	• 언제나 하던 작업이고, 익숙했기 때문에 그다지 위험하다고 느끼지 못했다. • 이제까지 몇 번이나 작업 했으나 아무 일도 없었다. • 경험이 없으므로 위험을 느끼지 못했다.
너무나 단순한 작업이므로 반사적으로 작업했다	• 작업을 서둘러 쫓겨서 했기 때문이다. • 바른 방법이었으나 실수했다.
제 3자의 과오 때문에 일어났다	• 타인의 과오에 의해서 일어났다. • 자기 작업과 관계없는 기계, 설비에 의해서이다.

출처: 박종희(2007).

〈표 11-3〉 사고 발생 시점에서 불안전 행동

종류	문제점
위험은 알고 있었지만 염려 없다고생각함	• 자만/경시/전부터 해왔던 것이라는 생각 • 모두가 하고 있다는 생각
잊어버림	• 단기기억 능력의 부족 때문이다. • 처리도중에 방해를 받았다. • 기계에 말려들었다.
조정 시점의 착오	• 연속 조작에 의한 작업의 곤란성 • 긴장 연속 직후의 이완 • 기능부족
동작이 거칠고 난폭함	거친 성격/난폭함
해서는 안 될 일을 함	• 해서는 안 된다는 것을 알고 있지만 책임감, 업무의 중요성에서 일을 한다. • 상식에 어긋나는 행동을 한다.
위험상태를 초래하는 작업	• 닥쳐올 위험을 예견할 능력이 없다. • 그 행위가 관습이 되었다.

출처: 박종희(2007).

① 하인리히의 도미노이론

하인리히(Heinrich)는 사회적 · 가정적 · 유전적 요소와 개인적 결함, 불완전 행동 및 상태 중 어느 하나가 위험에 노출되면 도미노와 같이 연쇄적으로 영향을 주어 사고가 발생한다고 하였다. 또한 사회적 · 가정적 · 유전적 요소와 개인적 결함이 붕괴되어도 불안전행동 및 상태를 제거하면 사고나 재해를 예방할 수 있다는 것이다. 이와 같은 하인리히의 사고발생의 과정을 그림으로 나타내면 [그림 11-1]과 같다.

[그림 11-1] 하인리히(Heinrich)의 사고발생 과정

② 버드의 신도미노 이론

버드(Bird)는 개인의 문제보다는 관리 시스템의 문제가 중요하다고 지적하고 조직, 제도, 법률 등 구조적인 대책을 마련하여야 한다고 하였다. 안전관리에 문제가 생기면 기본적인 원인(개인적 요인: 지식, 기능 및 의욕/과업요인: 기계, 작업 및 관리체계)이 부족하거나 부적절하게 되고, 이로 인해 불안전한 상태(기계 및 설비의 결함, 방호장치의 결함, 작업환경 결함 등) 및 불안전한 행동(작업자의 부주의, 실수, 착오, 안전조치 미이행 등)을 함으로써 사고와 재해로 이어진다는 것이다. 사고와 재해를 예방하기 위해서는 재해 직접원인(불안전한 생태 및 행동)을 제거하는 것만이 아니라 기본원인을 제거해야 한다.

[그림 11-2] 버드(Bird)의 재해사고 발생 5단계

③ 하인리히의 안전사고의 4원칙

첫째, 원인연계의 원칙이다. 사고는 자연적으로 이유 없이 발생하는 것이 아니며 반드시 원인이 있어 그 원인에 의해서 사고로 발생하는 것이다. 둘째, 손실우연의 원칙이다. 사고의 결과로써 생긴 손실의 크기는 우연에 의해서 정해지는 것으로 피해자의 기민도, 반사신경, 위험요소의 크기, 육체적 조건, 신체의 부위, 보호구의 착용 여부 등에 따라 달라진다. 그리고 셋째, 예방가능의 원칙이다. 사고는 여러 가지 원인에 의해 발생되므로 원인만 제거하면 예방할 수 있다는 것이며, 모든 사고는 예방이 가능하다. 마지막으로 대책선정의 원칙이다. 모든 사고는 예방이 가능하므로 예방대책이 강구되어야 하며, 또한 사고는 여러 원인이 종합적으로 연계되어 발생하므로 종합연계 대책이 마련되어야 한다(김창현 외, 2016).

2) 청소년 안전

(1) 청소년 안전의 정의 및 필요성

청소년 안전이란 「청소년기본법」에서 '9세 이상 24세 이하인 사람'으로 정의하는 '청소년'과 표준국어대사전에서 '위험이 생기거나 사고가 날 염려가 없는 상태'를 말하는 '안전'의 합성어로, '9세 이상 24세 이하의 자를 대상으로 인체에 유해한 조건들을 최소화하거나 제거하려는 여러 가지 활동으로 위험이 생기거나 사고가 날 염려 없이 편안하고 온전한 상태를 유지하는 것이다.'라고 정의해 볼 수 있다(여성가족부 외, 2015).

현대사회는 여러 가지 위험이나 재난으로부터 안전을 보장받을 수 없다. 신체활동이 활발한 청소년들의 개인 또는 집단으로 행하여지는 활동에서도 안전을 보장할 수는 없으며, 〈표 11-4〉에서와 같이 다양한 원인으로 인한 청소년 안전사고가 발생한다. 이는 사망, 부상, 질병 등의 인적피해나 치료비, 복구비, 사고처리 인건비 등의 물적 피해를 가져오고 삶의 질이 낮아질 수 있으므로 청소년 활동 시 가장 최우선적으로 고려해야 한다.

현재를 기준으로 재해나 사고가 일어나지 않았다고 하더라도 그 상태가 유지될 것이라는 것을 누구도 보장할 수 없기 때문에 청소년지도자는 안전을 위협하는 위험요인을 예측하고 지속적인 안전교육과 실천을 통해 사고발생을 예방하며, 유사 시에는 신속히 대처할 수 있어야 한다.

〈표 11-4〉 청소년 안전사고의 원인

구분	내용
신체적 변화	급속한 성장, 호르몬의 급격한 변화
인지적 변화	즉각적인 결과 선호
심리적 변화	순종에서 반항으로
독립성 선호	기본규칙 저항, 영웅숭배 의사결정 미흡
동료중심의 사회성	친구중요, 호기심 증가, 위험적 행위
낮은 정체성	낮은 자아상, 동료에게 갈채, 무모한 행동
위험적인 사고	오토바이 사고, 폭력사고, 익수사고, 무모한 경쟁적으로 인한 사고

출처: 여성가족부 · 한국청소년활동진흥원(2015).

(2) 청소년 안전의 기본방향

청소년수련활동 안전 종합매뉴얼(2015)에서 청소년안전의 기본방향은 안전사고 예방과 사고발생 초기 응급조치에 관련한 교육을 정기적으로 실시하는 것이 중요하다고 말하며 보험가입, 정기적인 안전점검과 안전교육, 안전시설 설치, 안전매뉴얼 마련과 연습으로 나누어 설명한다.

첫째, 교육활동의 안전사고를 대비하여 청소년시설 배상책임보험 가입하여야 하고 보상한도액은 8천만 원 이상, 1사고당 무한대로 보상해야 하며, 담보내역 및 가입기간을 확인하여야 한다. 또한 영업책임보험, 여행자보험, 화재보험, 가스보험, 음식물배상책임보험은 시설배상책임보험과 별개로 되어 있어야 한다. 활동장소로 이동하기 위한 자동차의 종합보험 및 여행자 보험가입이 되어 있어야 하고, 숙박시설 이용 시 영업배상책임보험 가입및 조건도 확인하여야 한다.

둘째, 청소년활동의 정기적인 안전점검 및 안전교육 여부로는 정기적인 안전점검(소방, 전기, 가스, 수질, 전반시설 등 개별법령) 결과 및 조치사항을 확인하여야 한다. 그리고 자체 안전점검 결과를 지방자치단체장에게 매월 공문문서로 보고하여야 한다. 직원의 내 · 외부 안전교육(소방 및 방화관리, 응급처치관리, 위생관리 등)은 연 4회 이상을, 성희롱예방교육은 년 1회 이상을 실시하여 한다. 아울러 「아동 · 청소년 성보호 관련 법률」 제56조(아동 · 청소년 관련기관 등에의 취업제한 등)에 근거하여 직원의 성범죄 경력 확인을 실시하여야 한다.

셋째, 위험성이 높은 장소에 안전시설(장비) 설치 여부가 중요하다. 청소년수련시설의 위험성이 있는 실내 · 외 장소의 사전 안전교육, 점검, 조치 등이 필요하다.

넷째, 청소년수련시설의 특성에 맞는 구체적이고, 체계적인 자체 안전매뉴얼 마련 및 전체 직원의 숙지 및 정기적인 반복연습이 중요하다. 특히, 초기대응에 대한 매뉴얼 숙지와 반복연습이 매우 중요하다.

(3) 청소년활동 안전을 위한 법과 제도

① 청소년활동 안전 관련 법과 내용

청소년에게 안전한 활동을 제공하고 사고를 예방하기 위해서 청소년활동 안전 관련 주요 법적 제도가 강화되었으며, 내용은 〈표 11-5〉와 같다.

〈표 11-5〉 청소년활동 안전 관련 법과 내용

청소년활동 안전 관련 법	내용
신고의무화 (청소년활동진흥법 제2조제7 · 8호, 제9조의 2)	• 신고대상 청소년수련활동을 숙박형 청소년 수련활동과 비숙박형 청소년 수련활동으로 정의를 새롭게 구분 • 숙박형 청소년수련활동 및 비숙박형 청소년수련활동은 원칙적으로 모두 신고하도록 하여 청소년수련활동 선택에 도움을 제공 • 청소년수련활동 진행되는 상황을 확인할 수 있도록 함
사전인증제 (청소년활동진흥법 제236조제2항)	• 청소년 수련활동 중 참가인원이 일정규모 이상이거나 위험도가 높은 수련활동을 주최하려는 자는 사전에 인증을 받도록 함 • 청소년수련활동의 질을 높이고 사전 안전을 확보함
청소년수련활동관련 정보의 공개(청소년활동 진흥법 제9조의4 · 5)	• 지방자치단체에 신고된 청소년활동은 종합정보시스템을 통하여 공개함으로써 청소년, 보호자 등이 프로그램을 선택하고 이용하는 데 활용하도록 함 • 숙박형 등 청소년활동의 신고가 수리되어 주최자가 모집 및 계약을 할 경우에는 중요사항을 표시 · 고지하게 하여 안전성 등을 고려해서 신청을 할 수 있게 함
수련시설의 종합평가 등 (청소년활동진흥법 제19조의2)	• 수련활동 등을 포함한 수련시설 전반에 대한 종합평가를 의무적으로 실시하도록 하여 안전을 강화 • 종합평가 결과에 따라 수련시설의 운영 대표자에게 미흡사항이나 그 밖의 필요한 조치를 하도록 요구할 수 있도록 하여 안전관리를 보다 체계화함
운영중지 명령 (청소년활동진흥법 제20조의2)	• 청소년활동이 진행되는 과정 중에 참가 청소년을 대상으로 성범죄, 성폭력, 아동학대 등이 발생하거나 수련시설 붕괴 또는 붕괴우려 등의 사고가 발생한 때에는 추가 사고발생을 차단하기 위하여 프로그램 또는 시설운영을 일시 중지할 수 있도록 함

② 청소년수련시설의 안전 관련 기준

가. 수련시설의 안전점검

- 수련시설의 운영대표자는 시설에 대하여 정기안전점검 및 수시안전점검을 실시하여야 한다(「청소년활동진흥법」 제18조 제1항).
- 정기안전점검 및 수시안전점검을 받아야 하는 시설의 범위 · 시기, 안전점검기관, 안전점검 절차 및 안전기준은 대통령령으로 정한다(「청소년활동진흥법」 제18조 제5항).
- 정기 · 수시안전점검을 받아야 하는 수련시설의 범위는 법 제10조 제1호의 규정에 의한 수련시설을 말한다(「청소년활동진흥법 시행령」 제10조).

나. 안전교육

- 수련시설 설치 · 운영자 또는 위탁운영단체는 수련시설의 이용자에게 여성가족부령으로 정하는 바에 따라 해당 수련시설의 이용 및 청소년수련활동에 관한 안전교육을 실시하여야 한다(「청소년활동진흥법」 제18조의2).

다. 감독기관의 종합 안전점검

- 여성가족부장관 또는 특별자치시장 · 특별자치도지사 · 시장 · 군수 · 구청장은 수련시설의 안전을 위하여 정기적으로 수련시설에 대한 종합 안전점검을 실시하여야 한다(「청소년활동진흥법」 제18조의3).
- 여성가족부장관 또는 특별자치시장 · 특별자치도지사 · 시장 · 군수 · 구청장은 수련시설에 대한 종합안전점검을 2년마다 1회 이상 실시할 수 있다(「청소년활동진흥법 시행령」 제11조).

③ 청소년수련활동인증제

'청소년수련활동인증제'는 「청소년활동진흥법」 제35조에 의거하여 시행되는 제도로, 다양한 청소년활동에 '수련활동이 갖는 일정기준 이상의 형식적 요건과 질적 특성을 갖춘 청소년활동이 정당한 절차로 성립되었음을 공적기관에 의해 증명하는 제도'이다. 이는 청소년이 안전하고 유익한 활동을 선택하여 참여할 수 있도록 프로그램을 제공하고 건전한 청소년활동 선택을 장을 조성하여 청소년활동 전반에 대한 국민적 신뢰를 확보하고자 하였다.

참가 인원이 150명 이상이거나 위험도가 높은 청소년수련활동(수상 · 항공 · 장거리 걷기 등)에 대해서는 반드시 인증 필요하며, 「청소년활동진흥법」 제9조의 6에 의해 「청소년활동진흥법」 또는 타 법률에 따라 신고 · 등록 · 인가 · 허가를 받지 아니한 단체 및 개인의 경우, 참가인원이 150명 이상이거나 위험도가 높은 청소년수련활동 운영이 불가하다. 국가가 법률적 근거에 의거하여 청소년에게 안전한 활동을 하도록 보장하고 있는 제도인 것이다.

④ 청소년수련활동 신고제

'청소년수련활동 신고제'는 사설 해병대 체험캠프에 참여했던 학생들이 목숨을 잃는 사고가 발생하는 등 청소년들의 체험활동 참여 시 안전관리에 대한 사회적 경각심이 높아지고, 청소년 체험활동 관리에 대한 제도개선의 요구에 따라 마련되었다. '청소년수련활동 신고제'는 「청소년활동진흥법」 제9조의2(숙박형등 청소년수련활동 계획의 신고)에 의거하여 '19세 미만의 청소년을 대상으로 하는 청소년수련활동의 실시계획을 신고하도록 하고, 신고 수리된 내용을 인터넷에 공개하여 국민이 정보를 활용할 수 있도록 하는 제도'이다.

청소년활동 주최자는 구비서류를 준비하여 청소년 업무지원서비스를 통한 온라인 신고 또는 시 · 군 · 구 청소년정책 담당공무원에게 오프라인 신고를 한다. 신고 수리

후에 주최자는 참가 청소년의 건강상태를 확인하여야 하고 활동 주최자의 홈페이지 등에 신고프로그램 정보를 공개하여야 한다.

'청소년수련활동 신고제'는 청소년활동에 관심 있는 보호자 및 활동에 참여하려는 청소년에게 해당 활동의 안전성 여부를 확인할 수 있는 정보를 제공하여 청소년들의 선택권을 보장하고, 청소년활동 프로그램의 안전성과 우수성을 직접 확인하고 비교할 수 있도록 하였다.

2. 안전교육

청소년 안전사고의 발생은 피해를 당한 청소년에게 신체적 · 심리적 · 경제적 손상을 입히는 것뿐만 아니라 학교 및 시설의 활동이 위축되며 지도자의 책임으로 이어지게 된다. 따라서 청소년지도자들은 활동을 수행하기에 앞서 청소년활동 안전에 대한 지식과 기술, 상황별 대처방법, 예방법 등을 익히고 청소년들에게 자신과 타인의 생명을 지키기 위한 안전 지식과 기술을 지도함으로써 사고가 발생하지 않도록 해야 한다.

1) 안전교육

안전교육이란 「국민 안전교육 진흥 기본법」 제2조제1항에 "국민이 안전에 대한 중요성을 인식하고 각종 재난 및 안전사고 발생 시 이에 효과적으로 대처할 수 있도록 안전에 대한 지식이나 기능을 습득하는 교육"으로 정의하고 있으며, 소방방재청(2007) 국민

안전교육 표준매뉴얼에서는 안전교육이란 "인간의 존엄성을 바탕으로 일상생활에서 개인 및 집단의 안전에 필요한 지식, 기능, 태도 등을 이해시키고, 자신과 타인의 생명을 존중하며, 안전하고 건강한 생활을 영위할 수 있는 습관을 형성시키는 교육"으로 정의하고 있다. 또한 한국산업안전공단(1999)은 안전교육을 생활전반에 걸쳐 이루어지고 생애의 전 과정을 통하여 일상생활에서 개인 및 집단의 안전에 필요한 지식, 기능, 태도 등을 이해시키고 자신과 타인의 생명을 존중하며, 안전하고 건강한 생활을 영위할 수 있는 생활습관을 육성하는 것이라고 하였다.

학교 교육과정 중에 안전교육을 실시하고 있지만 우리 주변에서는 여전히 안전사고의 위험성에 노출되어 있으며, 안전과 안전사고예방을 위한 안전교육이 중요하다. 한국산업안전공단(2003)은 사고의 원인을 분석하여 예방대책을 수립하기 위한 접근방법(3E)으로 교육적(Education) 대책, 기술적(Engineering) 대책, 관리적(Enforcement) 대책를 제시하였는데, 안전사고는 교육 부족으로 인한 불안전한 행동에서 발생되므로 일차적으로 교육적 대책이 가장 중요하다고 하였다(김창현 외, 2016).

사람들은 살아가는 동안 기본적으로 안전에 대한 욕구를 가졌으며 궁극적으로는 행복한 삶을 추구하지만 일생동안 위험으로부터 항상 안전할 수는 없다. 따라서 안전교육을 통해 안전행동을 해야 하는 당위성을 이해시키고 실천하도록 해야 한다.

2) 학교안전교육

「학교안전사고 예방 및 보상에 관한 법률」 제2조제6호에서는 "학교안전사고라 함은 교육활동 중에 발생한 사고로서 학생 · 교직원 또는 교육활동 참여자의 생명 또는 신체에 피해를 주는 모든 사고 및 학교급식 등 학교장의 관리 · 감독에 속하는 업무가 직접 원인이 되어 학생 · 교직원 또는 교육활동 참여자에게 발생하는 질병으로서 대통령령

(① 학교급식이나 가스 등에 의한 중독, ② 일사병(日射病), ③ 이물질의 섭취 등에 의한 질병, ④ 이물질과의 접촉에 의한 피부염, ⑤ 외부 충격 및 부상이 직접적인 원인이 되어 발생한 질병)이 정하는 것을 말한다."라고 규정하고 있다.

학교에서는 교육활동(수업시간), 학교 내 생활 등 학교시설물(놀이기구)을 이용하다 발생하는 각종 안전사고의 가능성이 높기 때문에 각별히 안전교육을 위한 노력을 기울이고 있으며, 학교안전 강화를 위해 설립된 학교안전공제중앙회가 예방교육, 사고 시 보상, 학교시설관리 등 다양한 관점에서 지원을 하고 있다.

교육부는 '교육분야 안전 종합 대책'(2014)에 따른 후속조치로 학생의 발달단계를 고려한 체계적인 학교 안전교육 7대 표준안을 마련하여 2015년부터 학교에 보급하였다. 유치원에서부터 고등학교에 이르기까지 차별화하여 운영하도록 되어 있으며, 생활안전, 교통안전, 폭력예방 및 신변보호, 약물 및 사이버중독 예방, 재난안전, 직업안전, 응급처치의 7개 영역으로 유치원, 초등학교, 중학교, 고등학교 등에서 51차시를 의무적으로 안전교육을 실시하도록 하고 있다.

〈표 11-6〉 학교 안전교육 7대 표준안 개요

영역	내용
1. 생활안전	시설 및 제품 이용 안전, 신체 활동 안전, 유괴 미아사고 예방
2. 교통안전	보행자안전, 자전거안전, 오토바이안전, 자동차안전, 대중교통안전
3. 폭력예방 및 신변보호교육	학교폭력, 성폭력, 아동학대, 자살, 가정폭력
4. 약물 · 사이버안전	약물중독, 사이버중독
5. 재난안전	화재, 사회재난, 자연재난
6. 직업안전	직업안전 의식, 산업재해의 이해와 예방, 직업병, 직업안전의 예방과 관리
7. 응급처치	응급처치의 이해와 필요성, 심폐소생술, 상황별응급처치

학교안전을 강화하는 차원에서 시 · 도교육청 평가지표에 안전교육 영역을 추가하여

평가하도록 하고 있기 때문에 학교안전교육의 중요성이 더욱 더 강조되고 있으며, 「학교안전사고 예방 및 보상에 관한 법률 시행규칙」 제4조(교직원 등 안전교육)에 따라 교직원 대상 안전교육 연수를 다음과 같이 의무화하고 있다.

첫째, 제2조제3호에 따른 교직원(정규직 교원, 일반직 행정 직원, 교육공무직 직원 등)은 안전교육을 3년마다 15시간 이상을 이수하여야 한다. 둘째, 3년 미만의 계약을 체결하여 종사하는 자(기간제 교사, 스포츠 강사 등)는 매 학기 2시간 이상을 이수하여야 한다. 셋째, 제2조제5호에 따른 교육활동참여자(배움터 지킴이, 학교보안관, 녹색어머니회 회원, 조리원, 용역직원 등)는 매 학년도 1회 이상의 안전교육을 이수하여야 하며, 학교의 장은 교육활동참여자의 안전교육을 위한 계획을 수립 · 실시하여야 한다. 넷째, 학교안전 관련 국가자격이 신설되어 국가자격을 취득 · 유지할 경우에는 안전교육을 이수한 것으로 본다.

3) 청소년시설 안전교육

청소년시설의 안전교육은 청소년시설 점검을 위한 안전교육, 청소년지도자를 위한 안전교육과 청소년시설을 이용하는 청소년 등을 대상으로 하는 안전교육 세 가지로 구분할 수 있다.

첫째, 시설 점검을 위한 안전교육이다. 건축물 가스, 전기, 승강기, 소방, 위험물, 에너지 등의 분야에서 각각의 법률들은 안전교육 이수를 의무화하고 있다. 가스 안전 관리자는 선임된 후 1회, 소방 안전 관리자는 연 1회 이상, 위험물 안전 관리자가 2년에 1회 이상, 전기 안전 관리 기술교육은 3년에 1회 이상의 교육을 이수하여야 하고 특별교육의 경우 선임 후 6개월 이내에 이수하도록 하고 있다.

둘째, 청소년지도자를 위한 안전교육이다. 청소년지도활동에 필요한 안전에 관한 기본 역량 함양을 위해서 의무교육을 시행하고 있다. 안전한 청소년활동을 위한 실질적 도움을 줄 수 있는 안전교육, 「개인정보보호법」, 성희롱 예방교육 등이 이루어져 청소년지도자의 안전 역량을 증진시키고 있다.

셋째, 청소년시설을 이용하는 청소년을 대상으로 하는 교육에 관해서 「청소년활동진흥법」 제18조의2 안전교육이 그 구체적인 내용을 여성가족부령으로 위임하고 있다. 「동법 시행규칙」 제8조의3(여성가족부령)은 수련시설 이용 시 유의 사항 및 비상 시 행동요령, 청소년수련활동 유형별 안전사고 예방에 관한 사항, 성폭력 · 성희롱 예방 및 대처 요령에 관한 사항, 그 밖의 해당 수련시설의 이용 및 청소년수련활동에 필요한 안전에 관한 사항을 안전교육 사항으로 규정하고 있다.

〈표 11-7〉 **청소년활동 안전교육**

교육명	교육대상	관계법령	교육 주기	교육 주관
소방훈련 소방교육	전 직원 (공공기관)	「공공기관의 소방 안전 관리에 관한 규정」 제14조	연 2회(상시 근로자 11인 이상의 경우)	기관장 (단, 1회 이상 소방관서와 합동 훈련)
소방안전 관리자교육	소방안전 관리자, 소방안전 관리 보조자	「화재예방, 소방시설 설치 · 유지 및 안전관리에 관한 법률」 제41조	선임된 날부터 6개월이내 1회, 그 후로 2년에 1회	한국소방안전원
집단급식소 위생교육	영양사, 조리사	「식품위생법」 제56조	2년마다 1회	조리사 및 영양사에 대한 교육을 목적으로 설립된 전문기관 또는 단체(식약처장 지정)
전기안전관리 선임자 교육	전기안전 관리자	「전기사업법」 제73조의 4	특별교육: 선임된 날부 6개월 이내 기술교육: 3년마다 1회	한국전기기술인협회 전기기술교육원
위험물 안전 관리교육	위험물 안전 관리자	「위험물안전관리법」 제28조	2년마다 1회	한국소방안전원

교육명	교육대상	관계법령	교육 주기	교육 주관
사용시설 안전관리자 양성교육	안전관리 책임자 등	「고압가스 안전관리법」 제23조	선임된 날부터 6개월 이내 1회, 그 후로 3년에 1회	한국가스안전공사 가스안전교육원
성희롱 예방교육	전 직원	「남녀고용평등과 일·가정 양립 지원에 관한 법률」 제13조	연1회 이상 (10인 이상 사업장)	사업주(노동부 장관이 지정하는 성희롱 예방 교육기관에 위탁 실시 가능)
의료인 보수교육	의료인	「의료법」 제30조	매년	의사회·치과의사회·한의사회·조산사회·간호사회·약사회·
청소년지도사 보수교육	청소년시설·단체 근무자	「청소년기본법」 제24조의 2	2년마다 1회	한국청소년활동진흥원
청소년지도사 자격연수교육	청소년지도사 시험 합격자	「청소년기본법」 제21조	1회	한국청소년활동진흥원

출처: 김윤나 외(2015).

3. 청소년지도자의 안전의식과 안전행동

1) 안전의식

인간은 오감을 통해서 직접 체험을 하지 않고서도 사고할 수 있는 정신적 사유를 가지고 있다. 모든 인간은 자신의 고유한 삶을 영위하도록 하는 자기성찰 또는 자기사유를 통해서 의미와 가치를 부여하게 되는데 이러한 의미를 부여하는 행위를 의식(意識, consciousness)이라고 할 수 있다. 박형주(2012)는 내가 의식하고 있는 모든 것, 내 생각, 내 마음, 내 느낌, 나의 이념, 나의 과거, 내가 아는 이 세상 무엇이든 자아를 통해서 연상되는 정신적인 내용들이 의식을 의미한다고 하였다.

안전의식은 안전하고자 하는 본능적 마음자세로 위험이나 재난으로부터 사고를 사전에 예방하기 위해 가지는 적극적인 인지도이고, 안전한 환경을 위해 대처하는 자세이며, 이러한 안전의식에 대한 중요성이 더욱 주목받고 있다(서혜승, 2019).

이희택(2010)에 따르면 안전의식이란 일상생활에서의 위험으로부터 안전을 유지하고 사고를 예방하기 위해 가지는 안전에 대한 인지도를 의미하며, 김혜원(2002)은 안전의식이란 일상생활의 위험으로부터 안전을 유지하기 위해, 불의의 사고를 예방하기 위해 가지는 안전에 대한 의식을 말한다고 하였다.

클락과 시몬스(Clark & Simmons, 1986)는 물놀이에서의 안전의식의 습득을 강조하였는데, 물놀이를 하기 위해서는 물의 깊이와 일정한 휴식, 준비 운동 등에 대한 지식 습득이 필요하다는 것이다. 피클라 바브라(Pickle & Barbra, 1989)는 교통안전에 대한 안전의식을 강조하였는데 안전표지판 인식, 보행, 자동차 주행 등과 같은 지식습득을 통해 교통안전이 생활화될 수 있다고 강조하고 있으며, 휴스(Hughes, 1992)는 위생에 대한 안전지식즉, 음식과 관련된 지식으로 유해성이나 상한 음식을 구별하는 방법 등의 안전지식 습득을 강조하고 있다. 이러한 영역뿐만 아니라 일상생활에서 접하는 모든 영역에서 안전의식향상을 위한 지식의 습득이 이루어져야 할 것이다.

의식은 지각된 행동의 통제를 하게 하는 구조화된 자각이다. 다시 말해 내부적 요인(개인 신념, 태도 등)과 외부적 요인(안전 문화, 안전 분위기)이 바람직한 행동에 관한 장애물로 작용하지 않도록 하는 장치이다. 내 · 외부적 요인들이 안전행동을 하는데 방해물로써 인지되지 않는다면 이것은 안전한 행동으로 이어질 수 있으며, 불안전한 행동으로 발생할 수 있는 사고 위험을 감소시킬 수 있다. 여기에 작용하는 것이 개인의 지각된 통제신념, 즉 의식인 것이다(신태웅, 2018).

안전의식은 안전욕구의 충족을 위하여 일상적으로 빚어질 안전의 문제요인에 대해서 대처할 수 있도록 교육과 훈련에 의해서 형성되는 학습에 의해 형성된 결과물이라고 할 수 있다. 즉, 안전 확보를 위한 개인의 몰입과 신념이 행동화될 때 비로소 안전의식이 있다고 할 수 있는 것이다. 안전의식은 안전을 지키고자 하는 인간의 본능적인 마음의 자세로 위험으로부터 안전을 유지하거나 사고를 예방하기 위해 가지는 적극적인 마인드이며, 안전한 환경을 위하여 대처하는 개인적 자세라고 할 수 있다(이경재, 2014).

안전의식 수준은 다양한 안전정보의 보급확대와 안전교육을 통해 증진되고 안전의식을 향상시키는 역할을 한다고 했다. 종사자들의 인식이나 태도뿐만 아니라 안전정보의 제공으로 안전교육이 역할을 한다면 안전의식은 향상될 것이다. 안전교육을 통한 안전의식 향상을 위해서는 지식중심의 안전교육이 아닌 실습, 참여기회 확대, 구체적 사례연구 및 소개, 시청각 자료 제공 등 다양한 방법으로 접근해야 안전의식의 수준을 향상시킬 수 있을 것이다(서혜승, 2019).

2) 안전행동과 태도

현재의 위험요인 및 잠재적인 위험요인이 사고로 연계되지 않도록 모든 안전규정과 절차를 준수하며, 조직 내 안전 활동에 자발적으로 참여하여 안전 확보에 기여하는 행동이 안전행동이다(우상천, 2014).

그리핀과 닐(Griffin & Neal, 2000)은 안전행동을 자신이 안전을 확보하기 위해 취하는 일련의 행동으로 직무수행과 관련하여 사고발생을 막기 위해 안전 절차를 준수하거나 안전활동에 참여하는 등 사전에 위험요인으로부터 벗어나려는 행동을 뜻한다고 하였다. 또한 안전행동의 구성요소로 순응행동(안전준수)과 참여행동(안전참여)을 제시하였는데, 순응행동이란 안전을 유지하기 위하여 개인에게 요구되는 핵심 안전행동을 말한다. 또 참여행동은 안전에 직접적인 영향을 미치지는 않으나 작업환경의 안전을 위해 도움이 되는 행동을 의미한다(김규형, 2016).

닐, 그리핀과 하트(Neal, Griffin & Hart, 2000)는 안전행동을 안전한 상황을 확보하기 위하여 인간이 취하는 일련의 행동으로 정의하였으며, 안전지식이나 동기부여가 구성원들에게 충분하게 제공되지 않으면 안전행동을 수행하기 어렵고, 안전규정의 준수나 안정행동의 참여에 대한 동기부여가 충분하지 않다면 안전행동을 수행하지 않게 될 것이라고 하였다(서혜승, 2019).

직무를 수행함에 있어서 위험을 방지하기 위한 절차를 만들고, 실천을 통해서 위험요인이 발생하지 않도록 하는 것이 안전행동이라 할 수 있다. 안전행동을 유지하도록 하는 심리적 · 신체적 긴장상태를 항상 유지하는 것은 매우 어려운 일이다. 안전교육을 통해 안전의식이 향상되었다 하더라도 안전행동 실천의 여부는 개인의 태도에 의해 지배된다. 지식이 있다 하더라도 안전에 대한 심각성을 인식하지 못하고 안전행동을 실천하지 않아 사고를 당하는 경우가 있으므로 '실천한다'라고 하는 태도 교육이 필요하다.

태도는 행동 이전의 마음 자세를 나타내는 것으로 행동 결정을 판단하고 결정하는 내적 행위 체계로 생각, 감정, 의도라는 세 가지 속성을 가지고 있다. 안전 태도 형성은 반드시 인간의 본성을 중시하는 차원에서 실제 행동을 근거로 이루어져야 한다. 태도 교육은 감정적 요인과 개인의 가치관과도 밀접한 관계를 가지고 있기 때문에 태도의 교정에는 많은 시간과 노력이 필요하다.

그러나 안전교육의 궁극적인 목적은 교육을 통해서 안전행동을 실천하는 데 있으므로 태도 교육을 통해 안전 행동을 실천할 수 있는 동기를 부여하여야 한다. 사람의 태도는 교육에 의해서 변화하며, 안전에 대한 지식과 의식의 변화가 일어나면서 태도의 변화가 이루어질 수 있다(박종희, 2007).

3) 청소년지도자의 안전의식과 안전행동

청소년이 참여하는 모든 활동에서 긍정적인 평가결과가 나타나는 것도 중요하지만 안전은 모든 것에 우선하여 고려되어야 한다. 청소년지도에 있어서 안전의 필요성이 더욱 강조되어야 하는 것은 청소년활동 및 지도가 학교와 같이 제한된 공간과 교실에서 이루어지는 것이 아니라 수상활동(래프팅, 모터보트, 수상스키, 스킨스쿠버, 수상자전거), 항공활동(패러글라이딩, 행글라이딩, 스카이다이빙), 산악활동(클라이밍, 산악스키, 야간등반), 장거리걷기 활동(10km 이상 도보 이동), 기타 활동(유해성 물질, 집라인, ATV 탑승 등) 중에 이루어지기 때문이다. 청소년지도자는 누구나 다 안전요원이 되어야 하고 기본적인 지식과 기술을 가지고 있어야 하며, 위험을 예견하여 안전사고를 방지하도록 하는 주의와 노력이 필요하다.

이경재(2014)는 근로자들이 조직 내에 형성된 불안전한 안전의식을 가질 경우 안전절차, 부주의한 행동으로 연결되기 때문에 안전사고 위험성이 매우 높아지게 된다고 하였다. 이찬종(2007)은 안전사고의 주된 원인으로는 관리감독자의 안전의식 부족과 안전교육의 부족이라고 하였으며, 안전의식이 낮을수록 안전사고의 경험이 많은 것으로 조사되어 안전의식과 안전교육의 중요성을 확인하였다. 전정석과 정영진(2010)은 재난에 대한 대응체계구축을 위해서는 안전의식의 향상과 가상체험훈련을 통해 유사시에 대비하도록 해야 한다고 제안하였다. 이종은(2013)의 연구에서는 근로자의 안전의식이 높을수록 사고 발생빈도가 낮아져 안전사고 예방에 효과가 큰 것으로 나타났고, 심은순(2003)의 연구에서는 초등학생의 안전의식이 높을수록 안전실천 정도가 높은 것으로 나타났으며, 김문수(2017)의 청소년지도자 300명을 대상으로 한 연구에서는 청소년지도자의 부주의, 의식결여, 법규위반, 스트레스 등의 복합적인 작용이 안전사고의 원인이 되는 것으로 나타났다.

안전사고의 원인에는 많은 복합적인 요인이 존재하지만, 이처럼 다양한 분야와 연구에서 안전의식의 수준에 따라 안전행동의 정도가 달라지는 것을 알 수 있다. 따라서 안전사고를 예방하기 위해서는 안전의식의 향상이 중요하며, 청소년지도자의 안전의식 수준을 높이기 위해서는 체계적인 안전교육 프로그램을 실시하는 것이 중요하다.

「청소년수련활동 안전종합 매뉴얼」(한국청소년활동진흥원, 2017)에서는 청소년지도자들이 수련활동을 운영하는 데 있어 발생할 수 있는 안전사고를 예방하기 위한 체크리스트를 제공하고 있다. 이는 청소년수련활동 프로그램을 개발하는 계획단계에서부터 준비, 운영, 종료 단계에 이르기까지 발생 가능한 안전사고를 예방하기 위함이며, 그 내용은 다음과 같다.

첫째, 청소년지도자들이 청소년활동 프로그램을 기획하는 단계에서는 프로그램의 목적과, 청소년특성, 사전안전교육, 위험요소에 대한 분석과 지도자의 전문성, 응급처치 가능여부, 긴급 상황의 역할 분담에 대한 적절성 확인, 활동환경에서 현장답사 시 고려해야 할 사항 및 보험가입 여부에 대해 지도자가 확인할 수 있도록 하고 있다.

둘째, 청소년활동 프로그램의 준비 단계에서 청소년지도자들이 수행해야 할 안전항목으로는 프로그램의 운영과 기자재의 적절성으로는 청소년의 건강상태, 안전용품, 위험요소에 따른 대처방법의 준비성을 확인하며, 지도자의 인원수, 응급처치 가능 여부, 안전교육의 수행 여부, 구급약품 비치, 비상연락체계를 수립했는지에 대한 확인, 활동환경에 대한 확인항목으로 일기예보, 보험, 현장과 유사시 연락이 가능한 응급기관과의 통신상태를 확인하는 것이다.

셋째, 청소년활동 프로그램의 운영단계에서 청소년지도자들은 프로그램의 대상과 일정, 시간에 대한 변화 유무, 시자재의 상태 확인, 지도자의 건강상태와 역할수행의 인지, 활동환경에 기상상태와 위험요소 제거와 표지, 대피방법에 대해 확인하며, 참여청소년의 건강상태와 복장 확인과 사전 안전교육실시를 확인해야 한다.

넷째, 청소년활동 프로그램을 종료하는 단계에서 청소년지도자들은 참여청소년의 정신 및 신체적 상태확인, 소지품의 분실과 파손을 확인하며, 활동을 종료한 이후의 이동에 관한 안전교육을 실시해야 함을 명시하고 있다. 또한 지도자의 안전상태, 활동 환경의 청결과 추후 활동 시 고려해야 할 안전요소에 대한 의견청취, 특이사항 발생 시 보호자에게 정보전달을 실시하였는지에 대하 확인할 수 있도록 체크리스트를 개발하여 청소년활동이 안전하게 수행될 수 있도록 하고 있다.

4. 청소년활동 안전사고의 판단과 판례 분석

1) 청소년활동 안전사고에 대한 청소년지도자의 법적 판단기준

청소년지도자들은 친권자 등 법정 감독의무자를 대신하는 대리감독자로서의 역할을 수행한다(「민법」 제755조). 안전사고에 있어서는 책임무능력자(만 14세 미만의 청소년, 장애청소년, 요보호청소년 등) 타인에게 가한 피해를 보상할 책임이 있고(「민법」 제755조 제2항), 직무상의 고의나 실수가 인정될 경우, 사고 원인을 제공하였다고 판단되면 불법행위로 그 책임을 질 수 있다(김문수 · 지영섭, 2021).

청소년활동 안전사고에서 청소년지도자의 법적 책임에 대한 판단기준은 크게 다섯 가지 주요한 가이드라인이 있으며, 이는 미국에서 청소년활동 중 안전사고 발생 시 교사, 청소년지도자, 교육당사자의 개인적 책임을 인정하는 데 주요하게 고려되는 규정들이다(최윤진, 1998; 김문수 · 지영섭, 2021).

첫째, 지도자가 사고에 대한 가능성을 예측할 수 있는지를 살펴보아야 한다. 안전사고에 있어 사고 원인과 사고 발생에 따라 그 책임이 가려진다는 것이다. 실제 판례상에서도 사고예측 가능성에 따라 교육자의 과실 여부가 인정된다면 교육자는 사용자 민사상 배상책임을 다하여야 한다고 보았으며, 폭력사고는 교육자에게 불법행위자로서의 배상책임, 본인 자초 사고는 대리감독자로서의 민사상 책임, 시설 및 관리상의 문제에 의한 사고는 그 소유자에게 책임을 부여하고 있다(김영희, 2006; 이혜란, 2010).

둘째, 안전사고와 지도자의 행위 간 인과관계 여부를 판단해보아야 한다. 인과관계의 근거가 되는 「민법」상 불법행위에 관한 조항을 기준으로 책임소재 규명 근거를 판단할 수 있으며, 통상적으로 요구되는 교육자의 모호와 감독의 의무에 대한 이행 여부와 사고와의 관계에 대해 주요한 판결기준이 될 수 있다(김영희, 2006; 박재향, 2002; 정영신, 2003).

셋째, 지도자의 주의의무가 제대로 이행되었는지를 살펴보아야 한다. 교육자에 의해 사고가 발생한 경우에서 체벌과 같은 사례들은 사회상규상 객관적 타당성 유무이며, 체벌이 아닌 사례는 주의의무의 이행이 주요 판단 요소가 될 수 있다(이기호, 2005; 이설영, 2008).

넷째, 주변 환경에 따라 어떻게 관리 · 감독의 적용범위가 성립되는지를 살펴보아야 한다. 특히 휴식시간, 점심시간, 청소시간, 이동시간, 숙박시간 등 교육활동 외의 시간에서 청소년지도자의 책임 적용 범위를 구체적으로 살펴볼 필요가 있고, 교육자들이 사고가 예측 가능한 환경(실험실, 실습실, 야영장소 등)에서 관리 · 감독의 적용이 어떻게 성립될 수 있을지 자세히 확인해 보아야 한다.

다섯째, 청소년 개인의 나이, 성별, 심리, 성숙 정도 및 건강 상태와 안전사고 간의 관계를 살펴보아야 한다. 특히 나이나 성숙 정도가 매우 어리거나 장애 여부, 신체적 결함, 정신적 질병 등이 있는 요보호청소년의 경우, 특별 관리가 필요하다고 판단됨에 따라 특별한 보호가 요구된다.

2) 청소년활동 안전사고에 대한 판례분석

청소년활동 현장은 학교현장과는 달리 청소년활동을 실내 활동, 야외 활동, 수상·수중활동, 동계활동, 모험활동, 이동형 활동, 숙박형 활동 등으로 구분하고 그에 따라 청소년지도자의 활동수칙과 대응방안, 체크리스트 등이 매우 다르게 전개되고 있으며, 안전사고 또한 활동과정 및 진행시간에 따라 다양한 형태로 발생한다. 김문수와 지영섭(2021)은 청소년활동 안전사고에 대한 판례를 다음과 같이 제시한 바 있다.

청소년활동 안전사고가 일어날 수 있는 현장을 크게 1일 1시간 이상 각 회기로 숙박 없이 이루어지는 기본형 활동과 일정 기간 숙박하며 이루어지는 숙박형 활동, 활동 내용에 따라 선정된 활동 장소로 이동하여 이루어지는 이동형 활동으로 구분할 수 있다. 이러한 청소년활동 현장에서는 다양한 형태의 안전사고가 발생할 수 있으며, 이를 대비하고 예방하기 위해 청소년지도자의 안전의식과 책임이 중요시되고 있으며, 법적 판단에서도 중요한 요인으로 작용하고 있다.

〈표 11-8〉 청소년활동 안전사고 판례

번호	구분	사건번호	주요내용	판결
1	기본형 활동	대법원 2001도6601	수영장 물놀이 중 발생한 익사 사고	무죄
2		대전지방법원 2014노177	수상활동 안전조치 의무 미행에 따른 사망사고	유죄
3		대법원 80다551	야영활동 중 활동장 이탈로 인해 발생한 익사 사고	유죄
4		부산지방법원 2005가단24884	영어캠프 참가 중 휴식시간 축구놀이를 하다 상해를 입은 사건	유죄
5		서울고등법원 2006나16361	휴식시간 중 손잡이를 미끄럼타고 내려오다 발생한 상해사고	유죄

번호	구분	사건번호	주요내용	판결
6	숙박형 활동	서울고등법원 2006나62463	수련원에서 발생한 청소년 간 폭행으로 인한 상해사고	무죄
7		부산지방법원 2005가단41012	수련활동 중 지도자의 무리한 지도행위로 발생한 상해사고	유죄
8		대법원 2000도1858	여름캠프활동 중 취침시간 일어난 화재사건	유죄
9	이동형 활동	서울중앙지법 95가합24396	버스 이동 중 무리한 레크리에이션 진행으로 발생한 사망사고	유죄
10		서울중앙지법 2001가합62409	기차 이동 중 객차 출입문에서 떨어져 사망한 사건	유죄
11		대법원 2015도6809	제주도로 수행여행을 가기 위해 탑승한 선박의 침몰로 사망 및 실종자 발생 사건	유죄

(1) 판례 1. 수영장 물놀이 중 발생한 익사 사고

초등학교 6학년 A 학생은 설악산 수학여행 중 파도수영장에서 수영을 하다 물에 빠짐. 안전요원이 발견하여 응급구조를 하였으나 후송 도중 사망함

수영장 안전요원과 수영장 관리책임자가 안전관리 의무를 다하였다면 수영장 관리에 대한 책임이 있다고 보기 어렵고, 안전요원이 물에 엎어져 있는 학생을 즉시 발견하지 못한 것에 대해 업무상 주의의무를 게을리 한 과실이 있다고 단정하기 어렵다는 이유로 관리자의 책임을 인정하지 않았다.

(2) 판례 2. 수상활동 안전조치 의무 미행에 따른 사망사고

해병대 캠프에서 고등학교 학생들이 수련활동 중 교관에게 안정장비(구명조끼)를 벗고 바다에 입수하라는 지시를 받아 깊은 갯골에 빠진 뒤 파도에 휩쓸려 5명의 학생들이 실종 및 사망함

지도자의 부주의로 인한 사고가 분명함에 따라 과실책임이 있음을 판시하였다. 해양·수상활동은 전문성과 특수성이 교육자들에게 요구되는 활동임에도 불구하여 지도자의 전문성과 자격 기준, 보조지도자의 업무 역할 등에 취약성이 드러났다. 사고의 원인과 교육자의 판단에서 기상의 상황, 사전교육 장서의 안전성 점검, 구호 물품 및 안전장비에 대한 점검 미흡 등이 사고에 대한 사전예측이 가능하고 안전배려의무와 관리·감독의무가 충분히 필요함에도 이를 모두 게을리했으므로 이에 대한 충분한 책임이 있음을 판시하였다.

(3) 판례 3. 야영활동 중 활동장 이탈로 인해 발생한 익사 사고

보이 스카우트 하계 야영대회 중 본래의 야영장소가 아닌 하천 폭포 부근에서 훈련을 한 후 하산하던 중 다른 대원들을 이탈한 한 학생이 폭포에서 목욕하다가 익사함

사고 당사자에게 잘못이 있음에도 불구하고 지도자의 과실을 인정한 사건이다. 현장학습 인솔교사는 하천폭포와 같이 사고위험이 많은 곳은 가급적 야영을 피해야 하고 그러한 곳에서 야영훈련이 진행될 때는 인원점검, 안전수칙 등을 철저히 준수해야 할 의무가 있음에도 지도자가 보이스카우트 대원들을 먼저 하산하게 함으로써 피해자가 폭포를 이탈하여 목욕을 하다가 익사하였다면 인솔교사의 보호·감독상 과실에 기인한 것이므로 사용자의 피고 학교는 배상의 책임이 있다고 판시하였다.

(4) 판례 4. 영어캠프 참가 중 휴식시간 축구놀이를 하다 상해를 입은 사건

여름방학을 이용하여 4주간 대학 강의실 및 기숙사에서 합숙의 형태로 영어캠프에 참가한 어린이가 수업직전 강의실에서 풍선을 가지고 축구를 하다가 바닥이 미끄러워 넘어지면서 윗니 3개가 부러지는 상해를 입음

어린이로서 친권자인 부모의 슬하를 떠나 영어 캠프에 참가한 아동이었으며, 주최기관 및 지도자는 친권자를 대신하여 지도 감독의 책임과 주의의무의 책임이 있으므로 배상하여야 한다고 판시하였다.

(5) 판례 5. 휴식시간 중 손잡이를 미끄럼타고 내려오다 발생한 상해사고

초등학교 3학년 A 학생은 쉬는 시간 학교 건물 내 계단을 내려오면서 난간 손잡이 스테인리스 봉에 자신의 배를 대고 엎드린 자세로 미끄럼을 타고 내려오다 바닥으로 떨어져 좌안 외상성 시신경염의 상해를 입음

학생들이 난간을 이용해 미끄럼을 타지 않도록 철저한 안전교육이 이루어져야 함에도 돌출물을 설치하는 등의 안전장치나 안전을 도모할 수 있는 안전교육 등이 소홀했다는 점에서 충분한 책임이 있음을 판시하였다. 휴식시간에도 일상적인 혹은 통상적으로 예측 가능한 사고에 대해 사전교육은 사고를 예방할 수 있는 큰 역할을 하고 있었으며, 판례에서도 어떻게, 무엇을 교육했는지에 따라 판결에 상당한 영향을 미치고 있었다.

(6) 판례 6. 수련원에서 발생한 청소년 간 폭행으로 인한 상해사고

수련원에서 중학교 1학년 수련회가 있던 중 친구의 폭행으로 눈, 코, 입 등에 상해를 입은 청소년이 사고 발생 이후 발병한 루푸스 신염 및 시력상실로 소송을 제기

중학교 수련회를 실시하던 중 폭행사고가 발생하여 응급처치 및 치과의원에서 치료받은 바 이로 인하여 치아탈구, 파절로 인하여 음식섭취가 불편하리라는 것은 예상되나 그러한 사정만으로 영양 결핍상태가 초래되어 원고에게 발생한 루푸스 신염의 원인이 되었다는 상당부분 인과관계를 인정하기에 부족하고 달리 인정할 증거가 없다고

판시하였다. 이 폭행사고에서 입 부위에 상해를 입은 원고가 11개월 정도 지난 이후 발병한 루푸스 신염 및 시력상실 여부와의 사고 간 인과관계가 불명확하다고 판단한 바 손해배상을 인정하기 어렵다고 판시하였다. 이 판례를 통해 수련활동 중 폭행사고의 판단요소, 사고의 예측 가능성, 청소년 개인 질병과 안전사고 간의 인과관계가 주요 법적 책임 판단기준이 됨을 보여주고 있다.

(7) 판례 7. 수련활동 중 지도자의 무리한 지도행위로 발생한 상해사고

고등학교 재학생 A는 여름방학 1박 2일 수련활동 중 야간 점호시간에 방장으로 임명됨. 야간 점호시간에 교관(지도자)은 인원 파악을 실시하고자 방장을 부르면서 3차례의 왕복 뜀뛰기를 하던 중 다른 학생들과 부딪혀 넘어져 우측 관절 후방 십자인대가 파열됨

야간 점호시간 중 지도자의 과도한 지시로 인해 상해를 입은 사건에 지도자의 과실이 명백함을 인정한 사건이다. 특히 수련시설에서는 야간 점호 시 투숙 학생들의 안전과 보호를 위해 통제를 강화하도록 한다. 하지만 지나친 통제와 지시로 인해 안전사고를 방지하여야 할 주의의무를 갖지 않고 불법행위를 자행함으로써 안전사고가 발생했다는 점에서 그 책임이 명백하다로 판시하였으며, 이를 통해 지도자는 숙박시간 청소년들에 대한 관리 · 감독의 합리적 수칙과 기준에 따른 지도가 필요함을 알 수 있다.

(8) 판례 8. 여름캠프활동 중 취침시간 일어난 화재사건

OO유치원은 경기 화성군 소재 청소년수련의집에서 1박 2일 일정으로 여름캠프활동에 참가함. 모든 일정을 마친 후, 아이들은 취침하였고 인솔교사들은 숙소 밖에서 휴식을 취하던 중 자기 전 피워놓은 모기향에 있는 인화된 불이 벽에 옮겨 붙으면서 화재가 발생함. 이로 인해 유치원생 등 23명이 사망하고, 4명이 화상을 입음

〈판례 8〉은 화재발생의 위험성이 높은 모기향 등 가연성 물질을 지도자가 직접 피웠다는 점, 어린 아이들의 연령에 따른 관리 · 감독의 의무가 부여됨에도 불구하고 외부에서 술을 마셨다는 점, 실제 이러한 음주가 화재를 적절히 대응하는 데 방해요인이 되었다는 점, 실제 안전관리, 야간순찰, 사전안전점검 및 교육 등에도 그 의무를 게을리 했다는 점에서 사고의 원인과 지도자의 행위 간의 인과관계가 분명히 들어나는 사례라고 볼 수 있으며, 이에 따라 업무상과실치사상죄가 인정될 수 있다고 판시하였다. 이는 결국 숙박형 활동의 경우, 숙박 · 취침 시에도 청소년지도자들의 지속적인 주의의무가 요구됨을 알 수 있다.

(9) 판례 9. 버스 이동 중 무리한 레크리에이션 진행으로 발생한 사망사고

OO초등학교 회장 A 학생은 극기훈련에 참석하기 위하여 버스를 타고 이동함. 버스에서 안전벨트를 하지 않고 이동하며 오락(레크리에이션)을 진행하던 중, 버스의 급제동으로 알루미늄 재질의 기둥에 목과 등을 부딪친 후 버스 바닥에 주저앉음. 휴게실에 도착할 무렵 증상을 담임교사에게 호소하였으나, 30여 분간의 휴식 후 출발함. 얼마 지나지 않아 A 학생에게 호흡곤란과 마비 증상이 일어나자 119구급차를 부르는 등 조치를 취하였으나 사망함

서울시 초등학교 교원으로서 담임교사는 버스 내에서 급제동 시의 위험에 대비하여 학생들이 좌석에 안전하게 앉아 여행을 하도록 지휘 감독하여야 할 주의의무가 있으며, 학생들의 안전을 보호하고 위험요소를 공지해야 할 안전배려의무가 있음에도 불구하고 이를 게을리 하였으므로 서울시와 관광회사는 손해를 연대하여 배상할 책임이 있다고 판시하였다. 안전배려의무로써 안전벨트 미착용과 무리한 이동 등의 행위들을 사전에 방지하도록 사전교육과 상시적인 주의조치를 행할 필요가 있다.

(10) 판례 10. 기차 이동 중 객차 출입문에서 떨어져 사망한 사건

OO중학교 2학년인 A 학생은 서울역에서 경주행 수학여행 전용열차를 타고 이동을 하던 중 객차 출입문에서 실족하여 열차 밖 철로상으로 떨어짐으로써 개방성 두개골 골절, 중증 뇌좌상 등을 입고 사망함

학교 측과 인솔지도자는 열차가 진행하는 중 학생들이 객실과 객실을 돌아다니고, 통로에서 사진촬영 등 위험한 행동들을 하는 청소년들을 안전한 객실 내로 들어가게 하여야 하는 의무가 있는데, 이를 게을리하였다는 것이다. 기차여행 중 안전사고의 책임은 학교 측과 지도교사에게 있기 때문에 청소년들을 인솔에 참여했던 인솔지도자들에게 책임이 있고, 트랩도어가 열려 있는 것을 방치하는 등 안전시설 방치의 책임은 철도청에 책임이 있으므로 양측이 연대하여 배상할 책임이 있다고 판시하였다.

(11) 판례 11. 제주도로 수행여행을 가기 위해 탑승한 선박의 침몰로 사망 및 실종자 발생 사건

OO고등학교는 제주도로 수학여행을 출발하기 위해 인천 연안여객터미널에서 여객선을 타고 제주로 출발함. 항해 중 인근 해상에서 선박이 침몰하게 되고 탑승객 476명 가운데 172명만이 생존, 300여 명이 넘는 사망 · 실종자가 발생함

선박 이동 시에 발생하는 지도자의 주의 의무로 첫째, 사전 안전에 대한 점검을 해야 하고, 둘째, 선박 관련 부두 내 안전과 승 · 하차 및 모의 대피 훈련, 구조장비 및 구호 물품 사용법, 대피로 파악 등 사전교육이 필요하며, 셋째, 비상상황 시 대처요령에 대한 전문적인 교육이 필요하다. 이 외에도 기상 상황 및 기상조건, 수용인원에 대한 제한 등 여러 주의의무가 있는데, 〈판례 11〉에서는 이러한 의무가 제대로 이행되지 않아 발생한 사고로 청소년을 포함한 승객의 안전을 책임져야 하는 여객 운송 측에 큰 과실이 있다고 판시하였다.

참고문헌

강선보, 박의수, 김귀성, 송순재, 정윤경, 김영래, 고미숙(2008). 인성교육. 파주: 양서원.

강선보, 박의수, 김귀성, 송순재, 정윤경, 김영래, 고미숙(2008). 21세기 인성교육의 방향설정을 위한 이론적 기초연구. 교육문제연구, 제30집, 1-38.

강인애(1998). 구성주의적 교수-학습의 원리와 적용. 교육이론과 실천, 8(1), 23-44.

교육과학기술부(2012). 실천적 인성교육이 반영된 교육과정 개발방향 연구. 교육과학기술부정책 2012.

교육부(2014). 제3차 학교폭력 예방 및 대책 기본계획(2015-2019) 보도자료.

구혜영(2018). 자원봉사론. 서울: 신정.

국가법령정보센터(2015). 인성교육진흥법(법률 제13004호, 2015. 1. 20. 제정). 교육부.

권기선(2019). 피아제 도덕성 발달 이론에 대한 개혁주의 교육학적 비평. 총신대학교 대학원 석사학위논문.

권일남(1998). 청소년지도의 학문적 정립방향에 대한 일고찰. 한국청소년연구, 28, 한국청소년개발원.

권일남(2016). 청소년정책의 지속적 성과를 이룰 청소년단체의 새로운 출구전략. 한국청소년활동연구, 2(1), 43-73.

김경희(2009). 에릭슨과 프로이드의 성격발달 이론의 비교 분석: 대한산업경영학회지, 7(2), 79-88.

김규형(2016). 항공사 안전관리시스템이 안전의식과 안전행동에 미치는 영향, 경기대학교 일반대학원 박사학위논문.

김남혜(2020). 고등학생의 학교생활적응이 삶의 만족에 미치는 영향: 자원봉사활동의 매개효과를 중심으로. 서울기독대학교 대학원 박사학위논문.

김란(2017). 인성교육에 대한 청소년의 인식 연구. 서울대학교 대학원 석사학위논문.

김려옥(1993). 심성계발 프로그램 Ⅱ. 서울: 배영사.

김명진(2007). 도덕과 교육을 통한 인성교육의 방법 연구. 윤리교육연구, 14, 181-206.

김문수(2017). 청소년활동 안전사고에 대한 청소년지도자의 의식과 책임에 관한 연구, 중앙대학교 사회개발대학원 석사학위논문.

김문수, 지영섭(2021). 청소년안전사고 판례를 통해 본 청소년지도자의 법적 책임. 한국청소년연구, 32(2), 61-89.

김민(2005). 청소년자치참여활동지침서. 서울: 도서출판 청협, 15-20.

김봉환, 박예진(2010). 청소년 진로지도 목표별 지도방법 탐색. 상담과 지도, 45, 65-82.

김서연(2019). 고등학생의 인성함양을 위한 용서프로그램 개발 및 효과성 분석. 건국대학교 대학원 박사학위논문.

김수진(2015). 인성교육의 주요 접근. 교육과정연구, 33(2), 207-229.

김영인, 김민(2016). 청소년지도방법론. 서울: 창지사.

김영인, 김민(2018). 청소년지도방법론. 서울: 창지사.

김영희(2006). 학교안전사고에 대한 교원의 법적 책임. 전남대학교 대학원 석사학위논문.

김용문, 류지협, 한상준, 서광덕, 유인창, 정해용(2016). 청소년수련시설 안전관리 현황조사 및 발전방안 연구. 서울: 한국청소년활동진흥원.

김윤나, 정건희, 진은설, 오세비(2015). 청소년활동론. 서울: 신정.

김인숙(2009). 청소년 수련활동 참여정도가 리더십과 사회성에 미치는 영향. 동아대학교 대학원 석사학위논문.

김정명, 오순근, 윤혜영, 손미라(1991). 청소년 활동 동기부여 방안 연구. 한국청소년연구원.

김정열(2015). 청소년지도방법론. 고양: 공동체.

김주현, 김보혜(2011). 청소년의 자원봉사 참여동기가 자원봉사 만족도와 리더십 생활기술능력 함양에 미치는 영향 분석. 한국산업정보학회논문지, 16(2), 155-169.

김지환(2004). 청소년사회교육에 관한 교사와 학부모의 인식연구. 명지대학교 대학원 석사학위논문.

김진호(2006). Positive Youth Development의 의미와 정책적 시사점. 미래청소년학회지, 3(2), 71-88.

김진화(2000). 청소년지도사의 전문성과 자격검정제도에 관한 연구. 명지대학교 대학원 박사학위논문.

김진화(2004). 청소년지도방법론. 서울: 교육과학사.

김창현(2019). 청소년지도방법론. 파주: 정민사.

김태훈(2012). 효 덕목의 윤리적 의의에 관한 규범적 연구. 도덕윤리과교육연구, 37, 279-301.

김한호, 김상인(2018). 청소년 인성교육을 위한 위드 폴(K-CSI) 직업체험 효과성 검증. 인성교육연구, 3(1), 1-21.

김향미, 김덕선(2016). 유아기 발달 특성에 따른 인성교육덕목에 관한 연구. 한국복지실천학회지, 7(2), 55-84.

김현철, 임희진, 정효진, 민경석(2013). 국가 청소년활동정책 체계화 연구. 서울: 한국청소년정책연구원.

김혜원(2002). 안전의식 측정척도 개발 연구. 이화여자대학교 대학원 석사학위 논문.

남궁달화(1999). 인성교육론. 서울: 문음사.

남기철(2022). 자원봉사론. 서울: 학지사.

남화성(2017). 청소년 임파워먼트 인식 척도 개발 연구. 경기대학교 대학원 박사학위논문.

대구광역시교육청(2022). 2022학년도 학생봉사활동 운영 계획.

류기형, 남미애, 박경일, 홍봉선, 이경희, 장중탁(2002). 자원봉사론. 파주: 양서원.

류성창, 조대연(2017). 4차 산업혁명 시대의 미래인재 핵심 역량 조사 · 분석. 고려대학교 HRD정책중점 연구소.

맹영임, 길은배, 전명기(2010). 청소년시설 지도인력의 역량 강화 및 복지 개선 방안 연구. 서울: 한국청소년정책연구원.

문성호, 문호영(2009). 청소년 자원봉사활동의 실태 및 효과에 관한 비교분석. 청소년복지연구, 11(1), 101-120.

박선영(2018). 청소년지도를 통한 민주시민교육과 인성교육. 청소년학연구, 25(3), 187-209.

박세경, 강혜규, 이준영, 정진경, 한동우, 박소현(2009). 사회자본과 민간 복지자원 수준의 국가간 비교연구: 자원봉사활동과 기부를 중심으로. 한국보건사회연구원 연구보고서 2009-20.

박수인(2017). 기업의 청소년 대상 사회공헌활동에 관한 질적 사례연구: 푸르덴셜 전국중고생자원봉사대회를 중심으로. 한국방송통신대학교 대학원 석사학위논문.

박재향(2002). 학교안전사고와 교사의 책임 한계. 동아대학교 대학원 석사학위논문.

박정남(2009). 청소년자원봉사활동의 지속성에 영향을 미치는 요인에 관한 연구. 대구대학교 대학원 석사학위논문.

박종희(2007). 계획된 행위이론을 적용한 사고예방 프로그램이 안전행동에 미치는영향-치기공과 학생을 대상으로. 이화여자대학교 대학원 박사학위논문.

박효정, 유균상, 정광희(2000). 한국 사회의 도덕성 지표 개발 연구(Ⅰ). 서울: 한국교육개발원.

박효종, 손경원(2003). 봉사활동의 활성화를 위한 봉사학습의 탐색. 아시아교육연구, 4(3), 171-189.

서혜승(2019). 안전교육 프로그램이 안전의식과 안전행동에 미치는 영향-농어촌체험지도사 교육참가자를 중심으로. 명지대학교 대학원 박사학위논문.

서희정(2018). 청소년지도사의 활동역량모델 개발 및 타당화 연구. 청소년문화포럼, 54, 125-153

서희정, 구경희, 이은진(2016). 청소년지도사의 활동역량 탐색. 청소년문화포럼, 48, 29-60.

성열준, 우상용, 강세현, 김정일, 이복희, 김종찬, 김재원(2015). 청소년지도방법론. 파주: 양서원.

성열준, 우상용, 강세현, 김정일, 이복희, 김종찬, 김재원(2016). 청소년지도방법론. 파주: 양성원.

성영혜(2001). 사회복지개론. 서울: 형설출판사.

성은모, 이혜연, 황여정, …, 이승재(2012). 청소년 체험활동의 발달적 가치 및 사회 · 경제적 가치 연구. 서울: 여성가족부, 한국청소년정책연구원.

소방방재청(2007). 행동변화 모델 및 안전의식지수 개발연구, 소방방재청 연구용역보고서.

손상희(2019). 4차 산업혁명 대비 디자인 미래인재 핵심역량 탐색 연구. 한국디자인문화학회, 25(2), 305-315.

손진희, 이해경(2019). 청소년지도자의 역량에 관한 연구. 한국청소년활동연구, 5(10), 151-172.

신재한(2016). 인성교육의 이론과 실제. 서울: 교육과학사.

신정음(2011). 법교육이 법의식 발달에 미치는 영향: 법적 딜레마 상황을 통한 분석. 이화여자대학교 대학원 석사학위논문.

신차균(2000). 체험중심 인성교육의 이념과 실제. 교육철학, 23, 205-225.

신태웅(2018). 청소년지도자의 안전행동에 미치는 영향요인의 관계분석-안전의식, 안전교육, 직무스트레스 요인을 중심으로. 명지대학교 일반대학원 박사학위논문.

심은순(2003). 초등학생의 안전의식 및 실천 정도와 안전사고 발생 실태, 연세대학교 보건대학원 석사학위논문.

심정수(2013). 청소년자원봉사활동의 효과성 연구: 지역자원봉사센터를 중심으로. 한세대학교 석사학위논문.

안혜숙(2018). 집단 통합예술치료가 청소년의 자기존중, 자기조절, 배려 · 소통능력에 미치는 영향: 인성덕목을 중심으로. 국제신학대학원대학교 대학원 박사학위논문.

어트겅 수흐바타르(2022). 자원봉사지원법제에 관한 연구. 대구가톨릭대학교 대학원 박사학위논문.

여성가족부(2019). 청소년백서.

여성가족부(2022). 2021 청소년백서.

여성가족부 · 한국청소년활동진흥원(2015). 청소년수련활동 안전 종합매뉴얼. 서울: 한국청소년활동진흥원.

오윤선, 황인숙(2018). 청소년지도방법론. 파주: 양서원.

오윤선, 황인숙(2021). 청소년지도방법론. 파주: 양서원.

오해섭, 남부현, 정건희, 현순안, 배정수, 김세광, 박선영(2019). 청소년지도방법론. 파주: 교육과학사.

우상천(2014). 공군 조종사의 안전동기 결정요인 및 안전행동과의 관계, 상지대학교 일반대학원 박사학위논문.

유재봉(2015). 바람직한 청소년의 인성교육 방향. 한국청소년학회, 2, 9-24.

유진이, 윤혜순(2020). 청소년프로그램 개발과 평가. 파주: 양서원.

윤재근(1988). 문화토론 프로그램. 서울: 정음사.

이강현, 박윤애, 이난주(2005). 교사를 위한 청소년 봉사학습 길라잡이. 청소년봉사학습연구 교사모임, 볼런티어21.

이경재(2014). 조직의 안전풍토에 대한 종업원의 인식과 개인의 안전의식이 직무만족 · 조직몰입에 미치는 영향 연구. 순천향대학교 대학원 박사학위논문.

이경호, 안선희(2014). 역량기반 교육 활성화를 위한 교육적 과제 탐색. 한국교육학연구, 20(1), 141-173.

이광호(2000). 새로운 청소년육성제도 및 정책론. 서울: 창지사.

이광호(2003). 90년대 이후 한국 사회의 청소년 존재혁신과 사회적 대응방식 변화에 관한 연구. 청소년학연구, 10(3), 331-350.

이광호(2005). 학교 밖 일상 체험활동의 청소년 교육적 의의에 관한 연구. 한국청소년학회, 12(1), 372-396.

이기호(2005). 학교안전사고에 대한 법적 책임과 대법원 판례의 경향 연구. 한국교원대학교 대학원 석사학위논문.

이동귀(2016). 너 이런 심리법칙 알아?. 서울: 21세기북스.

이명화(2003). 청소년의 자원봉사활동 지속 요인. 전북대학교 대학원 석사학위논문.

이삼희(1998). 심성개발 프로그램이 부적응 학생의 자아존중감 및 성취동기 변화에 미치는 효과. 건국대학교대학원 석사학위청구논문.

이설영(2008). 학교안전사고의 판례 분석을 통한 교원의 법적 책임연구. 부산교육대학교 대학원 석사학위논문.

이성미(2016). 긍정적 청소년 개발 개념에 근거한 청소년 여가시설의 개선점 연구. 한국공간디자인학회, 37, 55-65.

이성호(2014). 미국 학교 인성교육의 동향과 시사점. 한국교육, 41(3), 35-39.

이아영(2017). 인문고전 독서교육이 청소년의 인성과 역량 증진에 미치는 영향에 관한 연구. 경기대학교 대학원 박사학위논문.

이영수(2016). 청소년수련시설 관리자 역량의 상대적 중요도 및 역량개발 요구도 분석. 중앙대학교 대학원 박사학위논문.

이옥(1993). 한국 학생청소년의 직업개념인식과 직업가치 연구. 한국청소년연구, 15, 32-44.

이종은(2013). 화학공장의 안전문화 향상을 위한 실증적 연구. 명지대학교 박사학위 논문.

이찬종(2007). 건설공사현장의 안전의식과 개선방안에 관한 연구. 조선대산업대학원 석사학위논문.

이채식(2008). 적극적 관점의 지역사회 청소년개발 정책방향. 한국정부학회 학술발표논문집, 107-118.

이채식, 최영창, 신규범, 김상욱, 안명선, 김창율, 하준태(2013). 역량중심의 청소년지도설계. 대구한의대학교 출판부.

이혜란(2008). 학교안전사고 판례에 나타난 법적 책임에 관한 연구. 중앙대학교 대학원 석사학위논문.

이혜경, 김도영, 진은설(2020). 청소년지도방법론. 서울: 학지사.

이홍민(2005). 팀장의 역량이 성과에 미치는 영향. 건국대학교 대학원 박사학위논문.

이화국(2015). 인성교육의 이론과 실제(상). 서울: 한국인성문화원.

이희택(2010). 생활안전의식과 안전지각이 안전생활 실천행위에 미치는 영향. 대구한의대학교 대학원 박사학위논문.

인천광역시교육청(2022). 2022학년도 학생봉사활동 운영 계획.

임지연, 김영석, 김혁진(2015). 지역사회 청소년의 인성교육 실태와 활성화 방안 연구. 한국청소년정책연구원, 연구보고 15-R04.

장미(2011). 청소년지도자 직무역량 척도개발에 관한 연구. 청소년문화포럼, 28, 114-144.

장정윤, 이영선(2013). 정서 · 행동장애학생이 참여한 봉사학습 프로그램 분석. 특수교육, 12(1), 275-304.

전동만, 장수한(2021). 청소년활동론. 파주: 양서원.

전명순(2021). 청소년활동과 환경에 대한 청소년지도사의 혁신적 요구. 한국청소년활동학회, 7(2), 73-91.

전보향(2010). 장애인 대상 봉사활동 프로그램에 따른 일반 중학생의 장애 수용태도. 대구대학교 대학원 석사학위논문.

전세일(2003). 청소년육성제도의 성립배경과 특성에 관한 연구. 경기대학교 대학원 석사학위논문.

전정석, 정영진(2010). 재난관리의 효율성 향상 방안. 한국화재소방학회 학술대회 논문집, Vol. 2010, No. 4.

전제아(2001), 교육과정 구성에 있어서 지식의 개체성과 보편성: 구성주의 관점을 중심으로. 교육과정연구, 19(2), 207-224.

전희일, 신명철, 류기덕, 신용식, 유영주, 정남환, 최은규(2018). 청소년지도방법론. 파주: 양서원.

정승화(2015). 인성교육진흥법에서 추구해야 할 인성의 본질과 인성교육의 방향. 윤리교육연구, 37, 75-104.

정영신(2003). 학교안전사고에 대한 교원의 법적 책임 연구. 한남대학교 대학원 석사학위논문.

정원영(2020). Lockwood의 발달적 인성교육론에 기초한 고전 읽기 프로그램 개발 연구. 광주대학교 대학원 석사학위논문.

정창우(2015). 인성교육의 이해와 실천. 서울: 교육과학사.

정홍인, 조대연, 최지수, 이종민, 장은하, 강현주(2018). 4차 산업혁명시대 생애단계별 미래인재 필요역량 및 우선순위 역량 도출. 평생교육학연구, 24(4), 61-92.

조성하(2021). 교과 연계형 봉사학습의 임팩트 프로그램 개발에 관한 연구. 한양대학교 석사학위논문.

조수빈(2020). 자치활동 참여 청소년의 자기효능감이 공동체의식에 미치는 영향: 활동역량의 매개효과. 대구한의대학교 대학원 석사학위논문.

조연순, 김아영, 임현식, 신동주, 조아미, 김인전(1998). 정의교육과 인성교육 구현을 위한 기초연구Ⅰ. 교육과학연구, 28(1), 131-152.

조영범(2018). 청소년을 위한 놀이중심 인성교육 프로그램의 개발 및 효과. 목포대학교 대학원 박사학위논문.

조정원(2002). 청소년 자원봉사자의 교육 훈련 모형 개발. 부산대학교 대학원 석사학위논문.

조타순(2002). 청소년자원봉사활동의 효과적 관리를 위한 교사의 역할에 관한 연구: 울산광역시 고등학교를 중심으로. 동국대학교 대학원 석사학위논문.

조휘일(1995). 한국 사회복지분야의 자원봉사 행동과 관련된 개인 및 조직 특성 연구. 숭실대학교 대학원 박사학위논문.

지은림, 도승이, 이윤선, 박소연, 주언희, 김해경(2013). 인성지수개발연구. 서울: 교육과학기술부.

진은설, 김도영, 조영미, 이혜경(2019). 청소년활동론. 서울: 학지사.

채정미, 김기영(2021). 자원봉사활동 참여가 중학생 청소년의 배려에 미치는 영향. 한국청소년활동연구, 7(3), 41-61.

천대윤(2004). 토의토론회의방법론. 성남: 선학사.

천정웅(2009). 적극적 관점의 청소년활동: 역량개발의 이론, 정책, 실천. 청소년행동연구, 14, 1-18.

천정웅, 김민, 김진호, 박선영(2013). 차세대 청소년학총론. 파주: 양서원.

천정웅, 오정아, 박선희, 이승민, 박주현(2019). 인간행동과 사회환경. 파주: 양성원.

천정웅, 이용교(2007). 적극적 관점의 청소년개발. 서울: 인간과 복지.

천정웅, 이채식, 안명선, 박주현, 이지민(2016). 청소년지도방법론 적극적 관점. 신정.

최완열(2005). 학생청소년 진로지도 실태 및 개선 방안 연구. 중앙대학교 석사학위논문.

최윤진(1990). 청소년지도론. 지도자교재지침서, 1-282.

최윤진(1995). 청소년 자원봉사의 의의와 청소년 자원봉사자 및 봉사활동 지도자의 교육방안. 동광, 92, 21-33.

최윤진(1998). 청소년의 권리. 서울: 양서원.

최윤진, 김윤나, 정건희(2010). 청소년자치활동이 임파워먼트에 미치는 영향. 청소년복지연구, 12(3), 1-23.

최윤진, 김혁진, 최순희(1993). 청소년지도자 연수과정 개발연구. 한국청소년연구, (13), 83-97.

최윤진, 정문성, 김혁진, 이명희(1992). 청소년지도자 양성방안 및 교육과정 개발에 관한연구. 한국청소년연구, 2, 110-123.

최준환, 박춘성, 연경남(2009). 인성교육의 문제점 및 창의 · 인성교육의 이론적 고찰. 창의력교육연구, 9(2), 89-112.

최창욱, 좌동훈, 남화성, 박정배(2019). 청소년지도자 양성시스템 재구축 방안 연구 Ⅰ-청소년활동분야 중심으로(연구보고 19-R-10). 한국청소년정책연구원: 세종특별자치시.

최하영(2020). 학교-지역사회 연계 청소년 봉사활동 운영 방안 연구. 경희대학교 대학원 석사학위논문.

편문평(2003). 초등학생의 단체 활동 참여경험과 사회성 발달. 여수대학교 대학원 석사학위논문.

한국과학창의재단(2010). 미래사회 영재를 위한 창의 · 인성교육 방안연구. 서울: 한국과학 창의재단.

한국교육개발원(2016). OECD 교육 2030: 미래 교육과 역량을 위한 현황 분석과 향후과제. 한국교육개발원.

한국교육학회(1998). 인성교육. 서울: 문음사.

한국사회복지관협회(1996). 미국의 자원봉사 유래와 현황.

한국산업안전공단(1999). 안전문화 정착 및 활성화 방안연구. 인천: 한국산업안전공단 산업안전보건연구원.

한국여성개발원(1994). 청소년 자원봉사활동.

한국청소년개발원(1994). 지역사회봉사활동개발보고서. 서울: 한국청소년개발원.

한국청소년개발원(1994). 집단지도론. 서울: 한국청소년개발원

한국청소년개발원(1995). 청소년지도론. 서울: 서원.

한국청소년개발원(2004). 청소년지도방법론. 서울: 교육과학사

한국청소년개발원(2005). 청소년 프로그램개발 및 평가론. 파주: 교육과학사.

한국청소년단체협의회(2016). 청소년단체 활동의 인성 교육화 발전 방안.

한국청소년정책연구원(2014). 청소년지도자 인권의식 함양방안. 한국청소년정책연구원연구정책세미나 자료집.

한국청소년활동진흥원(2017). 청소년수련시설 안전컨설팅 매뉴얼.

한상철, 길은배, 김민, …, 김영지(2010). 청소년지도자의 현장지도력 강화 프로그램 개발 및 적용연구-창의적 체험활동을 중심으로. 서울: 한국청소년정책연구원.

한정선(2014). 청소년의 인성발달과 스포츠 참여 활동간 상관성에 관한 연구. 인문사회 21, 6(1), 103-122.

함병수(1996). 청소년지도자 역할과 자세. 문화체육부. 청소년육성정책 지역공청회.

현외성(1996). 경남지역 중고등학생 자원봉사자의 효과적인 활용방안을 위한 제언. 경남대학교 대학원 논집, 11.

현주(2014). 창의적 체험활동을 통한 인성교육. 서울: 한국교육개발원.

현주, 최상근, 차성현, 류덕엽, 이혜경, 유지연(2009). 학교 인성교육 실태분석 연구: 중학교를 중심으로. 한국교육개발원 연구보고 RR 2009-09(2009).

홍순정, 장은정, 서윤경(2004). 원격교육 교수자의 역량모델 규명. 교육정보미디어 연구, 10(2), 81-112.

Akin, T. et al.(1995). *Character education in American's school.* Innerchoice Publishing Co.

American Camping Association.(2004). *Youth development outcomes of the camp experience.*

Bazemore, G., & Terry, W. C.(1997). Developing delinquent youths: A reintegrative model for rehabilitation and a new role for the juvenile justice system. *Child Welfare, 76*(5), 665-716.

Benard, B.(2004). *Resiliency: What we have learned.* San Francisco, CA: WestEd.

Benson, P. L.(1997). *All kids are our kids: What communities must do to raise caring and responsible children and adolescents.* San Francisco, CA: Jossey-Bass.

Berkowitz, M. W.(2002). The science of character education. In Damon, W. (Ed.). *Bringing in a new era in character education* (pp.43-63). Hoover Press.

Bloom, B. S.(1976). *Human characteristics and school learning.* New York: McGraw-Hill Book Company.

Bloom, M.(2000). The use of theory in primary prevention practice: Evolving thoughts on sports and after-school activities as influences of social competency. In Steven, D., & Thomas, G. (eds.) *Developing competent youth and strong communities through after-school programming* (pp.17-66). Washington, D.C.: CWLA Press.

Brookfield, S.(1990). *The skillful teacher.* San Francisco, CA: Jossey Bass.

Butters, S., & Newell, S.(1978). *Realities of Training: a review of the training of adults who volunteer to work with young people in the Youth and Community Services.* Leicester: National Youth Bureau.

Candy, P.(1991). *Self-direction for lifelong learning: A comprehensive guide to theory and practice.* San Francisco, CA: Jossey-Bass Publishers.

Catalano, R. F., Berglund, M. L., Ryan, J. A. M., Lonczak, H. S., & Hawkins, J. D.(1999). *Positive youth development in the United States: Research findings on evaluations of positive youth development programs.* Washington, D.C.: US Department of Health and Human Services.

Checkoway, B.(1998). Involving young people in neighborhood development. *Children and Youth Services Review, 20*(9/10), 765-795.

Cheon, J.(2008). Best practices in community-based prevention for youth substance reduction: Toward strengths-based positive development policy. *Journal of Community Psychology, 36*(6), 761-779.

Cheon, J.(2009). Convergence of a strengths perspective and youth development: Toward youth promotion practice. *Advances in Social Work, 9*(2), 176-190.

Clark, E. A., & Simmons, R. A.(1986), Can preschool children learn safety skill? Evaluation of the safe at home curriculum. paper presented at the annual training conference of the national head start Association, Montreal(ERIC Document Reproduction Service No, 270-227.

Cole, P.(1992). Constructivism revistited: A search for common ground. *Educational Technology, 32*(2), 27-35.

Conard, D., & Hedin, D.(1989). *High school community service: A review of research and programs.* Madison Center for Education Research, University of Wisconsin-Madison, 19-20.

Corey, N. S., & Corey, G.(1987). *Group: process and practice.* Montery, CA: Brooks/Cole.

Cunningham, D.(1992). Assessing constructions and constructing assessments: a dialogue. In Duffy, T., & Jonassen, D.(eds.), *Constructism and the technology of instruction: A conversation.* Hillsdale, NJ: Lawrence Erlbaum Associates.

Damon, W.(1997). *The youth character: How communities can work together to raise standards for all our children.* New York, NY: Free Press.

Delgado, M.(2002). *New frontiers for youth development in the twenty-first century: Revitalizing and broadening youth development.* New York, NY: Columbia University Press.

Dewey, J.(1938). *Experience and education*, NY: Macmillan CO.

Flay, B., Berkowitz, M. W., & Bier, M. C.(2009). Elementary school-based programs theorized to support social development, prevent violence, and promote positive school climate. *Journal of Research in Character Education, 7*(2), 21-49.

Griffin, M. A., & Neal, A.(2000). Perception of Safety at Work: A Framework for Linking Safety Climate to Safety Performance, Knowledge and Motivation. *Journal of Occupational Health Psychology, 5,* 347-358.

Hart, R. A.(1997). *Children's Participation: The theory and practice of involving young citizens in community development and environmental care.* New York: UNICEF

Homan, M. S.(2007). *Promoting community change: Making it happen in the real world.* Pacific Grove, CA: Thomson Brooks/Cole.

Howard, R. W., Berkowitz, M. W., & Schaeffer, E. F.(2004). Politics of character education. *Educational Policy, 18*(1), 188-21.

Huebner, A. J.(2003). Positive youth development: The role of competence. In F. A. Villarruel and others(eds.), *Community youth development: Programs, policies, and practices.* California: Sage Publications, Inc.

Hughes, K.(1992). *Food education program unpublished doctoral dissertation*, Missouri Extension University.

Justinianno, J., & Scherer, C.(2001). *Youth voice: A guide for engaging youth in leadership and decision-making in service-learning programs.* Washington, DC: Points of Light Foundation.

Kolb, D. A.(1984). *Experiential learning: Experience as the source of learning and development.* NJ: Prentice Hall.

Konopka, G.(1972). *Social group work: A helping process.* NJ: Prentice-Hall.

Leming, J. S.(1993). *In search of effective character education.* Education leadership, 51-53.

Lickona, T.(1991). *Education of character.* New York. Bantam Books.

Little, R.(1993). *What's working for today's youth: The issues, the programs, and the lessons.* East Lansing: Michgan State University.

M.S.S.A(Maryland Student Service Alliance).(1992). Draft instructional framework in service-learning for middle school. Maryland Student Service Alliance.

Manser, G., & Cass, R.(1976). *Voluntarism at the crossroad.* New York: Family Service Association of America.

Matarese, M., McGinnis, L., & Mora, M.(2005). *Youth involvement in systems of care: A guide to empowerment.* Washington, D.C.: Technical Assistance Partnership.

Maton, K. I., Schellenbach, C. J., Leadbeater, B. J., & Solarz, A. L.(2004). *Investing in children, youth, families, and communities: Strengths-based research and policy.* Washington, DC: American Psychological Association.

Mayall, B.(2002). *Towards a sociology for childhood: Thinking from children's lives.* Philadelphia, PA: Open University Press.

Melpignano, M., & Good, T. L.(2004). *America's teenagers-Myths and realities: Media images, schooling, and the social costs of careless indifference.* Manwah, NJ: Lawrence Erlbaum Associates.

National Youth Agency.(2002). Ethical conduct in youth work: A statement of valuse and principles from The National Youth Agency.

Neal, A., Griffin, M. A., & Hart, P. M.(2000). The Impact of Organizational Climate on Safety Climate and Individual Behavior, *Safety Science, 34*, 99-100.

Nelson, J. A., & Eckstein, D.(2008). A Service-learning model for at risk adolescents. *Education and Treatment of Children, 31*(2), 223-237.

Nixon, R.(1997). What is positive youth development? *Child Welfare, 76*(5), 571-575.

Noddings, N.(2005). *The challenge to care in schools: An alternative approach to education*(2nd ed.). New York: Teachers College Press.

OECD.(2003). Definition and selection of competencies: Theoretical and conceptual foundation(DeSeCo). OECD Press.

Osborn, A.(1963). *Applied imagination.* New York: Charles Scribner's Sons.

Pickle & Barbara(1989), *Increasing safety awareness of preschoolers througha safety education program.* Nova University.

Pittman, K. J., & Irby, M.(1996). *Preventing problems or promoting development: Competing priorities or inseparable goals?.* Baltimore: International Youth Foundation.

Pittman, K. J., & Irby, M.(1996). *Preventing problems or promoting development: Competing priorities or inseparable goals?*. Takoma Park, MD: International Youth Foundation.

Pittman, K. J., Irby, M., Tolman, J., Yohalem, N., & Feber, T.(2003). Preventing problems, promoting development, encouraging engagement; Competing priorities or inseparable goals?, Based upon Pittman, K., & Irby, M.(1996). Preventing problems or promoting development?, Washington. D.C.; The Forum for Youth Investment, Impact Strategies.

Roth, J., & Brooks-Gunn, J.(2000). What do adolescents need for healthy development? Implications for youth policy. *Social Policy Report, 14*(1), 3-19.

Russell, D.(1993). Vygotsky, Dewey, and externalism: Beyond the student/discourse dichotomy. *Journal of Advanced Composition, 13*(1), 173-197.

Saleebey, D.(2005). *The strengths perspective in social work practice* (4th ed.). Boston, MA: Pearson Education, Inc.

Scales, P. C., & Leffert, N.(1999). *Developmental assets: A synthesis of the scientific research on adolescent development*. Minneapolis, MN: Search Institute.

Scales, P. C.(2001). The public image of adolescents. *Society, 38*(4), 64-70.

Small, S., & Memmo, M.(2004). Contemporary models of youth development and problem prevention: Toward an integration of terms, concepts, and models. *Family Relations, 53*(1), 3-11.

Smith, M.(1988). *Developing youth work*. Milton Keynes, PA: Open University Press.

Stiff-Williams, H. R.(2010). Widening the lens to teach character education alongside standards curriculum. *Clearing House, 83*(4), 115-120.

Toseland, R. W., & Rivas, R. F.(1995). *An introduction to group work practice*. Boston, MA: Pearson/Allyn and Bacon.

Villarruel, F. A., Perkins, D. F., Borden, L. M., & Keith, J. G.(2003). *Community youth development: Programs, policies, and practices*. Thousand Oaks, CA: Sage Publications.

Vygotksy, L.(1978). *Mind in society: the development of higher psychological processes*. Cambridge, MA: Harvard University Press.

Williams, M. M., & Schaps, E.(1999). Character education: the foundation for teacher education: report of the National Commission on Character Education. Character Education Partnership.

Youth Sector Training Council.(1990). *Youth sector policy statement: Youth worker, education, and training*. Australian Capital Terrtory.

Zeldin, S., Kimball, M., & Price, L.(1995). *What are the day-to-day experiences that promote youth development? An annotated bibliography of research on adolescents and their families.* Washington, D.C.: Center for Youth Development and Policy Research, Academy for Educational Development.

Zimmerman, B. J.(1994). Dimensions of academic self-regulation: A conceptual framework for education. In Schunk, D. H., & Zimmerman, B. J. (Eds.), *Self-regulation of learning and performance: Issues and educational applications*(pp. 1-21). Hillsdale, NJ: LEA.

찾아보기

ㅊ

ㅋ

ㅌ

ㅍ

ㅎ

기타

▪ 김상범((재)대구청소년지원재단)

대구가톨릭대학교에서 "청소년의 외상 후 성장과 인지정서조절전략, 성장적 반추, 사회적 지지 간의 구조관계 분석"으로 사회복지학 박사학위를 받았고, 대구가톨릭대학교, 대구한의대학교, 계명문화대학교, 영진사이버대학교 등에서 청소년육성제도론, 청소년활동론, 청소년문화론, 청소년지도방법론, 청소년복지론, 양적연구방법론 등을 강의하고 있다. 또한 사회복지사, 청소년지도사, 청소년상담사의 자격을 갖추고 10여년간 (재)대구청소년지원재단의 청소년쉼터에서 상담, 생활지도, 사례관리 등을 통해 가정 밖 청소년들의 복지 증진과 성공적인 자립을 위해 노력했으며, 대구아름청소년성문화센터에서 청소년을 위한 성교육 프로그램을 개발하고, 청소년과 학부모 및 청소년지도사를 대상으로 성교육과 상담 및 지도활동을 통해 청소년의 건강한 문화 형성을 위해 노력하고 있다. 그리고 대구광역시청소년상담복지센터 및 대구동구청소년상담복지센터의 청소년복지실무위원, 청소년문화의집 방과후아카데미지원협의회위원, 한국청소년성문화센터협의회 운영위원 등을 맡아 활동하며, 청소년시설의 효과적인 운영과 청소년 지원 서비스 질의 향상을 위해 기여하고 있다. 대표 논문으로는 청소년의 성비행에 영향을 미치는 요인(2014), 청소년의 성비행과 자극추구성향, 또래동조성, 비행친구접촉의 경로분석(2017), 중학생의 부모-자녀 간 의사소통이 학교적응에 미치는 영향: 자기효능감의 매개효과를 중심으로(2017), 대인 간 외상 경험 청소년의 인지정서조절전략이 외상 후 성장에 미치는 영향 - 성장적 반추의 매개효과와 사회적 지지의 조절효과 - (2022) 등이 있으며, 저서로『청소년활동론』(2022),『청소년문화론』(2022) 등이 있다.

▪ 박선희(성운대학교)

대구가톨릭대학교에서 "사회복지전공 대학생의 다문화 역량에 관한 영성지능과 인권태도의 구조관계 분석"으로 사회복지학 박사학위를 받았고, 대구가톨릭대학교에서 조사방법론, 논문연구방법론, 사회복지법제론, 다문화 글로컬 생활세계 등을 강의하였다. 현재 성운대학교 미래휴먼사회복지학부에 교수로 재직 중이다. 사회복지에서 영성을 활용한 실천과 접근을 중요하게 생각하고 탐색해 왔으며 청소년 정신건강, 중독문제와 영성 등에 관한 강의와 연구를 하고 있다. 또한, 다문화와 관련하여 사회통합, 다문화 수용성, 다문화 역량 및 국제사회복지 등에 관심을 가지고 있으며 다문화청소년과 외국의 청소년이슈 등을 주제로 국제학술대회와 세미나 등에서 발표하였다. 대표논문으로 "프랑스 청소년의 삶과 정책"(2013), "잠재성장모형을 활용한 청소년의 다문화수용성발달에 관한 종단연구"(2014), "청소년의 영적안녕감이 사회성발달에 미치는 영향"(2014), "범분야 이슈와 Post-2015(2016)", "청소년의 사회자본이 인권의식에 미치는 영향과 자아존중감의 매개효과에 관한 연구"(2016), "대학생의 다문화역량에 관한 질적 사례연구"(2018), "청소년지도자에 관한 연구동향 분석"(2019), "긍정적 부모양육태도, 친구관계, 스마트폰의존, 자아존중감이 청소년의 학교생활만족도에 미치는 영향과 매개효과"(2021) 등이 있으며, 저서로『다문화글로컬 생활세계』(2015),『지역사회복지론』(2016),『사회복지개론』(2016),『청소년문제와 보호』(2017),『사회복지조사론』(2018),『인간행동과 사회환경』(2019),『사회복지윤리와 철학』(2019),「청소년문화론」(2021),「청소년활동론」(2021) 등이 있다.

▪ 박주현(대구지속가능미래연구소)

대구대학교에서 사회복지학 석사학위를 취득하고 대구가톨릭대학교에서 사회복지학 박사학위를 받았다. 사회복지사 1급, 청소년지도사 2급, 보육교사 1급, 평생교육사 2급, 학교사회복지사 자격을 가지고 10여년간 통영시청소년상담복지센터와 (재)경상남도청소년지원재단(상담복지센터 및 활동진흥센터)에서 청소년과 학부모, 지도자들을 대상으로 상담과 교육 및 지도활동을 하였다. 특히 다양한 분야의 청소년에 대한 관심을 가지고 학교폭력예방, 인터넷중독예방, 외상후스트레스장애, 또래상담, 국제

교류, 자원봉사활동, 청소년박람회 등의 업무를 담당하여 청소년들의 문제예방과 활동증진을 위해 노력하였다. 또한 경상남도병무청으로부터 위임받아 공익근무요원 상담을 담당하며 후기청소년에 대한 지원에 관심을 가지기도 하였다. 현재는 대구지속가능미래연구소 소장으로 UN이 인류의 삶의 질을 향상시키기 위하여 제시한 지속가능발전목표에 근거하여 연구하며, 공공기관, 학교, 기업체의 구성원을 대상으로 교육을 진행하고 있으며, 대구가톨릭대학교, 대구한의대학교, 영남이공대학교 등에서 사회복지조사론, 사회복지정책론, 프로그램개발과평가, 사회복지실천기술론, 가족복지론, 청소년문화론, 청소년문제와 보호 등을 강의하고 대구지속가능발전협의회 위원으로 활동하고 있다. 주요 논문으로는 "청소년글로벌리즘에 관한 연구(2017)," "전문직 정체성의 연구용례와 동향: 청소년분야의 함의(2017)", "노인장기요양보험제도의 문제점 및 개선방안에 관한 고찰(2019)", "청소년지도사의 직무와 양성체계(2019)", "청소년복지 전문인력의 직무만족에 관한 인권의식과 직업윤리의식의 구조관계분석(2021) 등이 있으며, 저서로 「인간행동과 사회환경」(2018), 「학교사회복지론」(2020), 「청소년문화론」(2021), 「청소년활동론」(2021) 이 있다.

▪ 천정웅(대구가톨릭대학교)

미국 캔사스대학교(The University of Kansas)에서 청소년전문가들(youth professional)의 관점에서 청소년분야 "강점기반실천(strengths-based practices)의 본질(nature)"을 분석한 논문으로 사회복지학 박사학위를 취득하였으며 한국 중앙대학교에서 환경레짐(environmental regime)에 관한 논문으로 정치학 박사학위를 받았다. 한국청소년정책연구원 기획조정실장, 한국청소년학회 사무총장 등을 역임하고, 미국 아이오와 대학교(University of Iowa) 방문학자, 캔사스대학교(University of Kansas), 사회정책분석연구원 Research Manager로 일한 바 있다.

현재 대구가톨릭대학교 사회복지학과 교수로 재직하고 있으며, 대구다문화가족지원센터 협회장 등을 역임하였다. 대구가톨릭대학교의 주요보직으로 국제다문화대학원장, 다문화연구원장, 다문화교육원장, 청소년복지연구소장, 사회복지학과장, 대학원 사회복지학과장 등이 있다. 학부와 일반대학원 석 · 박사 과정에서는 청소년복지론을 비롯하여 청소년 인권과 참여, 사회복지정책론, 사회복지행정론, 지역사회복지론, 고급통계자료분석론, 질적연구방법론, 법제론, 국제사회복지론, 청소년활동론, 인간행동과 사회환경 등을 강의하고 있다.

1980년대 중반 이후 35년 이상 한국과 미국에서 청소년학을 연구해 왔으며, 2000년대부터 사회복지 및 영성복지 등과 관련한 이론과 실천, 양적/질적 연구방법론 등에 관한 연구, 강의 및 저작활동에 진력해오고 있다. 한국전통사상에 관해 특별한 관심을 갖고 있으며, "논문작성 연구방법 실전노하우: 입말로 전하는 문헌 · 양적 · 질적연구"를 비롯하여 "청소년 인권과 참여", "청소년복지론", "사회복지연구방법론", "지구환경레짐의 정치경제학" 등의 단독저서와 "다문화청소년활동론", "적극적 관점의 청소년개발", "차세대 청소년학총론", 등의 공저를 비롯하여, 50여권의 국 · 영문 저서와 "청소년참여의 유형화 연구" 등 다수의 국문논문과 "Best practices in community-based prevention for youth substance reduction", "Causal relationships between service outcomes and satisfaction, service utilization, and demographic characteristics: A path analysis" 등 단독저자로서 SCI, SSCI 등재 영문저널에 게재된 영문논문을 여러 편 갖고 있다.

2003년 미국에서 "세계청소년학 아카데미(World Academy for Youth Studies)"를 창립했으며 2006년에는 한국 청소년복지의 발전을 위한 "청소년학 월드포럼(World Forum on Youth Studies)"을 제안하여 한국과 미국 등에서 국제컨퍼런스를 개최하고 있다. 한국사회복지질적연구학회 편집위원장, 글로벌청소년학회 편집위원장, 한국청소년연구 편집위원 등을 역임했으며, 최근에는 글로벌청소년학회 회장을 맡고 있으며, 국제사회복지학회 회장, 한국시민청소년학회 회장 등을 역임하였다. 한국과 미국의 연구기관에서 청소년관련 정책연구와 청소년관련 데이터 분석 등을 통해 50여종의 국 · 영문 보고서를 발간하였다.

발전청소년학 시리즈 4

청소년지도방법론

1판 1쇄 인쇄 — 2023년 2월 20일
1판 1쇄 발행 — 2023년 2월 25일

저　　자 - 김상범　박선희　박주현　천정웅
발 행 인 - 강철원
발 행 처 - 양성원
주　　소 - 경기도 파주시 검산로 173번길 29-12
전　　화 - 031-946-3861(代)
팩　　스 - 031-946-3864
이 메 일 - tnwpub@naver.com
홈페이지 - tnwpub.co.kr
출판등록 - 2015년 8월 31일 제 2015-000211 호

ISBN 979-11-6126-497-4

정가 22,000원